La recompensa del honor te [...] enorme valor que Dios le da a [...] ría rebosar de nuestros corazones como cristianos.

—JOYCE MEYER

Después de leer *La recompensa del honor*, uno se siente obligado a honrar al autor del libro, John Bevere, como maestro bíblico de destacada sabiduría y también dotado escritor. John establece el honor como un asunto del corazón; lleva al lector hacia un viaje que cubre un rango diverso de relaciones humanas, y nos inspira a cada uno de nosotros a vivir de un modo que refleje este importante principio espiritual, que trae consigo una recompensa abundante.

—BRIAN HOUSTON

Cuando leí por primera vez *La recompensa del honor* sentí que había encontrado una obra maestra clásica que podría impactar en gran manera iglesias, matrimonios, familias y empresas. Es la llave que desata ascenso, favor y éxito en esta vida y en la venidera. Este es, sin duda, el mejor trabajo de John Bevere hasta ahora.

—JENTEZEN FRANKLIN

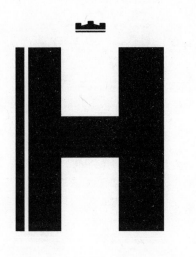

JOHN BEVERE

LA RECOMPENSA DEL HONOR

Libera el poder de
esta virtud olvidada

WHITAKER
HOUSE
Español

Traducción al español por:
Belmonte Traductores
Manuel de Falla, 2
28300 Aranjuez
Madrid, ESPAÑA
www.belmontetraductores.com

Editado por: Ofelia Pérez

La recompensa del honor
Libera el poder de esta virtud olvidada

ISBN: 978-1-64123-813-7
eBook ISBN: 978-1-64123-814-4
Impreso en los Estados Unidos de América.
©2021 por John Bevere

Whitaker House
1030 Hunt Valley Circle
New Kensington, PA 15068
www.whitakerhouseespanol.com

1 2 3 4 5 6 7 8 9 10 11 **UJ** 28 27 26 25 24 23 22 21

ÍNDICE

1

RECOMPENSAS

Honor. Aunque es casi una virtud olvidada en el siglo XXI, el concepto sigue reteniendo la capacidad de conmovernos. En las películas, una muestra de honor puede provocar lágrimas al ser testigos del valor y el sacrificio. Repasa los mayores éxitos de taquilla de todos los tiempos y encontrarás el honor entremezclado en sus tramas. Aplaudimos esta virtud indirectamente, pero ¿dónde está el honor en nuestras vidas cotidianas? La idea de que se pudiera practicar en lo cotidiano se ha vuelto un concepto ajeno para nuestra generación.

Quiero ver restaurado el honor en los hijos y las hijas de Dios. Es la clave esencial para recibir de Él, y por esta misma razón el enemigo de nuestras almas se ha esforzado por eliminar el verdadero poder del honor. El honor lleva consigo grandes recompensas; aquellas que Dios quiere que tengamos. El honor tiene el poder de mejorar mucho nuestra vida.

Estás a punto de embarcarte en un viaje que te acercará más al corazón de Dios, el autor de todo lo que es honorable. Es mi oración que estas verdades reveladoras afecten tu vida de una forma profunda y práctica. Muchos no han aprendido estas lecciones hasta mucho más adelante en la vida. Por esta razón, el apóstol Juan nos escribe con urgencia:

"Mirad por vosotros mismos, para que no perdáis el fruto de vuestro trabajo, sino que recibáis galardón completo".   —2 Juan 1:8

Juan era un anciano que miraba atrás a más de casi un siglo de vida cuando escribió estas palabras (*Clarke's Commentary*, Abingdon Press (1977) —Accordance 6.6). Él plasmó la sabiduría tan difícilmente obtenida para nuestro beneficio hoy. Juan tenía la ventaja adquirida por los hombres y las mujeres que han vivido mucho y bien. Es un destino al que se llega tras haber caminado fielmente en un llamado en la vida, un puesto de seguridad y fortaleza, algo que yo llamo «la unción del abuelo o la abuela». Y cuando estas personas hablan, los sabios escuchan.

Durante mis muchos años, he disfrutado de un puñado de encuentros con este tipo de hombres y mujeres. Son embajadores que han invertido bien la vida y han entrado en la etapa en la que miran atrás con conocimiento. Estos veteranos experimentados desarrollan algunos atributos comunes, tres de los cuales discutiremos aquí. En primer lugar, localizan de manera instintiva el meollo de un asunto. No dan rodeos, ni malgastan el tiempo con detalles que no son importantes. En segundo lugar, dicen mucho con pocas palabras. En tercer lugar, las palabras que utilizan al hablar tienen peso. Su aparentemente escasa comunicación tiene un peso mayor que las mismas palabras dichas por otra persona que no ha caminado tan bien, o por tanto tiempo como ellos, en los senderos de la vida. Después de pasar tiempo con ellos, me doy cuenta de que siempre me dejan meditando durante meses en una o dos frases de estos veteranos experimentados.

A la luz de este razonamiento, podemos suponer que el apóstol Juan estaba diciendo mucho. De hecho, he meditado en estas palabras inspiradas por años, y la revelación que contienen continúa expandiéndose. Es más, dos libros enteros han sido inspirados en sus palabras: el que tienes en tus manos, y *Guiados por la eternidad*. Examinemos su amonestación frase por frase.

NO PIERDAS TU HERENCIA

Comienza diciendo: "Mirad por vosotros mismos". Juan nos anima a cada uno de nosotros a *prestar atención, examinar y ver por nosotros mismos*. Se aprecia cierta urgencia en sus palabras, porque lo que está a punto de comunicar no se debe tomar a la ligera, sino meditarlo profundamente.

Debemos prestar una cuidadosa atención para no perder esas cosas por las que hemos trabajado. Esto es aleccionador: podemos perder lo que ganamos mediante el trabajo. Imagínate a un granjero trabajando para limpiar su campo. Trabaja bajo el calor del día para dejar el campo limpio de piedras y tocones que pudieran impedir que el terreno produzca una cosecha. Una vez limpio de estas cosas, lo ara y cultiva para prepararlo para plantar las semillas. Una vez que ha plantado el campo, trabaja fertilizándolo para mantener las condiciones ideales para que sus plantaciones florezcan, quita las malas hierbas y riega las semillas. Las plantas emergen y su trabajo continúa, ya que tiene que proteger el campo de pestilencias y daños. Después, unas pocas semanas antes de la cosecha, está cansado y abandona. Todo lo que ha hecho no sirve para nada, ya que pierde su cosecha por su negligencia a última hora. O quizá amenaza una tormenta, y él vio los avisos, pero fue negligente a la hora de responder y el error le costó la cosecha. ¡Qué pérdida de tiempo, dinero, trabajo y recursos solo por flaquear en el momento de darse cuenta!

¿Y qué sucede con un empresario que trabaja para hacer crecer su empresa durante años, solo para perderla al final por unas cuantas malas decisiones? De nuevo… trágico. En ambos casos, los beneficios del gran esfuerzo se pierden en un momento debido a las malas decisiones.

Por eso la Escritura nos anima repetidamente a terminar bien: "Mas el que *persevere hasta el fin*" (Mateo 10:22; 24:13; Marcos 13:13), y de nuevo: "Porque somos hechos participantes de Cristo, con tal que retengamos firme *hasta el fin* nuestra confianza del principio" (Hebreos 3:14), y una vez más: "Al que venciere y guardare mis obras *hasta el fin*" (Apocalipsis 2:26, énfasis del autor en todas las citas), y la lista continúa. El cristianismo no es una carrera de velocidad sino de fondo. Por lo tanto, lo importante no es cómo empezamos la carrera, sino cómo la terminamos. Cómo lo hacemos queda determinado por las decisiones que tomamos, que a menudo se forman mediante patrones que desarrollamos durante el camino.

MOMENTOS DECISIVOS DE LA VIDA

Tuvimos un incidente con uno de nuestros hijos. Él quería hacer algo que yo no apoyaba. Él sabía lo que yo pensaba al respecto, y sin embargo sentí que él era lo suficientemente mayor para decidir, así que la decisión final era suya.

Pasó el tiempo y supe que decidió no seguir mi consejo. Más adelante nos sentamos para discutir su decisión.

—La decisión era tuya, pero quiero aprovechar esta oportunidad para enseñarte de esto. Escucha esta historia verídica.

«Había un joven rey llamado Roboam. Poco después de comenzar su reinado, sus súbditos le hicieron una pregunta: "Su padre complicó mucho nuestra existencia debido a las demandas que nos exigió. Si usted aligera la carga, nosotros le serviremos con alegría".

»El joven rey le dijo al pueblo que regresara en unos días para oír su decisión. Los consejeros de su padre le dijeron: "Si sirve a su pueblo, considerando sus necesidades y respondiendo con compasión, las cosas irán bien con ellos, y terminarán haciendo cualquier cosa por usted" (1 Reyes 12:7, MSG, traducción libre).

»Era un consejo bueno y sabio; pero el joven rey rechazó su consejo y fue a visitar a sus iguales. Ellos dijeron: "Estos que se quejan diciendo: 'Tu padre fue demasiado duro con nosotros; alívianos', bueno, diles esto: 'Mi dedo meñique es más grueso que la muñeca de mi padre. Si creen que la vida bajo mi padre era dura, aún no han visto ni la mitad. Mi padre les azotó con látigo; yo les golpearé con cadenas!'" (MSG, vv. 10-11 traducción libre).

»El joven rey Roboam hizo caso al consejo de sus amigos, con unos resultados trágicos. El reino que su padre Salomón construyó fue destruido, y diez de las doce tribus de Israel quedaron permanentemente fragmentadas, ya que cinco sextas partes del reino fueron derribadas por su puño de hierro. Una mala decisión le costó muy caro para el resto de su vida».

—Volvamos atrás —le dije a mi hijo—. Quizá por años, el príncipe Roboam y sus amigos en privado se mofaban y aun rechazaban el consejo de su padre, Salomón, o de sus ancianos. Quizá se reían disimuladamente entre copas de vino y meneaban la cabeza en lo secreto de las cámaras reales por lo que presumiblemente veían como consejos necios y anticuados. Los pensamientos vanos probablemente se acumulaban en la cabeza de Roboam: *Mantendré la paz mientras sea príncipe, pero cuando me convierta en rey no escucharé a estos ancianos necios.* Como príncipe, sus decisiones de ignorar y tener en poca estima la sabiduría de sus ancianos le costaban muy poco. No se daba cuenta de que el dado ya se había lanzado, y que un día sería necio creyendo ser sabio. Cuando llegó el *momento decisivo en su vida*, le faltó el patrón necesario para ejecutar un sano juicio.

Y continué:

— Todos tenemos *momentos decisivos en la vida*. Son como exámenes en los que se permite consultar los libros, pero no sabemos que hemos sido examinados hasta que se termina. Hijo, tú decidiste no escuchar mi consejo y esta vez no te costó nada. Pero llegará el día en que surgirá un *momento decisivo en tu vida*. Si ya has desarrollado el patrón de escuchar el consejo sabio, de forma natural lo seguirás y tendrás una gran recompensa.

Dejando atrás el asunto de mi hijo, veamos otro ejemplo. Los hijos de Israel no habían desarrollado un patrón de abrazar la Palabra de Dios. Él los libró de la esclavitud, pero ellos repetidamente se quejaban y desobedecían. Había veces en que esta conducta parecía tener un costo mínimo, y otras veces parecía que no les afectaba nada; sin embargo, en el proceso, se había establecido un patrón. Finalmente llegó su *momento decisivo en la vida*. Doce espías fueron enviados a Canaán para espiar la tierra, algo que Dios había apartado para ellos. Los espías regresaron con un reporte negativo y quejumbroso, y toda la asamblea siguió y comenzó a quejarse como antes, pero esta vez les costó muy caro. Nunca entraron en la tierra prometida y vagaron por el resto de su vida. En cuestión de un momento perdieron todo lo que se habían esforzado por poseer. No había marcha atrás para su pérdida. Aunque Dios les prometió la tierra, nunca la poseerían; así como Roboam perdió las diez tribus para el resto de su vida y generaciones posteriores.

Hay una lección importante para los jóvenes y los adultos en esto: no queremos meramente obedecer a Dios; tenemos que escuchar su corazón. Es entonces cuando veremos un atisbo de sabiduría detrás de sus instrucciones y no solo las veremos como restricciones o leyes. El joven príncipe Roboam nunca escuchó el corazón de su padre o de sus ancianos. La generación de mayor edad de israelitas nunca llegó a ver lo que Dios estaba haciendo, ni tampoco la bondad de su corazón hacia ellos, y lo perdieron todo.

Ahora veamos la otra cara de la moneda. Hay ejemplos en toda la Escritura cuando individuos vieron un destello del corazón de Dios y desarrollaron sabios modelos de toma de decisiones. Cuando se produjeron esos *momentos decisivos de la vida* no detectados, ellos respondieron correctamente y recibieron grandes recompensas.

La manera más simple de no perder aquello por lo que hemos trabajado es desarrollar patrones para honrar consistentemente el consejo de Dios. Cada día se nos presentan oportunidades de tomar decisiones. Llegará el día en que miraremos atrás y sabremos de cierto cuáles fueron *decisivas en la vida*. Pero si hemos desarrollado buenos patrones, seguiremos el consejo y más adelante conoceremos nuestra recompensa.

RECOMPENSAS

Esto nos lleva al siguiente punto de Juan, y para facilitar la referencia lo repasaremos en su totalidad: "Mirad por vosotros mismos, para que no perdáis el fruto de vuestro trabajo, *sino que recibáis galardón completo*".

Él es *galardonador* (ver Hebreos 11:6).

Esta es una verdad que debemos establecer en lo más profundo de nuestro corazón. De hecho, a Él le encanta galardonar. ¿Cómo se presentó Él mismo a Abraham? "DESPUÉS de estas cosas fué la palabra de Jehová á Abram en visión, diciendo: No temas, Abram; yo soy tu escudo, *y tu galardón sobremanera grande*" (Génesis 15:1, RVA, énfasis del autor).

Él dijo: "Yo soy... *tu galardón sobremanera grande*". Vaya, ¡qué manera de presentarse, especialmente cuando eres el Dios todopoderoso! Salmos 19:9 hace eco de esas palabras: "Los mandamientos del Señor son veraces y completamente justos... *en obedecerlos hay gran galardón*" (AMPC, traducción libre, énfasis del autor). Leemos en Salmos 57:2: "Clamaré al Dios Altísimo, quien actúa en mi favor *y me recompensa* [quien cumple su propósito para mí y lo completa]" (AMPC, traducción libre, énfasis del autor).

¡Dios es un galardonador y le encanta recompensar a sus hijos! Como padre de cuatro hijos, he descubierto una parte de este deleite. Me encanta ver sus ojos llenos de agradecimiento, y observar cómo la satisfacción se establece en ellos al disfrutar de la satisfacción posterior de una decisión bien tomada y recompensada. Sin embargo, también he aprendido que no es sabio recompensar la mala conducta. Al recompensar a quienes no se lo merecen o no se lo han ganado, destruimos el poder del incentivo, y el incentivo es algo bueno. Mis hijos saben que los amo, pero con el paso de los años han llegado a entender la diferencia entre mi amor y mi agrado. Dios nos ama a cada uno profundamente, y su amor es perfecto; sin embargo, eso no significa necesariamente que no habrá veces en las que Él no se agrada de nuestras acciones o decisiones. Dios recompensa a aquellos en los que se complace, que son quienes escuchan su consejo.

Observemos que Juan dice: "… sino que recibáis galardón *completo*". Mientras meditaba en esta frase, la palabra *completo* pareció saltar de la página. Pensé: *Si hay un galardón completo, significa que también hay un galardón parcial, e incluso ningún galardón* (Recuerda: no estamos hablando aquí de la salvación, sino de recompensas). Después de meditar más, llegué a la conclusión de que hay dos aplicaciones a las que Juan se está refiriendo. La primera es el tribunal de Cristo. Pablo dice: "Pero confiamos, y más quisiéramos estar ausentes del cuerpo, y presentes al Señor" (2 Corintios 5:8).

Sabemos de inmediato que Pablo no se está dirigiendo a toda la humanidad, porque cuando un incrédulo está ausente del cuerpo, no está presente con el Señor, sino que está en el infierno. Esto puede sonar duro, pero es la verdad. Jesús no vino a nuestro mundo para condenarlo, sino lo contrario, ya que vino para salvarlo. El mundo ya estaba condenado a causa de Adán, quien nos vendió a la muerte eterna (ver Juan 3:17-18). Solo los que reciben a Jesús entregando sus vidas por completo a Él estarán presentes con el Señor cuando dejen atrás sus cuerpos terrenales. Pablo continúa dirigiéndose a los creyentes:

> "Por tanto procuramos también, o ausentes o presentes, serle agradables. Porque es necesario que todos nosotros comparezcamos ante el tribunal de Cristo, para que cada uno reciba según lo que haya hecho mientras estaba en el cuerpo, sea bueno o sea malo".
>
> —2 Corintios 5:9-10

Cada creyente estará delante del tribunal de Cristo. En ese día, cada uno recibirá según lo que haya hecho en su corta estancia en la tierra. La Biblia Nueva Traducción Viviente dice: "Cada uno de nosotros recibirá lo que merezca". Nuestros pecados no serán juzgados, porque la sangre de Jesús erradicó el castigo eterno atribuido al pecado; en su lugar, seremos recompensados, o sufriremos pérdida, por lo que hicimos como creyentes. Nuestras obras, palabras, pensamientos e incluso motivaciones serán inspeccionadas a la luz de su Palabra. Las cosas temporales sobre las que edificamos nuestras vidas serán devoradas, lo que resultará en oportunidades perdidas, y las eternas resultarán en recompensas para siempre (1 Corintios 3:14-15).

El rango de la pérdida respecto a las recompensas variará toda vez que lo que hayamos hecho sea consumido, aunque nos salvemos como por fuego, hasta las alturas de reinar junto a Jesucristo para siempre y siempre (ver 1 Corintios 3:15; Apocalipsis 3:21). Este es ciertamente un rango muy extenso. El primero sería nuestro ejemplo de una situación de "no recompensa"; el último sería un ejemplo de una "plena recompensa", y la recompensa parcial caería entonces en algún lugar intermedio.

Estas decisiones del tribunal se llaman "juicios eternos" (Hebreos 6:1-2), lo que significa que nunca habrá alteración alguna, correcciones o cambios en cuanto a esos decretos. Por lo tanto, se puede concluir que lo que hacemos con la cruz de Cristo determinará *dónde* pasaremos la eternidad; sin embargo, la forma en que vivamos después como creyentes determinará *cómo* pasaremos dicha eternidad.

Es sabio, por lo tanto, mirar con diligencia lo que dice la Escritura sobre los juicios y las recompensas eternas. Este conocimiento se describe como una enseñanza de Cristo elemental. En la escuela elemental, el fundamento se pone con todos sus ladrillos educativos, como leer, escribir, matemáticas, etc. ¿Te imaginas intentar construir tu bachillerato o tu educación universitaria sin saber leer, escribir, sumar o restar? Sería imposible. Sin embargo, muchos creyentes intentan construir sus vidas cristianas sin este conocimiento elemental de la enseñanza de Cristo. La urgencia de este dilema me llevó a escribir *Guiados por la eternidad*, donde se trata este asunto en detalle (lo recomiendo como acompañamiento de este mensaje).

ESTA VIDA

Hemos establecido que los patrones piadosos tienen la promesa de una recompensa en el tribunal, pero su bendición nos alcanza en esta vida también. Leemos: "Pero la piedad para todo aprovecha, pues tiene promesa de esta vida *presente*, y de la *venidera*" (1 Timoteo 4:8, énfasis del autor).

Nuestro Padre desea recompensarnos tanto en la eternidad como ahora si prestamos atención a su consejo. Se nos dice: "Ciertamente el justo será recompensado en la tierra" (Proverbios 11:31). No solo en el cielo, sino también en esta vida. Y de nuevo: "Los justos serán recompensados con cosas buenas" (Proverbios 13:21, GNT, traducción libre). Santiago es enfático cuando dice: "Amados hermanos míos, no erréis. Toda buena dádiva y todo don perfecto desciende de lo alto, del Padre" (Santiago 1:16-17).

Lo bueno procede de Dios. No atribuyas lo dañino y perjudicial a Dios; Él es el dador del bien. El deseo de Dios es recompensarte con sus bendiciones (beneficios) aquí y ahora. Sus recompensas no llevan con ellas respuestas negativas. Se nos dice: "La bendición de Jehová es la que enriquece, y no añade tristeza con ella" (Proverbios 10:22). Y de nuevo: "La persona digna de confianza obtendrá gran recompensa" (Proverbios 28:20, NTV). La *gran recompensa* es el *galardón completo*.

Al seguir meditando en las palabras del apóstol Juan, pensé: *Si va a haber escenarios de galardón completo, parcial, y sin galardón en nuestro futuro, es razonable que eso también sea aplicable a esta vida presente.* Al repasar la vida de Jesús, esto se hizo evidente. Cuando Él caminó por esta tierra encontrándose con la humanidad, hubo algunos que recibieron un galardón parcial, otros que no recibieron nada, y otros que obtuvieron recompensas completas. Veamos una muestra de cada uno de estos casos, y observemos qué patrones emergen, lo que nos mostrará el camino que Él desea para cada uno de nosotros.

2

RECOMPENSAS PARCIALES Y FALTA DE RECOMPENSAS

Nazaret anticipaba ansiosamente la manifestación prometida del Mesías; estaban atentamente conscientes porque era el periodo en el que Él había de aparecer. Ellos eran parecidos a los cristianos de hoy, porque la mayoría sabe que estamos en el periodo de tiempo que precede a su Segunda Venida. Jesús dijo que conoceríamos la etapa o la generación, pero no el día o la hora. Así que no hay razón para pensar que era extraño que los israelitas conocieran el tiempo de su primera venida. Daniel dio el mismo marco de tiempo en sus escritos (ver Daniel 9:24-26), y los expertos de la ley dijeron a los sabios de Oriente dónde encontrar al niño Jesús (ver Mateo 2:4). Los ciudadanos de Nazaret sabían que el tiempo estaba encima de ellos, pero cuando el Mesías fue revelado en medio suyo, encontramos una reacción impactante:

"Y *no pudo hacer* allí ningún milagro, salvo que sanó a unos pocos enfermos, poniendo sobre ellos las manos".

—Marcos 6:5 (énfasis del autor)

Observa las palabras *"no pudo hacer* allí ningún milagro". Hace unos años atrás, mientras leía este versículo, me asombró esta frase. Pensé: *Un momento, no dice "No hizo ningún milagro"*, sino más bien especifica *"no pudo hacer allí ningún milagro"*. Si hubiera dicho lo primero, no me habría dado qué pensar, porque tendría que ver con la voluntad de Jesús. Sin embargo, "no pudo hacer" no significaba que se estaba conteniendo, sino que estaba siendo sujetado. Este punto se enfatiza y se aclara en otras traducciones inglesas también, al sugerir que aunque tenía el poder para hacerlo, no pudo porque un factor externo se lo impedía.

Entonces, nuestra pregunta es: *¿Por qué Jesús no pudo hacer ningún milagro en Nazaret?* ¿Qué se lo impedía? Él hizo grandes milagros en otras ciudades: los ciegos vieron, los oídos de los sordos fueron abiertos, los paralíticos de repente caminaron, los muertos resucitaron. Y esto es solo un ejemplo de lo que quedó registrado. En repetidas ocasiones los Evangelios nos dicen que Él sanó todo tipo de enfermedades y dolencias. ¿Cuál fue la diferencia? ¿Por qué solo se sanaron unos pocos en su ciudad? Nuestra respuesta se encuentra en las palabras del pueblo de Nazaret en los versículos anteriores:

"¿De dónde tiene éste estas cosas? ¿Y qué sabiduría es esta que le es dada, y estos milagros que por sus manos son hechos? ¿No es éste el carpintero, hijo de María, hermano de Jacobo, de José, de Judas y de Simón? ¿No están también aquí con nosotros sus hermanas? Y se escandalizaban de él. Mas Jesús les decía: No hay profeta sin *honra* sino en su propia tierra, y entre sus parientes, y en su casa".

—Marcos 6:2-4 (énfasis del autor)

¿Qué está sucediendo? Veamos. Jesús regresó a la ciudad donde creció y se juntó con el pueblo de Dios mientras se reunían el día de reposo. Toda la comunidad está en la sinagoga. Entonces, de repente, Jesús se pone de pie y lee el siguiente pasaje: "El Espíritu del Señor está sobre mí, por cuanto me ha ungido..." (Lucas 4:18).

La multitud sabía lo que llegaría, pues estas palabras les eran familiares. Habían oído este pasaje de Isaías en numerosas ocasiones; era uno de los principales libros proféticos que hablaban de la venida del Mesías. No sería diferente a nuestros días si hoy alguien se levantara y leyera las Bienaventuranzas o el Padrenuestro, sabemos lo que viene después.

Jesús continuó: "... para dar buenas nuevas a los pobres... a sanar a los quebrantados de corazón; a pregonar libertad a los cautivos, y vista a los ciegos; a poner en libertad a los oprimidos" (vv. 18-19).

A esto, solo había un punto que había que tratar en la mente de los ciudadanos: ¿por qué este joven lugareño sin experiencia estaba leyendo las Escrituras en lugar de su experto rabino? Pero, de repente, cayó la bomba mientras Jesús enrollaba el rollo; anunció: "Hoy se ha cumplido esta Escritura delante de vosotros" (v. 21); en otras palabras: "Yo soy el Mesías". Entonces, continuó hablando de las grandes y maravillosas obras realizadas en las otras ciudades, y concluyó con un fuerte mensaje profético.

¿Qué? ¿En verdad es Él? ¿Están escuchando bien? ¿Realmente ha dicho que Él es Aquel profetizado por Isaías?

¡Qué prepotente! ¡Una locura! En total incredulidad, el murmullo era entre ellos. ¡Este es Jesús! ¿Qué está haciendo? ¿Qué está diciendo?

Me imagino a una madre diciendo: *¡No puede ser! ¡Él estaba en la clase de Torá de mi hijo!*

Asombrada, otra añade: *Su familia vive al lado de mi casa. ¡Él jugaba con Benjamín!*

Otros quizá tenían recuerdos más actuales: *¡Él hizo la mesa en la que comemos cada día! ¡Él hizo nuestras sillas! Es el hijo del carpintero. ¿Qué quiere decir con lo de "El Espíritu del Señor está sobre mí"? ¿Quién se cree que es?*

Hoy protestaríamos: *¡Él jugaba al fútbol con mi hijo!; ¡Estaba en la clase de matemáticas de mi hija!*

Se formaron una imagen mental de cómo llegaría su Mesías según su propio entendimiento de las Escrituras del Antiguo Testamento. Este es otro pasaje familiar de Isaías:

> "Porque un niño nos es nacido, hijo nos es dado, y el principado sobre su hombro... Lo dilatado de su imperio y la paz no tendrán límite, sobre el trono de David y sobre su reino... desde ahora y para siempre".
>
> —Isaías 9:6-7

Estos ciudadanos estaban esperando a un gran Rey, uno que sería sobrenaturalmente sabio y un poderoso conquistador. Rápidamente los libraría de la opresión romana y los establecería como nación sin igual. Recuperaría el trono de David y reinaría para siempre. Pero cuando Jesús vino como uno de ellos, criado en sus escuelas, riendo en sus calles, haciendo sus muebles, y ahora rodeado por la mafia (recaudadores de impuestos) y por prostitutas, les tomó por sorpresa. No podían entenderlo. *¡Un momento!*, clamaban por dentro y por fuera. *¡Esta no es la forma en que debería venir el Mesías!* Estos lugareños no se dieron cuenta de que pasarían unos cuantos miles de años entre la frase "hijo nos es dado" y el total cumplimiento y la manifestación física: "Lo dilatado de su imperio y la paz no tendrán límite".

Este incidente, junto con otros parecidos a lo largo de las Escrituras, revela una verdad que es difícil de entender: *a menudo Dios nos enviará lo que necesitamos en un paquete que no queremos.* ¿Por qué? Para dejarnos saber que Él es Dios y que no podemos cuestionarlo. No podemos buscar respuestas meramente con nuestra cabeza; debemos buscarlo tanto a Él y su provisión con nuestro corazón. La Escritura no se puede interpretar con nuestro entendimiento mental humano y limitado. Debe haber un soplo del Espíritu de Dios. Solo Él da sabio consejo y la aplicación correcta.

UN MARCADO CONTRASTE

Permítame dar otro ejemplo de esto. Los fariseos también estaban esperando a un poderoso Mesías conquistador, un héroe que libraría al pueblo de Dios de la opresión romana. Estos líderes esperaban ansiosamente su venida, creyendo que ellos pasarían a ser alguna especie de encargados de este nuevo reino establecido en Jerusalén. Por lo tanto, cuando Jesús entró en escena como un hombre sin formación proveniente de Galilea, se mofaron de Él. Cristo tampoco encajaba en la imagen que ellos tenían de su Mesías.

En uno de los muchos interrogatorios de Jesús, está escrito: "Preguntado por los fariseos, cuándo había de venir el reino de Dios, les respondió y dijo: El reino de Dios no vendrá con advertencia, ni dirán: Helo aquí, o helo allí; porque he aquí el reino de Dios está entre vosotros" (Lucas 17:20-21).

De nuevo, estos fariseos se estaban refiriendo a la profecía de Isaías del reino terrenal del Mesías. Ellos también esperaban a un Mesías según su interpretación mental de las Escrituras, en lugar de confiar en la guía del Espíritu de Dios. Ellos conocían a Dios no con sus corazones, sino con su propio razonamiento.

En contraste, veamos a otro hombre que también estaba esperando al Mesías. Su nombre es Simeón. El Evangelio de Lucas nos dice que era:

> "… justo y piadoso, esperaba la consolación de Israel; y el *Espíritu Santo* estaba sobre él. Y le había sido revelado por el *Espíritu Santo*, que no vería la muerte antes que viese al Ungido del Señor. Y movido por el *Espíritu*, vino al templo. Y cuando los padres del niño Jesús lo trajeron al templo, para hacer por él conforme al rito de la ley, él le tomó en sus brazos, y bendijo a Dios, diciendo…".
>
> —Lucas 2:25-28 (énfasis del autor)

El resumen de lo que dijo Simeón acerca de Jesús fue una declaración de que este bebé de treinta días era el Mesías. Ahora bien, esto es lo más interesante. Aquí está un hombre que reconoce al Mesías cuando tiene solo un mes de vida; y, por otro lado, todo Nazaret no pudo reconocerlo y los fariseos se burlaron de Él cuando tenía treinta y tantos años, ¡y hacía señales y maravillas que ningún ser humano había hecho jamás! ¿Por qué? De nuevo, porque Dios es Espíritu, y los que quieran conocerlo a Él y sus caminos deben conocerlo por su Espíritu que revela la verdad. Hay una diferencia clave entre Simeón y los demás, y esta verdad es la que estamos a punto de ver. Esta revelación traerá entendimiento en cuanto a por qué tantas personas no reciben su herencia completa de Dios.

HONRA

Para comenzar, veamos de nuevo la afirmación que hizo Jesús con respecto a la respuesta de su ciudad natal a su ministerio. Él dijo: "No hay profeta sin *honra* sino en su propia tierra, y entre sus parientes, y en su casa" (Marcos 6:4, énfasis del autor).

La palabra clave aquí es *honra*. Ellos no lo honraban.

La palabra griega para honra es *time* (pronunciada como "timi"). He estudiado mucho esta palabra, y las palabras muy relacionadas con ella. He consultado muchos diccionarios de griego, comentarios y otros libros que contienen estudios del griego original. También he tenido profundas charlas con dos hombres que hablan griego con fluidez. Uno vive en Grecia (su familia tiene ya cuatro generaciones de ministros); el otro es un ministro que vive en Gran Bretaña. Las definiciones que estoy a punto de dar son una combinación de toda la retroalimentación que he recibido de estas fuentes.

La definición simplista y literal de *time* (honra u honor) es "valorar". Cuando hablamos de la palabra *time* con un griego, él piensa en algo *valioso, precioso, importante*, como el oro. Piénsalo: tú no pondrías oro en un cajón lleno de cosas, sino que lo pondrías en un lugar de honor. Otras definiciones de honra son *apreciación, estima, consideración favorable, respeto*.

A veces, para entender mejor una palabra es bueno mirar su antónimo. El antónimo de honra es *deshonra*. La palabra griega es *atimia*. Algunas de sus definiciones son: *no mostrar respeto o valor; tratar como común, ordinario o insignificante*. Cuando hablamos de deshonra con un griego, él piensa en algo *común*, *ligero, y algo que se desvanece fácilmente, como el vapor.* Una forma más fuerte de deshonra es ser tratado con vergüenza e incluso humillado.

Por mi estudio de diccionarios griegos y comentarios, he descubierto que la honra se puede mostrar en acción, palabra, incluso pensamiento. Pero toda la verdadera honra se origina en el corazón. Por eso Dios dice: "Porque este pueblo se acerca a mí con su boca, y *con sus labios me honra,* pero *su corazón está lejos de mí, y su temor de mí* no es más que un mandamiento de hombres que les ha sido enseñado" (Isaías 29:13, énfasis del autor).

Observemos que Dios dice "su temor de mí". El verdadero honor es el rebosar del corazón que teme reverentemente a Dios. Esto es importante, y lo discutiremos más en un capítulo posterior.

Jesús dijo que estas personas de Nazaret le retuvieron la honra. Estos habitantes no lo trataron como valioso y precioso. No lo reconocieron como alguien divinamente enviado a ellos para cumplir la voluntad de Dios. Más bien, vieron a un hombre ordinario, un niño más del pueblo, que estaba delante de ellos y, debido a eso, solo recibieron un galardón parcial. A Jesús se le impidió hacer milagros. No ocurrió nada notable; probablemente solo fueron sanados de unos cuantos dolores de cabeza, quizá artritis, o un par de espaldas en malas condiciones.

Piénsalo. Jesús, el Hijo de Dios, el Hijo del Hombre lleno del Espíritu de Dios sin medida, es enviado a sanar a los enfermos y a todos los oprimidos por el diablo, pero no puede cumplir su comisión, no porque no fuera la voluntad de Dios que todos fueran sanados en esa ciudad, sino porque se lo impidieron al no darle honra. Lo trataron como un lugareño común; por lo tanto, recibieron un galardón parcial muy pequeño (solo unos pocos enfermos fueron sanados).

UNA SITUACIÓN SIN RECOMPENSA

En los Evangelios encontramos otro incidente en el que Jesús está en una casa enseñando a una multitud de maestros y expertos de las Escrituras. Estos ministros llegaron de cada ciudad de Galilea y Judea para oírlo. Leemos: "y el poder del Señor estaba con él para *sanar*" (Lucas 5:17, énfasis del autor).

Definitivamente, esto sugiere que tenía la intención de sanar a los que estaban allí presentes. Ahora bien, permíteme hacer una declaración de verdad: Dios nunca malgasta nada. Por supuesto, piensa cuando Jesús alimentó a los cuatro mil y de nuevo a los cinco mil. En ambos casos, dio órdenes estrictas de recoger las sobras para que no se perdiera nada. Lo que muchos de nosotros hubiéramos desechado o tirado al cubo de la basura, Él lo recogió. Podemos ver este mismo patrón a lo largo de *todos los versículos en las maneras de Dios*. Él nunca malgasta nada.

Por lo tanto, si el poder del Señor estaba presente para sanar a los fariseos y maestros de la ley, eso significa que había al menos uno de *ellos*, o es más que probable que fueran varios los que necesitaban ser sanados. Esto lo digo por mi propia experiencia. Traigámoslo al presente. Reunamos a unos cientos de personas en una sala, y con un grupo así de grande habrá al menos una decena (y muchas veces más) con algún tipo de enfermedad. El poder de Dios está ahí para sanarlos a todos, pero no se sana ni uno solo.

Más adelante, algunos hombres llevaron a su amigo paralítico en una camilla. Tras no poder entrar por la puerta frontal porque el edificio estaba abarrotado de gente, intentaron otra vía. En vez de rendirse, fueron al tejado de la casa, abrieron un agujero en el techo y bajaron al paralítico hasta ponerlo delante de Jesús. Entonces leemos: "Al ver la fe de ellos, Jesús dijo: —Amigo, tus pecados quedan perdonados. Los fariseos y los maestros de la ley comenzaron a pensar: «¿Quién es este que dice blasfemias? ¿Quién puede perdonar pecados sino solo Dios?" (vv. 20-21, NVI).

Notemos que Lucas escribe que los fariseos "comenzaron a pensar". Ahondemos un poco más. ¿Susurraron estos líderes a sus compañeros que estaban sentados junto a ellos? ¿Se congregaron en pequeños grupos y discutieron la frase de Jesús unos con otros? Para aclarar esto, tenemos que ir al relato de Mateo. Él escribe diciendo que "decían *dentro de sí*" (9:3, énfasis del autor). Así que vemos a estos maestros deshonrando a Jesús solo con sus pensamientos. Hablaban en su interior. No dijeron en voz alta nada vergonzoso, crítico o degradante, sino más bien eran contrarios solamente en sus pensamientos. Marcos escribe también que ellos *"cavilaban en sus corazones"* (2:6). Escuchemos la respuesta de Jesús a sus pensamientos:

"Y conociendo luego Jesús en su espíritu que cavilaban de esta manera dentro de sí mismos, les dijo: ¿Por qué caviláis así en vuestros corazones? ¿Qué es más fácil, decir al paralítico: Tus pecados te son perdonados, o decirle: Levántate, toma tu lecho y anda? Pues para que sepáis que el Hijo del Hombre tiene potestad en la tierra para perdonar pecados (dijo al paralítico): A ti te digo: Levántate, toma tu lecho, y vete a tu casa".

—Marcos 2:8-11

Inmediatamente el paralítico se levantó, recogió su camilla, y salió del edificio a plena vista de todos los ministros. La Biblia dice que estos líderes y maestros "se asombraron, y glorificaron a Dios, diciendo: Nunca hemos visto tal cosa" (v. 12).

Todos ellos se asombraron, pero ninguno fue sanado, ¡aunque el poder del Señor estaba allí inicialmente para sanarlos! *No recibieron galardón alguno porque deshonraron* a Jesús ¡tan solo en sus pensamientos! En este incidente no fueron sus acciones ni sus palabras, sino los pensamientos que no dijeron. Recuerda: la honra o la deshonra se puede mostrar en acciones, palabras o pensamientos, pero la verdadera honra se origina en el corazón. ¡Los pensamientos son importantes!

Muchos de estos líderes ya habían desarrollado un patrón de deshonrar a Jesús. Se habían burlado de Jesús, lo menospreciaron, y muchas veces intentaron avergonzarlo públicamente. Está escrito: "Y le acechaban los escribas y los fariseos… a fin de hallar de qué acusarle" (Lucas 6:7). Y de nuevo leemos: "Y acechándole enviaron espías que se simulasen justos, a fin de sorprenderle en alguna palabra" (20:20). Estos son solo algunos relatos de muchos. Como podemos ver, estos hombres llevaron el hecho de retener la honra hasta el punto de deshonrar a Jesús.

Los habitantes de Nazaret retuvieron la honra, y recibieron una *recompensa parcial* o pequeña. Los líderes deshonraron a Jesús en sus pensamientos y no recibieron *ninguna recompensa.* Ahora examinemos a los que *recibieron la recompensa completa* y veamos si hay alguna conexión con el principio del honor.

3

RECOMPENSA COMPLETA

Al principio de su ministerio, Jesús entró en Capernaúm e inmediatamente se encontró con un oficial romano, un centurión que, de hecho, le rogó que sanara a su siervo paralítico porque estaba tremendamente atormentado. Jesús accedió: "Yo iré y le sanaré" (Mateo 8:7).

El centurión respondió: "Señor, *no soy digno* de que entres bajo mi techo" (v. 8, énfasis del autor).

Espera, "¿No soy digno?". ¡Es el *conquistador* hablando a uno de los *conquistados*! Roma ocupaba la nación de Israel. Entonces, ¿por qué le diría este oficial romano a un carpintero judío: "No soy digno de que entres bajo mi techo". Esto sería como si un coronel de los Marines de los Estados Unidos le dijera a un fontanero iraquí: "No soy digno de ir a tu casa". ¿Ves cómo este hombre honra a Jesús? El oficial romano sabe quién es realmente este carpintero; trata a Jesús como alguien muy importante y le da el debido respeto. El guerrero continúa explicando: "Solamente di la palabra, y mi criado sanará. Porque también yo soy hombre bajo autoridad, y tengo bajo mis órdenes soldados; y digo a éste: Ve, y va; y al otro: Ven, y viene; y a mi siervo: Haz esto, y lo hace" (vv. 8-9).

Primero, hablemos de la posición o el rango de este oficial. Había seis mil soldados en una legión romana y un comandante sobre toda una legión. Dentro de la legión de seis mil había sesenta centuriones que se reportaban al comandante, y cada centurión tenía cien soldados a su mando.

Él le explica a Jesús cómo y por qué lo que le ha pedido funcionará. Tenía el respeto y la obediencia de sus soldados porque honraba a su comandante, sometiéndose a su autoridad. Gozaba del respaldo de su oficial superior quien, a su vez, estaba respaldado por la autoridad de Roma. En esencia, lo que dice es: Yo tengo *autoridad porque* honro a mi país y a mis superiores al respetar su autoridad. Así que lo único que tengo que hacer es dar una orden, y los que están bajo mi autoridad responden de inmediato a dicha orden. Incluso, para simplificarlo más: Yo tengo autoridad porque estoy sometido a autoridad.

Observemos su prefacio: "Porque *también* yo". Vemos inmediatamente que está incluyendo a Jesús en su declaración de verdad. Él reconoció que la autoridad de Jesús también era debida al hecho de estar bajo autoridad —Jesús a menudo declara en los Evangelios su sumisión al Padre—. Resulta sorprendente ver cómo este guerrero romano identifica la autoridad de Dios sobre Jesús; por lo tanto, sabía que Jesús ejercía autoridad en el mundo espiritual invisible, así como él tenía autoridad en el mundo militar. Por eso entendió que solo era necesario una simple orden, y la enfermedad tendría que obedecer. En su mente, aquella situación no era diferente a la de aquellos que estaban bajo su autoridad y respondían rápidamente a sus órdenes. Veamos la respuesta de Jesús:

"Al oírlo Jesús, se maravilló, y dijo a los que le seguían: De cierto os digo, que ni aun en Israel he hallado tanta fe".   —v. 10

¡Qué declaración! Jesús anuncia que este oficial romano ¡tenía más fe que Juan el Bautista! Piénsalo. Jesús "halló" a Juan el Bautista en Israel. Llevemos esto un poco más lejos, este oficial tenía más fe que la madre de Jesús, María. Jesús declaró que su fe era la más grande que había visto durante sus más de treinta años en Israel… ¡y Jesús nunca exageraba! ¿Estás entendiendo la magnitud de la declaración de Jesús? En esencia, fue un ciudadano romano y oficial de las fuerzas armadas que ocupaban Israel quien ganó el premio a la fe más grande.

Yo soy una persona de fe, y espero que tú también lo seas, porque sin fe es imposible agradar a Dios (ver Hebreos 11:6). Como dice la Escritura: "Así que la fe es por el oír, y el oír, por la palabra de Dios" (Romanos 10:17). Estaría dispuesto a apostar a que Juan el Bautista oyó muchos más versículos que este oficial romano; sin embargo, este oficial romano tuvo más fe. También me imagino (y probablemente esté en lo cierto) que María, la madre de Jesús, los doce discípulos, y los muchos otros en Israel a quienes Jesús encontró, también oyeron mucho más la Palabra de Dios que este oficial romano; pero él tuvo más fe que ninguno de ellos. ¿Qué hizo que esa fe fuera tan grande? Fue el acompañamiento de honor que le mostró a Jesús y su entendimiento y sumisión a la autoridad. (Lucas 17:5-10 muestra que no es solo oír la Palabra de Dios lo que produce fe, sino que se debe suplementar con honor y de conformidad con la autoridad).

Este hombre recibió su *galardón completo* porque dio honra y entendió lo que es la autoridad. Su visión de la autoridad reveló un fundamento de respeto en su corazón. Así que la raíz de su motivación fue el honor.

UNA MUJER QUE NO RECIBIÓ UNA NEGATIVA

En el séptimo capítulo del Evangelio de Marcos encontramos a una mujer griega, sirofenicia de nacimiento, que acude a Jesús en busca de ayuda. La Escritura dice que ella seguía pidiéndole que sanara a su hija de un demonio. Esto nos da a entender que Jesús no estuvo receptivo a su primera petición, o a la segunda, y posiblemente a otras múltiples peticiones. Es bastante probable que Él ni siquiera la miró. Pero ella seguía pidiendo. Se mantiene impávida, y al final recibe una respuesta: "Pero Jesús le dijo: Deja primero que se sacien los hijos, porque no está bien tomar el pan de los hijos y echarlo a los perrillos" (v. 27).

De acuerdo, puedes partir el pastel como quieras, pero el resultado será el mismo: ¡Jesús la llamó perro! Me alegro de que esta mujer no fuera estadounidense. De haber sido así, Jesús habría recibido una regañina. Quizá ella le habría gritado: *¡¿Qué?! ¿Me estás llamando perro? ¿Qué clase de ministro eres tú? Cómo te atreves a insultarme así. Vine buscando ayuda, ¿y este es el trato que recibo? Este es un asunto racial… ¿verdad? Porque yo soy griega y tú eres judío, ¡crees que tienes el derecho a llamarme perro! Esto es una salvajada. Te sientas ahí con tu equipo e ignoras*

a una mujer necesitada que está clamando por su hija. ¿Dónde está
el amor del que predicas? Ah, ya lo entiendo, ahora no hay una mul-
titud a la que impresionar. Están solos tú y tu equipo, ahora entiendo
tus verdaderas motivaciones. Eres un hipócrita, ya me he cansado…
me marcho de aquí.

Se habría ido dando pisotones en el suelo, y su hija no habría
sido sanada. Se habría quedado sin recompensa. Sin embargo,
esta mujer no se comportó de esa manera, sino que respondió
a su inferencia y se dispuso para recibir una recompensa: "Sí,
Señor; pero aun los perrillos, debajo de la mesa, comen de las
migajas de los hijos. Entonces le dijo: Por esta palabra, ve; el
demonio ha salido de tu hija" (vv. 28-29).

Casi puedo ver a Jesús sonreír y sacudir su cabeza al admi-
rar la fe de esta mujer gentil. ¿Cómo se lo iba a negar? Él le dice
que el demonio que había atormentado a su hija se había ido, la
madre regresa a su casa, ¡y encuentra a su hija libre!

Si ella hubiera sido pasiva, o se hubiera ofendido fácilmente, habría perdido cualquier esperanza de recompensa. Ella
sabía quién era Jesús y le honró persistentemente, primero por
su tenacidad y después por no injuriar ni marcharse, incluso
cuando parecía que le habían insultado o deshonrado. Por su
determinación, ella recibió un *galardón completo*.

Es interesante notar que estos dos ejemplos de fe asombrosa
fueron de gentiles, los que estaban fuera del pacto de Abraham.
Un centurión y una mujer griega hicieron que Jesús se mara-
villase de su fe. Ellos simplemente entendieron principios que
con demasiada frecuencia están perdidos hoy: el honor fluyó por
encima de su desesperación y ambos recibieron una recompensa
completa.

EL PRINCIPIO DEL HONOR

Al leer los Evangelios, encontramos a otros que recibieron recompensas parciales, completas o ninguna recompensa. Cada incidente refleja de manera única cómo administraron su honor. Para algunos hay una falta evidente del honor debido; en otros casos, hay un honor cordial o abundante; y para otros hay una deshonra manifiesta al acercarse a Jesús. Si el honor no es de inmediato aparente en el pasaje, el patrón o principio sigue ahí; es una ley espiritual, porque Dios dice:

> "Porque yo honraré a los que me honran, y los que me desprecian serán tenidos en poco".   —1 Samuel 2:30

El honor es un elemento esencial para recibir del cielo. Me gusta referirme al versículo de arriba como "el principio del honor". Los que honran a Dios serán honrados. Así es como funciona. Todo el que honró a Jesús recibió de Dios en la proporción en que dio el honor. Piénsalo, no solo fueron sanados un siervo y una hija, ¡sino que aún hoy estamos celebrando sus decisiones y su fe!

Este principio queda resaltado particularmente justo antes de la Pascua. Jesús estaba en la casa de Simón el leproso en Betania. Mientras se reclina en la mesa, una mujer se acerca a Él con un frasco de alabastro lleno de un aceite de nardo muy costoso. El precio de este perfume era el salario de un año para un jornalero normal. Tras llorar para lavar los pies de Jesús, ella los seca con su cabello, y después rompe el frasco de aceite de nardo y lo derrama sobre la cabeza de Jesús.

Ella honró a Jesús ungiéndolo con generosidad; pero no todos se alegraron por esta acción: "Y hubo algunos que se enojaron dentro de sí, y dijeron: ¿Para qué se ha hecho este desperdicio de perfume? Porque podía haberse vendido por más de trescientos denarios, y haberse dado a los pobres. Y murmuraban contra ella" (Marcos 14:4-5).

Fuera de ese momento, sus observaciones suenan muy racionales e incluso consideradas. Es algo muy cristiano pensar en los pobres; sin embargo, no vieron el panorama más grande. Algo pasó en ese momento. Habían tenido una oportunidad de honrar al Dios del cielo y de la tierra al honrar a su Hijo Jesús. Escuchemos la clara reprimenda del Maestro:

Déjenla tranquila: ¿por qué la molestan? Ella me ha hecho un bien y algo muy hermoso, noble y digno de alabar.

Porque siempre tendrán con ustedes a los pobres, y podrán hacerles bien siempre que lo deseen, pero no siempre me tendrán a mí. Ella ha hecho lo que ha podido… y en verdad les digo, que dondequiera que se proclamen estas buenas nuevas del evangelio en todo el mundo, se recordará para memoria suya lo que esta mujer ha hecho.

—Marcos 14:6-9 (AMPC, traducción libre)

Vaya, ¿escuchaste cómo Él la alabó? Muchos hicieron grandes cosas en los tiempos de Jesús, pero ninguno fue honrado de esta manera o en este grado. Jesús profetizó que su buen acto de honor sería alabado dondequiera que llegara el evangelio, no solo en su periodo de tiempo sino de generación en generación durante todos los siglos.

Su deseo era honrar al Maestro, pero este derramamiento de unción le posicionó para que el Maestro la honrara. El *principio del honor* siempre funciona, siempre está vigente. Dios dice: "Honraré a los que me honran y *despreciaré* a los que me menosprecian"

(1 Samuel 2:30, NTV, énfasis del autor). Observa que los que no le honran serán tenidos en poco. Sin embargo, la NTV usa la palabra *despreciaré*, que se define como "el sentimiento de que otro es indigno de la consideración o del respeto de uno". Dios considera que quienes lo deshonran están por debajo de su radar de atención. Esto implica no tener en cuenta sus necesidades y oraciones.

Escucha lo que dice Jesús: "Y el que me recibe a mí, recibe al que me envió" (Juan 13:20). En el contexto de lo que Jesús está diciendo, recibir a alguien es honrarlo. Por lo tanto, Jesús realmente está diciendo: *El que me honra a mí, honra al Padre, quien me envió.* Por eso Él claramente nos dice: "El que no honra al Hijo, no honra al Padre que le envió" (Juan 5:23).

Los que honraron a Jesús realmente estaban honrando al Padre sin saberlo. Jesús dijo: "Gloria de los hombres no recibo" (Juan 5:41). En su corazón y en su mente, todo iba al Padre. Él no había sido aún glorificado. Pero una vez glorificado, el Padre hizo decretos sobre el Hijo, tales como: "Adórenle todos los ángeles de Dios" (Hebreos 1:6), y: "Tu trono, oh Dios, por el siglo del siglo; cetro de equidad es el cetro de tu reino" (Hebreos 1:8; ver también Filipenses 2:8-10). Una vez glorificado, Él es adorado como el Padre.

Sin embargo, mientras Jesús caminó por esta tierra, vivió y ministró como el *Hijo del Hombre*. Filipenses 2:6-7 dice: "El cual, aunque era esencialmente uno con Dios y tenía forma de Dios… se despojó a sí mismo de todos los privilegios y la dignidad legítima para tomar forma de siervo, haciéndose como los hombres y naciendo como un ser humano" (AMPC, traducción libre). Así que, como Hombre, en su corazón transmitía continuamente al Padre todo el honor que se le daba a Él. Por eso en repetidas ocasiones se dirigía a las personas a las que sanaba con frases

como: "Mira, no lo digas a nadie; sino ve, muéstrate al sacerdote, y presenta la ofrenda que ordenó Moisés, para testimonio
a ellos" (Mateo 8:4). Y de nuevo leemos: "Y Jesús les encargó
rigurosamente, diciendo: Mirad que nadie lo sepa" (Mateo 9:30).
Encontramos referencias similares en todos los Evangelios.

Mientras estuvo aquí, Jesús fue la conexión de la tierra con
el Padre; por lo tanto, una forma tangible de honrar al Padre era
mediante el trato dado a su Hijo. Por eso no hubo reprensión
alguna para la mujer anónima que honró a Jesús el Hijo con su
costoso ungüento. Él nunca reprendió a quienes lo honraron,
sino más bien los alabó por hacer esta conexión con el Padre.
Hemos de entender que Él no estaba buscando su propio honor,
sino más bien modelando el *principio del honor* ante aquellos a
los que fue enviado.

EL FLUIR DEL HONOR

La semana en que Jesús fue crucificado hizo esta profunda
declaración acerca de cómo continuaría su ministerio, incluso
después de su partida:

> "Y les advierto que ya no volverán a verme hasta el
> día que digan: "¡Bendito el que viene en el nombre del
> Señor!".   —Lucas 13:35 (NVI)

En otras palabras: *No volverán a verme hasta que reconozcan
a quienes les envío, declarando: Bendito el que viene en el nombre
del Señor.* O dicho de otro modo: *No me volverán a percibir o a
ver hasta que* honren *a los que envío en mi nombre.* Detente y
medita en esto. Jesús dijo que se manifestaría cuando bendiga-
mos u honremos a los que Él envía. ¿Por qué? Jesús responde
a esto por nosotros en otras partes de las Escrituras. Una de

esas afirmaciones es: "De cierto, de cierto os digo: El que recibe (*honra*) al que yo enviare, me recibe (*honra*) a mí; y el que me recibe (*honra*) a mí, recibe (*honra*) al que me envió" (Juan 13:20, palabras en paréntesis del autor).

A la luz de esto, leamos lo que Jesús dice después sobre cómo aplicar el principio del honor en la vida cotidiana:

> "El que a vosotros recibe, a mí me recibe; y el que me recibe a mí, recibe al que me envió. El que recibe a un profeta por cuanto es profeta, recompensa de profeta recibirá; y el que recibe a un justo por cuanto es justo, recompensa de justo recibirá. Y cualquiera que dé a uno de estos pequeñitos un vaso de agua fría solamente, por cuanto es discípulo, de cierto os digo que no perderá su recompensa".   —Mateo 10:40-42

Sin cambiar el significado, permítame insertar la palabra honra donde aparecen las palabras *recibe* y *da* en estos versículos:

> "El que a vosotros *honra*, a mí me *honra*; y el que me *honra* a mí, *honra* al que me envió. El que *honra* un profeta por cuanto es profeta, recompensa de profeta recibirá; y el que *honra* a un justo por cuanto es justo, recompensa de justo recibirá. Y cualquiera que *honre* a uno de estos pequeñitos *con* un vaso de agua fría solamente, por cuanto es discípulo, de cierto os digo que no perderá su recompensa".

Para tener un marco de referencia apropiado, hay dos grandes puntos que hay que tratar en estos versículos. En primer lugar, hay una estructura de autoridad en el reino de Dios. Comienza con el Padre y fluye hasta Jesús, el que Él envió y a quien dio toda autoridad. Después de su resurrección, Jesús declaró: "Toda potestad me es dada en el cielo y en la tierra" (Mateo 28:18). Él es la cabeza de la Iglesia, y llegará el día cuando Él presente el reino devolviéndoselo a su Padre cuando toda la rebelión haya sido puesta bajo sus pies (ver 1 Corintios 15:24-26).

El siguiente en este orden de autoridad del reino es el "profeta". Tengamos en mente que Jesús estaba hablando a un pueblo que no tenía el Nuevo Testamento. No estaban familiarizados con nuestra terminología y nuestras formas, así que les habló en términos familiares para ellos.

Los profetas en el Antiguo Testamento operaban como los voceros del Señor (ver Éxodo 4:16; 7:1). Hebreos 1:1-2 lo confirma: "Dios, habiendo hablado muchas veces y de muchas maneras en otro tiempo a los padres por los profetas, en estos postreros días nos ha hablado por el Hijo". Y el Nuevo Testamento lo reitera al decir que, cuando Jesús fue resucitado de la muerte y ascendió a lo alto, "él mismo constituyó a unos, apóstoles; a otros, profetas; a otros, evangelistas; a otros, pastores y maestros" (Efesios 4:11).

Si Jesús nos estuviera hablando a nosotros hoy, quizá diría algo como esto: *El que honra a un apóstol por cuanto es apóstol, recibirá recompensa de apóstol; el que honra a un pastor por cuanto es pastor, recompensa de pastor recibirá.* Y lo mismo sucedería con los profetas, evangelistas o maestros.

En Mateo 10, Jesús pasa de honrar a un profeta (o los que están en liderazgo) a un hombre justo, y después termina con el hecho de honrar a "estos pequeñitos". En efecto, cubrió todas las bases y dinámicas de autoridad con quienes los creyentes interaccionan: los que están por encima de nosotros en autoridad, los que están a nuestro nivel, y finalmente los que están bajo nuestro cuidado o autoridad delegada. Todo ser humano que vemos entra en una de estas tres áreas.

Esto nos lleva al segundo gran punto. Si honramos a los que están por encima de nosotros… recibimos una recompensa. Si somos honorables con los que están a nuestro nivel (nuestros iguales), recibimos una recompensa. Y al final, al honrar a los que están bajo nuestro cuidado o autoridad, también recibimos una recompensa. Recuerda nuestra paráfrasis: *No volverán a verme hasta que* honren *a los que envío en mi nombre.* Si unimos esto a los versículos de Mateo, descubrimos que cada uno de estos tres niveles conlleva una gran recompensa del cielo. Además, estas recompensas conllevarán mayores revelaciones de conocimiento acerca de quién es Jesús. Este será nuestro enfoque en el resto del libro.

4

POCO QUE VER CON EL LÍDER

En los tres primeros capítulos hemos cubierto muchas partes de la Escritura para establecer el papel vital que juega el honor para recibir algo de Dios. Para recapitular rápidamente, el apóstol Juan nos enseñó a vivir con diligencia, de tal forma que recibiéramos un *galardón completo*. Que él específicamente escribiera "galardón completo" nos indica que hay también la posibilidad de recibir un galardón parcial o ningún galardón. En el ministerio de Jesús hemos visto que hubo algunos que recibieron recompensas completas, recompensas parciales, y los que no recibieron recompensa alguna, y todo se reduce a cómo lo recibieron (honraron) a Él.

Jesús dijo justo antes de su partida: "Yo me voy y no me verán más hasta que honren al que yo envío en mi nombre" (paráfrasis del autor de Lucas 13:35). Además, nos muestra que, si honramos a un líder, recibiremos la recompensa que Dios tiene para dar a través del líder. Ocurre lo mismo con los que son nuestros iguales. Y finalmente también lo mismo con los que están bajo nuestra autoridad. Hablaremos primero de los que están en autoridad y después de los otros dos niveles en capítulos posteriores.

EJEMPLOS DE NUESTROS DÍAS

Conozco personalmente a muchos grandes ministros que viajan continuamente predicando el evangelio. Entre ellos destacan unos cuantos. En primer lugar, está un equipo de esposo y esposa: T.L. y Daisy Osborn. Mientras escribo estas palabras, ambos han recibido ya su galardón eterno en el cielo. A mitad de los años ochenta, Lisa y yo tuvimos el privilegio de servirles en muchas ocasiones. En esos días, yo trabajaba para una iglesia de ocho mil miembros; mi trabajo era recibir a todos los oradores invitados. Los Osborn vinieron en varias ocasiones, así que pudimos pasar bastante tiempo con ellos. Nos hicimos amigos, y con frecuencia nos escribíamos y hablábamos por teléfono. Dos veces T.L. me envió cajas con su ropa, usábamos la misma talla. Él era, y sigue siendo, uno de mis héroes de la fe.

En ese entonces, T.L. y Daisy Osborn ya habían llevado a millones de almas a la salvación. De hecho, se calcula que a través de su ministerio más de cincuenta millones de personas conocieron a Jesús. Esto se logró no solo mediante la televisión, sino también en sus cruzadas al aire libre en todo el mundo. La mayoría, no obstante, se realizaron en el continente africano. A esas reuniones asistía un número de entre 50 000 y 250 000 personas.

En cada una de sus reuniones, los ojos ciegos de varias personas eran abiertos. Personas que habían llegado sin visión alguna se iban con la capacidad de ver. Pero esto es solo la punta del iceberg. Cientos de oídos sordos fueron abiertos; muchos fueron sanados de enfermedades incurables; muchas personas que estaban paralíticas y los llevaban a sus cruzadas en camillas salían de allí caminando y llevando sus camillas a casa. El hermano Osborn ha escrito mucho compartiendo los notables milagros de sanidades que ocurrieron en sus reuniones al aire libre, especialmente en África.

Una de las historias más conmovedoras que recuerdo que nos contó tiene que ver con una mujer que visitó a Daisy entre reuniones en una cruzada en África. Cargaba a un bebé muerto en sus brazos. El bebé estaba completamente envuelto en una manta, incluso la cara. La madre le dio el bebé a Daisy y le pidió mediante el intérprete que por favor orara por su hijo para que pudiera vivir. Daisy tomó en sus brazos el cadáver envuelto y comenzó a hacer una sencilla oración. En cuestión de momentos, sintió movimiento y oyó una tos y un estornudo bajo la manta. Abrió la manta, y mirándole a la cara había un bebé varón ¡vivo!

Daisy procedió a cubrir de nuevo al niño y se lo entregó a su madre. La madre retiró la manta, y al ver la cara de su hijo comenzó a dar gritos de emoción.

Eso dejó perpleja a Daisy. Se preguntaba por qué la madre no reaccionó cuando oyó al bebé toser y estornudar mientras lo cargaba en sus brazos. ¿Por qué solo le inundó la emoción una vez que retiró la manta para ver su rostro?

Así que Daisy le preguntó a la madre a través del intérprete. La respuesta de la madre fue: "Mi bebé nació con un solo ojo. Estaba deforme; había solo una cavidad vacía donde debía estar el otro ojo. Cuando miré, ¡mi hijo me devolvió la mirada con dos ojos preciosos!".

Hay otras muchas historias asombrosas de obras poderosas que ellos hicieron, todas en el nombre de Jesucristo, nuestro Salvador resucitado.

Tengo otro amigo que hace numerosas cruzadas en África, particularmente en Etiopía y Sudán. La asistencia a sus cruzadas oscila entre 50 000 y 200 000 personas. En sus reuniones, él también ve cientos de ojos y oídos abrirse. Ve personas paralíticas que vuelven a caminar, muchas enfermedades curadas y tumores que se encojen y desaparecen.

Hace unos años atrás, me contó una historia impactante. En la zona de África en la que estaba realizando su cruzada había un hombre conocido como el "hombre mono". Estaba tan poseído por los demonios, que nadie podía domarlo. Vivía desnudo en los árboles y caminando sobre sus manos y sus pies. Sus manos tenían tantos callos como sus pies.

Algunos lugareños le pusieron arneses y lo llevaron a la reunión. Mi amigo me dijo: "John, estaba predicando a una gran cantidad de gente, y de repente vi a un hombre volar por el aire, como a tres metros, y al instante cayó al suelo. No se movía. Pensé que estaba muerto. Al día siguiente, estaba sobre mi plataforma totalmente vestido con un traje y testificando cómo Dios lo había liberado; era el 'hombre mono'".

Entonces me contó que la multitud pasó de decenas de miles a cientos de miles porque el "hombre mono" era conocido en toda la zona. Las masas de gente querían oír la Palabra de Dios que liberó al prisionero de los poderes demoniacos.

Podría contar muchísimas historias de hombres y mujeres que ven este tipo de obras poderosas, especialmente en África; sin embargo, el punto es que estos mismos ministros regresan a América o a cualquier nación occidental, y siendo la misma persona, con el mismo mensaje, la misma unción, la misma técnica ministerial, aun así en sus reuniones solo se sanan algunos con dolores de cabeza, dolores de espalda o algunos casos de artritis. ¿Por qué? ¡Tiene que ver con el *honor*! Estos amigos de los que hablo son tratados en algunas de estas naciones con una gran estima. Se les considera hombres y mujeres enviados por Dios y son tratados como realeza.

"TÚ ERES EL HOMBRE DE DIOS, ¿VERDAD?"

En algunas ocasiones he ministrado en África, en países como Kenia, Zimbabue, Angola y otros. A menudo me siento incómodo con la forma en que me hospedan (no para descrédito de ellos, sino debido a mi nivel de comodidad). Me tratan como tratarían a un rey. Mis anfitriones me llevan a bonitos hoteles, y sé que es un gran esfuerzo para ellos económicamente hablando. No me dejan que cargue nada, ni siquiera mi Biblia. Me dan de comer los mejores manjares, y sus mejores personas son quienes me sirven.

Recuerdo una ocasión en que, después de predicar a varios miles, me llevaron de regreso a una sala con aire acondicionado (pocos en la reunión habían experimentado lo que era el aire acondicionado). Una mujer rodeada de otras que estaban allí para servir se acercó y se arrodilló delante de mí con su cabeza agachada y con un bol grande mientras otra mujer tenía una vasija de agua para que me lavara las manos. Tras lavarme las manos, otra tomó una toalla y me secó las manos. Me estaban tratando lo mejor que sabían; me estaban honrando.

Cuando esa mujer se postró delante de mí, me sentí incómodo. Pensé: *Me puedo lavar las manos yo mismo; no tiene que hacer esto.* Entonces fue como si el Espíritu Santo me advirtiera con firmeza: "Ni se te ocurra rehusar que lo hagan. Deja que te sirvan".

Hay una diferencia entre honrar y adorar. Adoraremos por siempre *solo* a nuestro Dios, Señor y Rey. Sin embargo, honraremos siempre a quien merezca la honra. Es el protocolo adecuado en el reino de Dios.

Recuerdo que en la década de 1990 tuve el privilegio de hablar al liderazgo de un apóstol muy reconocido. Este hombre tiene más de cinco millones de personas en las iglesias que supervisa. Sus iglesias están en dieciocho naciones en el continente africano. Cada mes de febrero reúne a los seis mil pastores principales (no se invita a los pastores asociados) y pide a líderes de Estados Unidos y de otros continentes que vayan a hablar a estos pastores. Fue una de las unciones más fuertes bajo la que recuerdo haber actuado en toda la década de los noventa. Literalmente prediqué como un hombre de otro mundo. La presencia de Dios era impactante.

Entre las reuniones, me estaban sirviendo de una forma similar a la que acabo de describir antes. Cuando la persona se alejó, este líder me miró y dijo: "¿Ves a la persona que acaba de hacerte eso? Es la directora de la CIA de toda la nación".

Me quedé en estado de *shock*. Tras recuperar la compostura, pude decir con incredulidad: "¿Y acaba de hacer eso por mí?". No podía creer que alguien tan importante hiciera un acto de servicio tan sencillo para mí. Yo debería sentirme honrado de sentarme en su presencia, ya no digamos dejar que ella me sirviera.

Este gran apóstol después me miró con una mirada perpleja y dijo: "¿No eres tú el hombre de Dios?". Yo pensé: *Nosotros los estadounidenses no lo entendemos.*

CÓMO SE RECIBE A UN MENSAJERO

He estado viajando y ministrando la Palabra de Dios por más de treinta y cinco años. He observado constantemente que los lugares donde es más fácil ministrar (los de mayor impacto y milagros, donde es más fácil predicar, y donde la presencia de Dios es más fuerte) es en varias naciones en desarrollo, cárceles y bases militares. ¿Por qué? Porque la mayoría de las veces ellos muestran honor y respeto por la autoridad. Por el contrario, algunos de los lugares más difíciles para ministrar son institutos cristianos e iglesias donde no respetan la autoridad divina.

Recuerdo cuando descubrí que realmente no tenía nada que ver conmigo como ministro, sino más bien con la recepción de la gente. Estaba programado que hablara en una iglesia en la parte sureste de los Estados Unidos. También estaba ubicada en esta comunidad la prisión de máxima seguridad del Estado, que albergaba aproximadamente a unos ciento cincuenta hombres. El pastor principal de la iglesia también era el capellán asistente de la cárcel, y me preguntó si me gustaría hablar a los prisioneros el domingo en la mañana. Su reunión comenzaba a las 8 de la mañana y la reunión de la iglesia no empezaba hasta las 11; teníamos tiempo suficiente para hacer ambas, así que accedí con gusto.

Asistieron más de cien prisioneros a esa reunión de domingo en la mañana. La adoración fue asombrosa; los hombres estaban cantando con todo su corazón. Me olvidé que era una prisión de máxima seguridad hasta que terminó la reunión y le pregunté al líder de alabanza cuánto tiempo tenía que cumplir allí. Él tenía unos ojos muy claros y un rostro alegre; pensé que me diría que dos o tres años. Me miró con una gran paz y humildad y dijo: "Señor, estoy aquí para cumplir tres cadenas perpetuas". No hace falta decir que me quedé totalmente anonadado. El trato que me dirigió fue de profundo respeto. Esto es también lo que sentí en cada uno de esos hombres que estaban en la reunión. Aquellos prisioneros se asombraron de que un ministro de afuera de la ciudad se tomara el tiempo de ir allí y hablarles de Jesús. El honor que me dieron fue muy notable. Verdaderamente me sentí pequeño por su recepción.

Cuando tomé el micrófono esa mañana, de inmediato empecé a enseñar y a predicar como un hombre de otro mundo. La unción era muy fuerte, la energía muy abundante, me movía como un entrenador de fútbol preparando a su equipo para el partido del campeonato. Los hombres estaban gritando con entusiasmo; ¡fue un tiempo excelente!

Hablé por una hora. Después, el Espíritu de Dios cayó en ese auditorio, y durante la hora y media siguiente sucedieron cosas asombrosas. Hombres fueron salvos, llenos del Espíritu Santo, sanados y llamados al ministerio a tiempo completo.

Mi ayudante en el viaje se acercó al final de la reunión, tomó el micrófono, y con lágrimas corriendo por sus mejillas dijo con pasión: "Si viviera en esta comunidad, esta sería mi iglesia". Resonó un grito enorme; los hombres se pusieron locos de gozo.

Salimos de la cárcel a las 10:30. El pastor, mi asistente y yo estábamos muy animados. Todos estábamos comentando con anticipación cuán genial sería el servicio en la iglesia del pastor. Yo dije: "Esta reunión va a ser muy buena después de lo que hemos vivido". Sabía que llegaríamos y la gloria que había en nosotros fluiría en la reunión de esa iglesia.

Nunca olvidaré lo que pasó. Entré en esa reunión y apenas podía hablar. La atmósfera era tan dura y opresiva que estaba impidiendo que predicara. Seguía pensando: *Un momento, hace menos de dos horas estaba hablando y ministrando como un hombre de otro mundo. ¿Qué está sucediendo?* No podía averiguarlo. No podía desarrollarlo o avivarlo dentro de mí. Estaba reprimido. La unción en mi vida estaba contenida. No entendía en ese tiempo el principio del honor. Estaba en el proceso de aprenderlo. ¡Ahora quiero que todos lo sepan!

Pongamos un punto y aparte en la magnitud de lo que sucedió en aquella prisión. Dieciséis años después me pidieron hablar en una gran iglesia en Omaha, Nebraska. No sabía la sorpresa que me esperaba. En la primera reunión que hice para esa iglesia descubrí que el hombre que dirigía el sonido, que era uno de los miembros de la plantilla de la iglesia a tiempo completo, era el que dirigió la alabanza y la adoración en la cárcel ese domingo en la mañana. Estaba impactado y eufórico. Pregunté: "¿Cómo saliste? Tenías que cumplir tres cadenas perpetuas sin posibilidad de libertad condicional".

Él comenzó a contarme el milagro de su liberación, algo demasiado profundo para escribirlo ahora. Sin embargo, me mostró una palabra profética que yo le había dado en medio de nuestra reunión dieciséis años atrás, durante el tiempo en el que el Espíritu de Dios se movió entre los hombres. La reunión de la cárcel se grabó en video, eso dio la posibilidad de escribir lo que se dijo. Lo tuvo escrito en un diario todos esos años. El hombre me entregó ese diario, y procedí a leer lo que le dije en esa cárcel años atrás. Mis palabras decían que Dios iba a ponerlo a servir a tiempo completo en el reino, y su ministerio dentro de las cuatro paredes de la cárcel era solo una preparación para su posterior ministerio fuera. Le dije eso antes de saber que estaba allí para cumplir tres cadenas perpetuas. Estoy muy contento de no haber conocido su situación durante la reunión, ya que habría sido difícil decir esas palabras sabiendo la severidad de su sentencia.

Esto demuestra lo poderoso que fue el mover de Dios en esa reunión que tuvimos en la cárcel. Sin embargo, menos de una hora después en la iglesia la atmósfera era dura y yo estaba reprimido. Apenas si podía predicar. Aprendí ese día que no tiene nada que ver conmigo, sino con cómo soy recibido como alguien enviado por Dios. Los prisioneros me valoraron, honraron y estimaron. Los miembros de la iglesia dijeron con su lenguaje corporal: "Ya lo hemos oído todo. Hemos oído a muchos ministros invitados; ¿qué tienes que decir que sea diferente?". La gran diferencia de resultados se derivó de una palabra: honor.

HONRAR AL SER INSULTADO

Permíteme seguir explicando con la Escritura esto de que tiene muy poco que ver con el ministro, sino en cómo se recibe al líder. Hubo un hombre en el Antiguo Testamento que se llamaba Elcana. Tenía dos esposas: Ana y Penina (Me alegra que esto no pase ahora. Me encanta estar casado con una sola mujer).

Penina tenía hijos, pero Ana no tenía ninguno, ya que era estéril. En esos tiempos, las mujeres mostraban su amor por sus esposos dándoles hijos, especialmente varones. ¿Por qué? Porque era muy importante para continuar la posteridad del hombre.

Año tras año, la familia viajaba a Silo para sacrificar delante del Señor. El número de los hijos de Penina seguía aumentando, mientras que Ana no tenía ninguno que presentar al Señor. Esto avergonzaba a Ana, y para empeorar más las cosas, Penina se burlaba de ella. La Escritura nos dice: "Y su rival la irritaba, enojándola y entristeciéndola" (1 Samuel 1:6). ¿Te imaginas los torrenciales insultos de Penina: *Oye, mujer, ¿quién ama a nuestro*

esposo? Yo le he dado todos estos hijos, y tú, ¿dónde están tus hijos?
Tú no eres una mujer; no eres ni media mujer. ¿Te rechaza nuestro
esposo en el cuarto? ¿No le resultas atractiva? Seguro que él me ama
a mí. Y así continuaría.

Finalmente, un día, Ana se hartó. Decidió ir al tabernáculo
y encontrar consuelo en la presencia del Señor lejos de su adver-
saria. Estaba angustiada, y mientras oraba al Señor, lloraba
amargamente.

Ana hablaba con su corazón; sus labios se movían, pero sin
que salieran palabras de ellos. Le estaba haciendo una petición
al Señor: si Él abría su vientre y le daba un hijo, ella le entregaría
ese niño al Señor por el resto de su vida y para siempre.

Mientras tanto Elí, el principal sacerdote, estaba sentado
cerca y observó su conducta. Él pensó que estaba ebria de alco-
hol, y le dijo: "¿Hasta cuándo estarás ebria? Digiere tu vino"
(1 Samuel 1:13-14).

De nuevo, me alegro de que Ana no fuera estadounidense.
De haber sido así, Elí podría haber recibido una regañina.
Probablemente ella se hubiera enfurecido, pensando: *¿Qué*
tipo de pastor es este? Estoy derramando mi corazón a Dios y
ayunando, y me acusa de estar borracha. No, esto no puede ser
cierto, mis oídos me están jugando una mala pasada. Solo me
estoy imaginando que he oído esto, ¿verdad? Pero no, realmente
él lo dijo. *¡Qué cruel, mundano, insensato! ¡Qué patán! ¿Cómo*
puede él ser el pastor principal de esta iglesia? Este tipo necesita que
alguien hable con él, que lo despidan, ¡que lo expulsen del ministerio!

Después, ella probablemente hubiera dicho: *¿Me acaba de*
llamar borracha? Estoy ayunando y derramando mi corazón a Dios
por una necesidad en mi vida y me acusa de estar ebria. ¿Ni siquiera
puede usted reconocer cuando alguien está buscando sinceramente a

Dios? ¿Qué tipo de pastor es usted? ¿Qué tipo de iglesia es esta? Se lo diré a mi esposo y nos iremos de aquí. ¡Nos iremos a la iglesia que hay un poco más adelante en esta misma calle!

Si Ana hubiera hecho eso, nunca habría recibido su recompensa. Nunca habría tenido un hijo, y fácilmente podría haberse amargado con el Señor. Habría muerto un día, diciendo dentro de sí que Dios no responde a la oración. *Ayuné, oré diligentemente, pero Dios no respondió.* Sin embargo, no es eso lo que hizo Ana. Escuchemos su respuesta al líder que la insultó: "No, señor mío, soy una mujer atribulada de espíritu. No he bebido vino ni ninguna bebida alcohólica; estaba derramando mi alma delante del Señor. No vea a su sierva como una mujer malvada" (1 Samuel 1:15-16, AMPC, traducción libre).

Puedes ver aquí que ella lo honró en gran manera. En primer lugar, lo llama "señor mío". Después, hace referencia a sí misma como su "sierva". No hizo otra cosa sino hablarle con el máximo respeto. Ella lo honró. Elí entonces le dijo: "Vete en paz, y que el Dios de Israel te conceda la petición que le has hecho" (v. 17, AMPC, traducción libre).

A los tres meses, Ana quedó embarazada, y en un año dio a luz al bebé Samuel. Él fue quien trajo el avivamiento a todo Israel. Lo que Ana deseó y pidió en oración por años no se manifestó hasta que honró al sacerdote que la despreció. Y se pone incluso más interesante. Este es el mismo sacerdote de quien después Dios dijo: "Le advertí que viene juicio sobre su familia para siempre, porque sus hijos blasfeman a Dios y él no los ha disciplinado. Por eso juré que los pecados de Elí y los de sus hijos jamás serán perdonados" (3:13-14, NTV).

Vaya, eso es algo que uno nunca quisiera oír decir a Dios sobre uno mismo o sobre su familia. ¡Jamás serán perdonados!

Sin embargo, Ana recibió de Dios por honrar a este hombre. Tuvo muy poco que ver con lo que hizo Elí, y mucho con cómo Ana recibió al hombre que estaba sobre ella en autoridad. Si honramos a quienes están sobre nosotros, recibimos la recompensa que Dios da a través de su posición.

5

AUTORIDAD

Antes de continuar hablando de la recompensa de un profeta o un líder, debemos hacerlo primero de la importancia o el valor de la autoridad. Una vez esta verdad sea establecida en nuestro corazón podremos honrar de forma sincera y más eficaz a los que están sobre nosotros.

Recuerda el significado de *honor*, que es "valorar, ver como importante y precioso". Si el objeto de nuestro honor es una persona en autoridad, un tema que trataremos en los siguientes capítulos, el honor conlleva el significado de respeto, incluso reverencia. *El Diccionario Webster's* (versión de 1828) define *honrar* como "reverenciar, respetar; *tratar con deferencia y sumisión, y dar las obligaciones pertinentes a*". De esta definición vemos además que la sumisión a la autoridad es un aspecto del verdadero honor.

Decir que honramos a la autoridad y no someternos y obedecerla es engañarnos a nosotros mismos. Honrar a la autoridad es someterse a la autoridad; deshonramos a la autoridad no sometiéndonos a ella. Recordemos al oficial romano; él era un hombre que reconocía la autoridad y se sometía a ella. Era parte de su ser; estaba en su corazón. Por consiguiente, honró en gran manera a Jesús y recibió una recompensa completa.

CUATRO DIVISIONES DE AUTORIDAD

Es fácil tener poca o ninguna consideración con la autoridad delegada del reino sin un firme entendimiento de esta, especialmente en nuestra sociedad de hoy. Nuestro corazón debe ser establecido en esta verdad. Se nos dice de forma concisa:

> "Sométase toda persona a las autoridades superiores; porque no hay autoridad sino de parte de Dios, y las que hay, por Dios han sido establecidas. De modo que quien se opone a la autoridad, a lo establecido por Dios resiste; y los que resisten, acarrean condenación para sí mismos". —Romanos 13:1-2

En primer lugar, observemos que no es una sugerencia. No es un consejo; es un mandato. También observemos las palabras "toda persona". Esto significa que no hay excepciones. Todo el que acepta el nombre de Jesús tiene que adherirse a este mandato.

¿Quiénes son las "autoridades superiores"? En este texto, en concreto Pablo se está refiriendo a las autoridades civiles o gubernamentales. Sin embargo, estas palabras de exhortación son aplicables no solo a los líderes gubernamentales sino también a otras áreas de autoridad delegada.

El Nuevo Testamento habla de cuatro divisiones de autoridad delegada: civil, eclesial, familiar y social. Hablando de la social, aquí incluyo jefes, maestros, entrenadores, etc. No obstante, el Nuevo Testamento da pautas específicas para cada área. En la mayoría de los casos el consejo supera los límites y se extiende a todas las áreas de autoridad delegada.

Recuerda: al hablar de recibir a un profeta por cuanto es profeta, Jesús lo vinculó a un hombre justo, y finalmente a un pequeñito. Como dije antes, aquí vemos los tres niveles de seres humanos que encontramos: nuestros líderes, nuestros iguales, y aquellos confiados a nuestra autoridad. Con respecto a nuestros líderes, aunque Él habla de un "profeta", referido específicamente a la autoridad eclesial, el principio supera los límites y se extiende a todas las áreas de autoridad. Los siguientes versículos lo confirman:

> "Por esto también ustedes pagan impuestos, porque las autoridades trabajan para Dios cuando cumplen con sus obligaciones. Paguen, por lo tanto, lo que les deben; páguenles sus impuestos personales y de propiedades, *y muestren respeto y honor por todos ellos*".
> —Romanos 13:6-7
> (GNT, traducción libre, énfasis del autor)

Las autoridades civiles están puestas por Dios y trabajan para Él. Al honrarlas, honramos a Aquel que los nombró; Dios a cambio nos honrará. Es el principio del honor.

Con respecto a las autoridades sociales, leemos:

> "Que todos los siervos que estén bajo el yugo tengan a sus propios amos como dignos de todo *honor*."
> —1 Timoteo 6:1
> (ASV, traducción libre, énfasis del autor)

Esto significaría para nosotros de forma práctica algo como lo siguiente: "Que todos los empleados contratados tengan a sus jefes como dignos de todo honor". O podríamos decir: "Que todos los estudiantes que reciben educación tengan a sus maestros como dignos de todo honor". Sería lo mismo para líderes de equipo y aun los miembros, o atletas y entrenadores, u otros tipos de relaciones que conlleven someterse unos a otros. Con respecto a la autoridad familiar, leemos:

> "*Honra* a tu padre y a tu madre, que es el primer mandamiento con promesa; para que te vaya bien, y seas de larga vida sobre la tierra".
> —Efesios 6:2-3 (énfasis del autor)

La recompensa por honrar a nuestros padres está ligada al mandato. Discutiremos esto con más profundidad después.

Y, finalmente, con respecto a la autoridad de la Iglesia, leemos:

> "Amados hermanos, *honren* a sus líderes en la obra del Señor. Ellos trabajan arduamente entre ustedes y les dan orientación espiritual. Ténganles mucho respeto y de todo corazón demuéstrenles amor por la obra que realizan. Y vivan en paz unos con otros".
> —1 Tesalonicenses 5:12-13 (NTV, énfasis del autor)

Hay más versículos que tienen que ver con cada área de autoridad, y los veremos después. El punto es que Dios nos dice que honremos cada área de autoridad delegada y, al hacerlo, se aplica el principio del honor. Seremos recompensados; que la recompensa sea parcial o completa, sin embargo, depende del grado en el que valoremos la autoridad.

UN REINO

Debemos recordar que el reino de Dios es precisamente eso, un reino. Tiene rango, orden y autoridad delegada. He dicho esto por años, pero al predicar el evangelio por todo el mundo, en todos los continentes (salvo la Antártida), he descubierto que las personas más difíciles del mundo a los que comunicar las cosas de Dios son los del mundo occidental. ¿Por qué? La respuesta es elemental.

Somos un pueblo que intenta entender los principios del reino con una mentalidad democrática.

El reino de Dios no es una democracia; por lo tanto, si nos relacionamos con Dios con una mentalidad democrática, no conectaremos con Él. Estaremos sin la protección de su autoridad y podremos desviarnos fácilmente. ¿Podría ser esa la razón por la que Jesús dijo que muchos en nuestra generación serían engañados? Hoy, más que nunca, menospreciamos la autoridad en nuestra cultura; pero lo que es más alarmante es que no es solo nuestra sociedad, también ocurre entre quienes profesan ser creyentes. Debemos recordar siempre que toda autoridad legítima proviene de Dios y se da para protección, provisión y paz.

Esta mentalidad occidental es la causa de la mayoría de las divisiones en las iglesias en Estados Unidos, y la razón de que tantas personas se están yendo de la congregación y haciendo la iglesia en casa. Estos que dicen ser creyentes no quieren estar bajo la autoridad establecida por Jesucristo mismo. Quizá digas: *Pero John, la iglesia china existe en iglesias en casas.* Sí, es cierto, pero fueron obligados a hacerlo porque no podían reunirse en público. También son extremadamente organizados según los principios de la Palabra de Dios. Hay una asombrosa estructura de autoridad.

Hace años atrás me pidieron reunirme con cinco líderes de la iglesia clandestina en China. Estos cinco hombres eran responsables de supervisar decenas de millones de vidas. Son los ancianos principales que lideran la iglesia clandestina. Están tan organizados, que nuestro ministerio ha enviado cerca de medio millón de libros a sus iglesias y cada libro se ha distribuido en cuestión de días. Tienen una estructura que está en línea con la autoridad bíblica.

Muchas iglesias en casas que surgen en Estados Unidos no son así. Les falta un verdadero gobierno del Nuevo Testamento y rendir cuentas. Si observamos al leer las epístolas de Pablo, continuamente les decía a apóstoles como Tito y Timoteo que establecieran ancianos en las iglesias a las que eran enviados, y esos líderes debían corregir, reprender, exhortar y edificar las iglesias. Había un sistema de rendir cuentas establecido por la estructura de autoridad que Jesús estableció. A menudo, no se encuentra eso en las iglesias en casas en esta nación. En cambio, encontramos a muchos creyentes que han sido heridos u ofendidos y que están desilusionados con la iglesia y con cualquier tipo de estructura. Han recurrido a una experiencia autónoma en el hogar para poder hacer iglesia sin tener que rendir cuentas.

Debemos recordar que Jesús es quien estableció la iglesia, y no el hombre (Y la iglesia siempre ha sido imperfecta; tan solo hay que leer las cartas de Pablo). Si lees el libro de los Hechos notarás que los creyentes se reunían de manera colectiva y en cada casa. Es bueno reunirse en casas; pero nuestro liderazgo y el hecho de rendir cuentas debería venir de ancianos maduros.

Por favor, entiende que no estoy hablando mal de todas las experiencias de iglesias en casas. Hay muchas iglesias en casas vibrantes alrededor del mundo, pero estas iglesias se ven a sí mismas como parte del cuerpo de Cristo en general. No se aíslan por la decepción, el dolor o la discordia.

Es fácil olvidar que la iglesia es la única organización que existe principalmente para quienes no son miembros. Hemos convertido a la iglesia en otra víctima del consumismo, pero nunca fue la intención que fuera otro espacio que alimentara nuestra comodidad. Se supone que la iglesia debe ponernos hombro con hombro con la gente, incluidos los líderes que desafían nuestro estatus quo y nos impulsan hacia delante en este asombroso viaje en Dios.

TODA AUTORIDAD LEGÍTIMA PROVIENE DE DIOS

Volviendo al versículo de Romanos, todos nosotros debemos someternos a las autoridades de gobierno. ¿Por qué? Por que "no hay autoridad sino de parte de Dios" (13:1). Toda autoridad legítima en el universo tiene su origen en el trono de Dios. Si verdaderamente has nacido del Espíritu de Dios, reconocerás y estimarás la autoridad. De hecho, muéstrame una persona que menosprecia la autoridad y te mostraré alguien que no es hijo de Dios. Cuando conoces a Dios te encuentras con la autoridad, porque Dios y su autoridad son inseparables. No importa si la persona ha hecho la oración de arrepentimiento y va a la iglesia todas las semanas. El que no honra en su corazón a la autoridad, no es un verdadero santo.

Quizá te preguntes: *John, ¿cómo puedes afirmar eso de forma tan rotunda?* Jesús dijo que conoceríamos a los verdaderos creyentes por sus frutos, no por el hecho de que hayan hecho una oración como una fórmula. Una persona que verdaderamente conoce y ama a Dios es una persona que reconoce su autoridad, porque conocer a Dios es conocer la autoridad.

Pablo además dice en Romanos: "... y las que hay, por Dios han sido establecidas" (13:1). ¿Te das cuenta de que no dice que las autoridades son elegidas o seleccionadas por las personas? No, Dios mismo las nombra. De hecho, la palabra *establecidas* en este versículo es la palabra griega *tasso*, que significa "asignar, ordenar, o establecer". La palabra no contempla en modo alguno la posibilidad de haber sido "por azar". Es un establecimiento directo. Como Dios ha establecido toda autoridad, rehusamos la autoridad que hay detrás de ellas si deshonramos o rehusamos someternos a ellas. Lo sepamos o no, resistimos la ordenanza o el reinado de Dios. Cuando nos oponemos a la autoridad delegada de Dios, nos oponemos a Dios mismo. Por eso el apóstol escribe: "De modo que quien se opone a la autoridad, a lo establecido por Dios resiste" (13:2).

Recuerdo cuando fui consciente por primera vez de esta verdad. En 1992, Bill Clinton fue elegido presidente de los Estados Unidos. Estuve deprimido y enojado por unos tres días. Entonces, el Espíritu Santo me dejó ver claramente que nadie llega a la presidencia sin que Él lo sepa. Como resultado de esta revelación en mi corazón, pasé de ser crítico con el presidente Clinton a respetarlo, orar y dar gracias a Dios por él. Dios nos dice mediante el apóstol Pablo: "Exhorto ante todo, a que se hagan rogativas, oraciones, peticiones y acciones de gracias... por todos los que están en eminencia, para que vivamos quieta y reposadamente en toda piedad y honestidad" (1 Timoteo 2:1-2).

Observa que vivir una vida quieta y reposada se consigue al respetar la autoridad. Esta es una de las recompensas que Dios da a los que honran la autoridad. Si nosotros como creyentes no honramos a los que están en autoridad, nos acarreamos problemas sobre nosotros mismos.

Hay dos tipos de persecución. Una es autoinfligida; la otra es por causa de la justicia. El apóstol Pedro habla de ambas; con respecto a la primera, dice: "No hay virtud alguna en aceptar el castigo que uno bien merece" (1 Pedro 2:20, MSG, traducción libre). Dicho de forma sencilla, si hacemos lo que está mal, seremos castigados por ello. O para decirlo aún más claro, si ves una luz roja y azul en tu espejo retrovisor después de saltarte una señal de "alto", no culpes al diablo. ¿Por qué? Esta es una de las razones por las que Dios establece a las autoridades: "Pues las autoridades no infunden temor a los que hacen lo que está bien, sino a los que hacen lo que está mal. ¿Quieres vivir sin temor a las autoridades? Haz lo correcto, y ellas te honrarán" (Romanos 13:3, NTV). Así que es bastante fácil eliminar la persecución autoinfligida; tan solo tienes que obedecer a la autoridad y no tendrás problemas.

El otro tipo de persecución es por causa de la justicia. Es cuando somos castigados por las autoridades incluso cuando lo que hicimos era lo correcto. Pedro lo dice así: "Pero si eres tratado injustamente por tu buena conducta y continúas siendo un buen siervo a pesar de ello, eso es lo que cuenta para Dios. Ese es el tipo de vida que se te invita a vivir, el tipo de vida que Cristo vivió" (1 Pedro 2:20-21, MSG, traducción libre).

Cuando nos tratan mal y seguimos siendo buenos trabajadores, estudiantes, civiles, miembros de iglesias, etc., esto es el honor en su máxima expresión. Se necesita el temor de Dios en nuestro corazón para seguir considerando valiosos a quienes nos han maltratado.

En lugar de adherirse a estas palabras, hoy día muchos protestan y dicen: *Soy libre, soy cristiano, vivo en un país libre, ¡no tengo que aceptar esta tontería!* Sí, eres libre, pero recuerda que la Palabra de Dios también dice: "Porque vosotros, hermanos, a libertad fuisteis llamados; solamente que no uséis la libertad como ocasión para la carne" (Gálatas 5:13). Somos llamados a vivir una vida de gestión del trato injusto de la forma correcta. Escuchemos lo que sigue diciendo Pedro: "Porque a esto fueron llamados. Porque Cristo también sufrió por ustedes, dándoles ejemplo, para que ustedes sigan sus pisadas" (1 Pedro 2:21, AMPC, traducción libre).

¿Cuál fue el ejemplo de Jesús? Él fue castigado por las autoridades por hacer lo incorrecto cuando solo había hecho lo correcto. Esto prepara el terreno para la vieja pregunta: ¿Debemos someternos e incluso honrar a las autoridades impías, especialmente cuando nos maltratan?

¿AUTORIDAD IMPÍA?

Muchos me han dicho como protesta: "Pero John, conozco a algunas autoridades muy duras, incluso malvadas. ¿Me estás diciendo que Dios las estableció? Y, además, ¿debemos someternos a ellas? ¿No hay acaso excepciones en esto?".

Es cierto. Hay muchas autoridades que son mezquinas, tiranas e injustas; de hecho, la Escritura está llenas de ellas. Debemos tener en cuenta lo que dice la Palabra de Dios. Nos dice que *toda autoridad proviene de Dios*, pero no dice que *toda autoridad va a ser buena y piadosa*.

Dios sabía, cuando hizo que los escritores del Nuevo Testamento enseñaran a sus hijos que se sometieran a la autoridad, que habría autoridades impías. De hecho, ya había muchas autoridades impías registradas en la Escritura. Miremos a Faraón. Él trató cruelmente a los descendientes de Abraham, el pueblo del pacto de Dios. Los oprimió, los golpeó, hasta mató a sus hijos.

¿De dónde obtuvo Faraón su autoridad? Según la Escritura, Dios le dijo a Faraón: "Y a la verdad yo te he puesto" (Éxodo 9:16). Pablo confirmó esto en una de sus epístolas (ver Romanos 9:17), y una verdad se establece por el testimonio de dos testigos (ver Juan 8:17). No hay duda de que Dios, no los hombres ni el diablo, puso y estableció a Faraón en su posición de autoridad. Esto se relaciona con la afirmación: "... y las que hay, por Dios han sido establecidas" (Romanos 13:1).

Miremos a Nabucodonosor, el rey de Babilonia. Él destruyó Judá, asoló el templo y la mayoría de los hogares del pueblo de Dios. Finalmente tuvo un imperio que se extendía por todo el mundo conocido. Él fue tan desobediente a los caminos de Dios, que durante un periodo de tiempo en su reinado se volvió loco y fue alejado de la humanidad. Habitó con las bestias del campo y comió hierba como un buey; su cuerpo se mojaba con el rocío de la mañana hasta que su vello creció como las plumas de las águilas y sus uñas crecieron como si fueran las garras de un ave (ver Daniel 4:33). Sin embargo, Dios dijo claramente de este hombre: "He aquí yo enviaré y tomaré a Nabucodonosor rey de Babilonia, *mi siervo*, y pondré su trono" (Jeremías 43:10, énfasis del autor). Dios lo llamó "mi siervo" porque, de nuevo, "las autoridades que existen son establecidas por Dios".

Miremos al rey Saúl. He oído a muchos ministros decir: "A Saúl lo eligió el pueblo, pero a David lo escogió Dios". Esta afirmación es falsa y no está en consonancia con el consejo de la Palabra de Dios. Frases ignorantes como esta pueden hacer daño al pueblo de Dios, porque comunican sutilmente que algunas autoridades legítimas pueden ser establecidas por los hombres y no por Dios. Esto, a su vez, conduce a la gente a retirar el honor, a no someterse a algunas autoridades, y a cambio acarrear daño sobre sí mismos. Escuchemos lo que dijo Dios mismo de este líder inseguro, loco e impío: "Me pesa haber puesto por rey a Saúl, porque se ha vuelto de en pos de mí" (1 Samuel 15:11).

Observa que Dios dijo: "Me pesa haber puesto por rey a Saúl". No fue el pueblo, sino Dios quien lo puso. De nuevo, esto guarda coherencia con la afirmación: "… y las que hay, por Dios han sido establecidas".

David, que es la única persona en la Biblia llamada "un hombre conforme al corazón de Dios", fue puesto bajo la autoridad de Saúl. Y esto sucedió después de que Dios dijo que le pesaba mucho haber puesto a Saúl por rey. Esto no fue un accidente, sino el plan de Dios.

Saúl lo trató con bondad y favor al principio, mientras David servía a su propósito. Cuando David fue percibido como una amenaza para la seguridad de Saúl, este se volvió violento por los celos y buscó destruir a David, quien tuvo que huir y pasar al anonimato para salvar su vida.

Durante los catorce años siguientes, David vivió en cuevas, desiertos, otros lugares remotos, y aun en tierra extranjera. Piensa en esto. Desde los dieciséis hasta los treinta años, David no pudo ir a su casa, ni siquiera de visita. Fue exiliado de su propia familia y de todos los amigos de su infancia. No pudo seguir pasando tiempo con su mejor amigo, Jonatán, porque eso haría que David fuera vulnerable a los ataques de Saúl contra su vida. Todo lo que atesoraba de joven: todo lo que le aportaba seguridad, comodidad y lugares de placer y disfrute de su infancia le fueron arrebatados por un periodo de catorce años, solo a causa del líder bajo el que Dios le había puesto. ¿Cómo es posible que Dios haga esto al hombre conforme a su corazón?

Incluso después de que el Señor dijo que lamentó haber puesto a Saúl, David siguió honrándolo y sometiéndose a su rey. David demostró su inocencia a Saúl en repetidas ocasiones, pero Saúl siguió buscando quitarle la vida. Después de varios años de exilio, David tuvo la oportunidad de poner fin a la miseria creada por su líder. En el desierto de En-gadi tuvo la oportunidad de matar a Saúl. El rey y su ejército estaban desarmados en la cueva de En-gadi, y no eran conscientes de que David y sus hombres estaban totalmente armados y escondidos en el fondo de la cueva. Los hombres de David lo animaron a matar a Saúl; incluso ellos usaron mal la Palabra de Dios al instarlo a que lo hiciera, diciendo: "He aquí el día de que te dijo Jehová: He aquí que entrego a tu enemigo en tu mano, y harás con él como te pareciere" (1 Samuel 24:4).

Básicamente, le estaban rogando: *David, el rey Saúl es un maniaco, está destruyendo nuestra nación, ha asesinado familias inocentes y sacerdotes. El gran profeta Samuel te ha ungido como el siguiente líder de Israel; Dios lo ha dicho. Si no lo matas primero, él te matará a ti. Esto es en defensa propia, ¡y cualquier tribunal de justicia lo aprobaría y te declararía inocente!* Este fue un razonamiento excelente, y no tuvieron que mencionar lo obvio: que las acusaciones y los ataques injustificados de Saúl contra David hacían que la vida fuera miserable tanto para él como para ellos.

Su presión no persuadió a David, pero sí le dio una idea. Demostraría de una vez para siempre su inocencia ante Saúl cortando una esquina de su manto. Si Saúl tuviera una prueba de que David podía haberlos matado a él mismo y a sus hombres, pero se contuvo, Saúl ya no estaría preocupado de que David le robara su posición de autoridad y dejaría de perseguirlo para quitarle la vida.

Una vez que cortó el manto de su líder, la Escritura dice que su corazón se afligió, y le remordió la conciencia. Deshonró a su rey. ¿Cómo pudo haber hecho algo así? Rápidamente se restableció y ordenó firmemente a sus hombres: "Dejen de hablar neciamente. No vamos a atacar a Saúl. Él es mi rey, y oro para que el Señor me impida hacer nada que dañe a su rey escogido" (vv. 6-7, CEV, traducción libre).

Sin embargo, como David ya había dañado la capa del rey, decidió seguir adelante y mostrar su inocencia. Desde la distancia, le gritó a su líder:

> "¿Por qué oyes las palabras de los que dicen: Mira que David procura tu mal? He aquí han visto hoy tus ojos cómo Jehová te ha puesto hoy en mis manos en la cueva; y me dijeron que te matase, pero te perdoné, porque dije: No extenderé mi mano contra mi señor, porque es el ungido de Jehová. Y mira, padre mío, mira la orilla de tu manto en mi mano; porque yo corté la orilla de tu manto, y no te maté. Conoce, pues, y ve que no hay mal ni traición en mi mano, ni he pecado contra ti; sin embargo, tú andas a caza de mi vida para quitármela. Juzgue Jehová entre tú y yo, y véngueme de ti Jehová; pero mi mano no será contra ti".   —1 Samuel 24:9-12

Si se necesitaba alguna venganza —y realmente se necesitaba—, David confiaba en que Dios lo haría. Pero, en cuanto a su conducta, no hizo otra cosa sino honrar a Saúl. Incluso llamó "padre mío" al hombre que le hacía la vida miserable.

Saúl, muy asombrado de la bondad de David, le contestó como respuesta: "Más justo eres tú que yo, que me has pagado con bien, habiéndote yo pagado con mal" (v. 17). Después Saúl se alejó con sus hombres.

LA MAYOR PRUEBA DE HONOR DE DAVID

Ahora que David había demostrado su inocencia, uno pensaría que Saúl lo dejaría tranquilo. Pero no fue así con este líder tan cruel. Poco después, Saúl oyó que David se escondía en las colinas de Haquila. Así que, de nuevo, Saúl tomó a tres mil hombres de los mejores guerreros de Israel para cazar a David y destruirlo.

¿Te imaginas la devastación en el corazón de David? Había demostrado su inocencia a Saúl hacía muy poco, y ahora Saúl seguía queriendo acabar con su vida. Era una evidencia segura de que lo que David esperaba no era cierto: su líder era un asesino despiadado. Eso enfurecería a muchos. *Honré a mi líder perdonándole la vida cuando podía habérsela quitado fácilmente en defensa propia, ¿y esto es lo que recibo a cambio por el honor que he demostrado?* Muchos dirían: ¡Pagarás por esto!

Poco después, David supo que el ejército de Saúl había caído en un sueño profundo de parte del Señor (1 Samuel 26:12). Preguntó a sus hombres quién estaría dispuesto a acercarse al campamento de Saúl. El voluntario perfecto dio un paso al frente, Abisai, el hermano pequeño de Joab (eran hermanos sedientos de sangre).

Así que David y Abisai llegaron al campamento del ejército de Saúl de noche. Saúl estaba profundamente dormido en medio del campamento junto a Abner. Entonces Abisai le dijo a David:

"Hoy ha entregado Dios a tu enemigo en tu mano; ahora, pues, déjame que le hiera con la lanza" (v. 8).

Puedo ver a David dudando en su respuesta. Está pensando: *Puedo poner fin en este momento a toda mi miseria, y no solo a la mía sino también a la de mis hombres y de nuestra amada nación. Aquí tengo a uno de mis seguidores, que siempre me ha sido leal, pidiéndome hacer lo que es lógico no solo para mí sino también para todos los que me siguen. A estos hombres fieles les gustaría ver de nuevo a sus familias. ¿Por qué iba a serle fiel a Saúl y no a mis hombres? Saúl me mintió. Me ha robado mi reputación al decirle a la nación que soy un traidor. Me ha robado mis privilegios como hijo en la casa de mi padre, y como ciudadano de Israel. Me ha robado a mi esposa y se la ha entregado a otro hombre* (ver 1 Samuel 25:44). *Se ha quedado con todas mis posesiones.*

Sus pensamientos se ven interrumpidos por la voz del que le ha sido leal, que ha dedicado su vida al bienestar de David: Abisai. "David, ¿qué estás haciendo? ¿Por qué dudas en darme la orden para ejecutar a este monstruo?".

Puedo ver a Abisai hablando así: *No me digas que estás pensando en no hacer esto. Has demostrado tu inocencia una y otra vez. ¿Recuerdas cuando estabas en la cueva de En-gadi? Era tuyo, pero le perdonaste la vida. Demostraste, sin lugar a dudas, tu lealtad a él, y sin embargo sigue queriendo matarte. Esto es en defensa propia; se aprobaría en cualquier tribunal.*

Aún no había respuesta.

Ahora puedo ver a Abisai impacientándose. *David, el gran profeta Samuel te ungió para que seas el siguiente rey de Israel. Eres el que va a librar a nuestro pueblo de este malvado rey. ¿No recuerdas que mató a sangre fría a ochenta y cinco sacerdotes de Nob, a sus esposas y a sus bebés, solo porque nos dieron algo de pan para comer* (ver 1 Samuel 22)? *¡Es un sucio asesino!*

Finalmente Abisai dice: *David, ¿por qué crees que Dios hizo que todo este ejército se quedara dormido? ¡Lo hizo para que pudieras librar a nuestra nación de este malvado rey!*

David sopesó el consejo de su leal amigo. Por lógico que pareciera, no estaba en consonancia con el consejo de Dios. Por lo tanto, David desechó las palabras de Abisai así como sus propios pensamientos de autodefensa, y dijo firmemente: "¡No debes hacerle daño! El Señor ciertamente castigará a quien dañe a su rey escogido. Por el Dios viviente, continuó David, sé que el Señor mismo matará a Saúl, bien cuando llegue su tiempo de morir por muerte natural, o cuando muera en batalla. No quiera Dios que yo intente hacer daño al que el Señor ha escogido como rey" (1 Samuel 26:9-11, GNT, traducción libre).

David contuvo a su siervo y ambos se fueron del campamento.

¿Por qué hizo Dios que el ejército cayera en un sueño profundo? Para probar el corazón de David. Para ver si se mantendría como un hombre conforme al corazón de Dios o si se volvería como Saúl y se encargaría él mismo del asunto. ¿Deshonraría a Dios al deshonrar al que Dios había establecido? Fue un momento decisivo para David.

David honró al rey, incluso cuando el rey hizo todo lo posible por deshonrar a David. La recompensa sería mayor de lo que David imaginaba. Porque vemos lo que Dios dijo de este hombre que valoró y respetó a su cruel líder:

"Hallé a David mi siervo; lo ungí con mi santa unción.
Mi mano estará siempre con él, mi brazo también lo
fortalecerá. No lo sorprenderá el enemigo, ni hijo de

iniquidad lo quebrantará; Sino que quebrantaré delante de él a sus enemigos, y heriré a los que le aborrecen. Mi verdad y mi misericordia estarán con él, y en mi nombre será exaltado su poder... Una vez he jurado por mi santidad, y no mentiré a David. Su descendencia será para siempre, y su trono como el sol delante de mí. Como la luna será firme para siempre, y como un testigo fiel en el cielo".   —Salmos 89:20-24, 35-37

David entendió más allá de la crueldad de Saúl y vio la autoridad que había sobre él. Vivía según el principio del honor: si honraba a quien Dios había puesto sobre él, sin duda él mismo sería honrado por Dios. Y, si él honraba a Dios, Dios lo honraría a él. Yo diría que los versículos anteriores demuestran el inmenso honor que Dios le mostró a David. Sin duda, ¡una gran recompensa!

Poco después de este incidente Dios juzgó a Saúl: los filisteos lo mataron en batalla. Cuando David se enteró de que había muerto, escribió un canto de amor a Saúl y Jonatán, y después enseñó a todos los ciudadanos de Judá a entonarlo. Honró a su líder incluso después de que su líder había sido juzgado.

Hemos examinado solo unos cuantos ejemplos bíblicos que muestran claramente que es Dios, y no el hombre ni las fuerzas demoniacas, el que pone a un ser humano en legítima autoridad. A lo largo de la historia de la humanidad Dios ha establecido a cada líder, ya sea que su conducta haya sido buena o mala. Él o ella ha sido ordenado por una razón específica, nunca por accidente. Permíteme repetir de nuevo la Palabra de Dios infalible: "... y las que hay, por Dios han sido establecidas".

En el caso de un líder cruel, su autoridad es establecida por Dios; sin embargo, la conducta cruel no tiene su origen en

Dios. El líder dará cuentas a Dios, pero mientras tanto, los que están bajo su gobierno serán probados, como lo fue David. Si lo honran, serán recompensados grandemente.

Hemos visto ahora que es Dios quien establece a todos los que están en autoridad. En el capítulo siguiente continuaremos examinando la pregunta: ¿Tenemos que someternos a la autoridad, aunque sea severa o incluso malvada?

6

AUTORIDAD SEVERA

En el último capítulo aprendimos de la Escritura que Dios establece todas las autoridades legítimas, incluso las que son severas. ¿Cómo puede un Dios bueno establecer a personas crueles en posiciones de autoridad? La respuesta es simple: Dios es el originador de la autoridad, pero Él no es el autor de la crueldad. El hombre es responsable de sus acciones crueles, no Dios. Comprométete a memorizar esta verdad: *Toda autoridad procede de Dios, pero no toda la autoridad es piadosa.*

Ahora debemos abordar la otra pregunta de siempre. ¿Debemos someternos a una autoridad cruel cuando los que están en autoridad nos maltratan? Podemos ver la respuesta con base en la vida de David. Su ejemplo muestra que es la voluntad de Dios para nosotros que nos sometamos a la autoridad, incluso si es impía. Pero llevémoslo un paso más adelante, oigámoslo correctamente. Para hacerlo, vayamos al apóstol Pedro:

> "Criados (empleados, estudiantes, civiles, miembros de iglesia, etc.), estad sujetos con todo respeto a vuestros amos (jefes, maestros, líderes de iglesias, autoridades civiles); no solamente a los buenos y afables, sino también a los difíciles de soportar".　—1 Pedro 2:18
> (palabras entre paréntesis del autor)

Es estupendo tener líderes buenos y afables, y son importantes para nuestro desarrollo y crecimiento. Sin embargo, Pedro no solo destaca a los buenos y afables, sino que también dice específicamente que debemos someternos a los *difíciles*.

Observemos que dice "con todo respeto". En esto reside el secreto de lo que Él ordena. Recordemos que el honor se origina en el corazón y fluye del temor del Señor. Nosotros los estadounidenses tendemos a decir a las autoridades: *Ustedes tendrán que ganarse mi respeto para que yo les honre y me someta a ustedes.* Sin embargo, según el profeta Isaías, el temor del Señor no juzga por lo que el ojo ve o lo que el oído oye, sino que juzga según el justo juicio (ver Isaías 11:3). Por lo tanto, el temor del Señor en el corazón de una persona le dice a su líder: "Soy consciente de la autoridad que tienes, y de que viene de Dios. Por lo tanto, ya tienes mi respeto y mi honor. No tienes que merecértela, porque yo honro tu posición, no tu conducta".

Leamos de nuevo el final de su orden: "No solamente a los buenos y afables, sino también a los *difíciles* de soportar". Un día, mientras meditaba en este versículo, pensé: *Un momento, ¿difíciles? Quizá la versión Reina-Valera escogió una palabra un tanto extrema. Voy a verlo en el griego.*

El primer diccionario al que acudí fue *Thayer's*; descubrí que la palabra griega para "difíciles" es *skolios*. Define esta palabra como "torcido, perverso, malvado, injusto y presuntuoso". Salté de mi silla, pensé: *¡Esto es peor!* Pero repensé: *Bien, quizá no es del todo correcto; consultaré otra fuente.* Lo hice con la esperanza de encontrar alivio. Así que acudí a W.E. Vine's, otro experto en palabras en griego del Nuevo Testamento. Él define esta palabra como "amos (líderes) tiranos e injustos".

Continué investigando. Encontré que otras traducciones eran incluso más duras que la Reina-Valera.

La versión *Dios Habla Hoy* dice: "No solamente a los buenos y comprensivos sino también a los malos". La *Nueva Traducción Viviente* declara: "No solo si son bondadosos y razonables, sino también si son crueles". La Biblia *La Palabra* dice "impertinentes".

Ahora debemos preguntarnos: ¿Abusa Dios de los niños? No, ¡mil veces no! Él es el mejor Padre del universo. Él no solo tiene amor; Él *es* amor. Por lo tanto, procesemos esto: ¿Mi amoroso Padre celestial me está diciendo a mí, su hijo, que me someta a un líder difícil, cruel, torcido, perverso, tirano, injusto y deshonesto? ¿Por qué no solo me lo pide, sino que me lo ordena? Hay muchas razones, pero para resumirlas todas se puede decir en una sola frase: *por mi propio bien.*

Hay tres beneficios por honrar a estos líderes. En primer lugar, si somos tratados injustamente, nuestra obediencia a la sumisión pone nuestro caso en las manos de Dios, quien juzgará justamente (ver 1 Pedro 2:21-23). Si nos hacemos nosotros cargo del asunto, Dios se retira y nos quedamos solos, lo que es una situación muy mala en la cual estar. La mayoría de las veces, como tiene que ver con la autoridad, no saldremos bien parados.

En raras ocasiones quizá ganemos la batalla, pero se quedará en nuestro espíritu una herida o raíz que no será piadosa, finalmente producirá problemas, incluso corrupción, lo que se manifestará después.

En segundo lugar, Pedro nos dice que cuando devolvemos honor o bendición por un trato injusto, sucede lo siguiente: "No devuelvan mal por mal ni insulto por insulto; más bien, bendigan, porque para esto fueron llamados, *para heredar una bendición*" (1 Pedro 3:9, NVI, palabras entre paréntesis del autor).

Somos llamados a manejar el trato injusto correctamente honrando (valorando, sometiéndonos, y bendiciendo) a quienes no nos tratan bien. ¿Por qué se nos llama a esto? Para posicionarnos para recibir una bendición (recompensa). Por lo tanto, cuando seas maltratado, especialmente por alguien en autoridad, anímate ¡porque te están preparando para una recompensa!

UNA RECOMPENSA DE ASCENSO

Quiero compartir una historia que he escrito en un librito anterior. Este es un clásico ejemplo que muestra cómo Dios lo prepara todo para recompensarnos cuando honramos a quienes nos tratan mal.

Tengo un buen amigo que es pastor, Al Brice. Hace unos años atrás, pastoreaba una iglesia en Dallas y predicó un domingo sobre el libro de 1 Pedro. Cuando Al terminó de hablar, uno de los miembros de la iglesia (al que llamaré Brian) se acercó a él con una pregunta urgente. "Pastor Brice", le dijo, "yo soy un ejecutivo en una gran empresa de seguros. He trabajado mucho por años, y era el siguiente en la línea para convertirme en vicepresidente. Todos mis compañeros sabían que yo me merecía el ascenso. Realmente me merecía ese trabajo. Pero cuando se quedó vacante ese puesto, la empresa se lo dio a otro hombre".

"¿Por qué sucedió eso?", preguntó el pastor Al.

"Porque el otro hombre es blanco y yo soy afroamericano. Pastor, eso es discriminación. Y creo que puedo demostrarlo. De hecho, me estaba preparando para emprender acciones legales esta semana que viene. Pero ahora que ha predicado usted este mensaje, ya no sé qué hacer".

El pastor Brice miró a Brian y dijo: "¿Quieres hacerlo a la manera de Dios o quieres hacerlo a tu manera?".

Sin dudarlo, Brian respondió: "Pastor, amo a Dios con todo mi corazón. Quiero hacerlo a su manera; por eso estoy aquí hablando con usted. ¿Podría orar por mí, por favor?".

Al respondió: "Sí", y ambos inclinaron sus cabezas y pusieron el caso en las manos de Dios Padre, quien juzga rectamente.

A la mañana siguiente, Brian fue a trabajar y se propuso ser el primero en honrar a este hombre que había recibido el ascenso. Fue a la oficina del hombre, le extendió su mano y dijo con una gran sonrisa: "Quiero felicitarte por tu ascenso, y quiero que sepas que voy a ser tu mejor miembro del equipo". Te puedes imaginar lo incómodo que esto le hizo sentir al otro hombre, porque él también sabía que el ascenso se lo dieron a la persona incorrecta. Si las cosas hubieran sido según lo normal, Brian habría sido *su* jefe y estaría sentado detrás de ese mismo despacho.

Pasaron varias semanas, y no ocurrió nada. Tienes que entender que suele ser así. El juicio o la liberación de Dios llegará, pero a menudo es más tarde de lo que nos gustaría. Pero Brian no se ancló en el mal que le habían hecho. En cambio, escogió el camino del honor. Siguió haciendo sus tareas a un gran nivel.

Un día, Brian recibió una llamada de un competidor, una empresa internacional de seguros extremadamente grande que tenía una oficina en Dallas. El hombre al otro lado del teléfono le dijo: "Hemos observado cómo trata usted a clientes mutuos, y estamos muy impresionados. ¿Estaría interesado en venir a trabajar con nosotros?".

Brian no tuvo que pensarlo mucho. "No, no estoy interesado", dijo. "No quiero cambiar de empleo. Llevo años en esta empresa. Tengo muy buenos beneficios y un grupo sólido de clientes. Mis clientes y compañeros de trabajo conocen mi reputación y mi carácter. Estoy bien. Realmente no me gusta cambiar. Gracias, pero no estoy interesado".

El hombre de la otra empresa insistió. "Por favor, veámonos solo una vez para comer y poder hablar con usted. ¿Qué hay de malo en ello?".

Brian intentó ser incluso más firme. "Le estoy diciendo que están perdiendo el tiempo. No estoy interesado".

Era casi como si el otro hombre no escuchara bien. "¡Vamos! ¿Ni siquiera un almuerzo?".

Casi frustrado, Brian dijo: "De acuerdo, me reuniré con ustedes". Fijaron una hora, y llegó el día del almuerzo. Brian y los demás intercambiaron saludos y pidieron sus platos. Uno de los ejecutivos de la gran empresa de seguros comenzó a hablar. "Brian, le hemos observado y estamos muy impresionados por la forma en que usted maneja sus contratos. Nuestro personal ha dicho: 'Nos encantaría que él trabajara para nosotros'".

Brian meneó negativamente la cabeza. "Ya les dije antes por teléfono que están perdiendo el tiempo. No quiero cambiar de trabajo. Me gusta la estabilidad. Tengo unos beneficios muy buenos. He invertido mucho en mi empresa. Sencillamente no quiero hacer esto".

"De acuerdo, Brian, lo entendemos. Pero esto es lo que queremos que haga. Vaya a casa y hable con su esposa. Acuerden entre los dos el salario que les gustaría cobrar, y volvamos a reunirnos aquí en una semana y hablamos".

Casi contra su mejor juicio, Brian suspiró y dijo: "Bueno, de acuerdo".

Regresó a su casa. Realmente no se había tomado este asunto muy en serio. Ni siquiera le contó despacio a su esposa la oferta hasta la noche antes del siguiente almuerzo. Brian estaba relajado con su esposa y finalmente dijo: "Realmente no quiero cambiar de trabajo. Ellos quieren que nosotros establezcamos el salario. Realmente estoy cansado de esto, así que esto es lo que voy a hacer. Voy a hacer algo ridículo. Les diré que quiero un salario que sea tres veces más de lo que estoy ganando ahora. Ellos se reirán de mí en el restaurante y será el final de la discusión por la vía rápida".

Escribió una carta breve y puso la cifra del salario que triplicaba su sueldo actual. Recordemos que estaba muy arriba en su compañía. Poner una cifra tan alta parecía algo ridículo.

Al día siguiente, Brian fue al almuerzo. Después de pedir la comida, el ejecutivo de la compañía de seguros le preguntó a Brian si tenía una cifra para su salario.

"Sí, la tengo", dijo Brian. Se dispuso a meter su mano en el bolsillo de su chaqueta para sacar la carta, pero el otro hombre lo detuvo. "No, no. Realmente no queremos ver lo que quiere que le paguemos. Primero queremos enseñarle lo que nosotros queremos pagarle".

El hombre puso una carta sobre la mesa y la deslizó hasta él. Brian la abrió, y después de leer unas cuantas líneas, casi se desmaya. La cifra que estaban proponiendo ¡era *cuatro veces* el salario que él tenía ahora! Brian se quedó tan asombrado, que no sabía qué decir. Tan solo se quedó allí sentado mirando la carta. Sin embargo, los hombres de la otra empresa de seguros malinterpretaron que Brian no dijera nada, y pensaron que quizá su oferta no era suficientemente alta. Así que subieron su oferta de salario, ¡y le ofrecieron más beneficios!

Finalmente, Brian recobró la compostura y dijo: "Caballeros, yo soy cristiano, así que quiero llevarme esta oferta a casa para poder orar por ella con mi esposa. Les responderé en breve".

"Claro, claro, tómese su tiempo", dijeron los otros.

Brian regresó a su casa y se lo contó a su esposa. Ambos oraron, y el Espíritu de Dios les habló a ambos. El mensaje del Señor fue: "Hijo, tú dejaste este caso en mis manos. Yo te he vindicado. Este es mi ascenso. ¡Acéptalo!".

Ahora, años después, Brian ya no vive en Dallas. Es un alto ejecutivo de esa compañía gigantesca de seguros en unas oficinas internacionales en Virginia. Esta empresa empequeñece a la compañía para la que trabajaba Brian cuando lo trataron mal y no le dieron el ascenso que le correspondía.

Ahora bien, ¿qué debemos sacar en claro de esto? Cierto, Brian podía haberse defendido e incluso haberse vengado. Tenía un caso legal legítimo. Tenía derechos sobre los que podía haber insistido. Fue deshonrado y maltratado, y probablemente habría ganado el juicio. Incluso si hubiera ganado el caso, no habría estado donde está hoy. ¡Se hubiera perdido la bendición que había preparada para él! Escogió honrar a los que están en autoridad, incluso cuando fue maltratado. Escogió no vengarse y puso su caso en manos de Dios, ¡quien lo preparó para una recompensa completa!

SUMISIÓN VERSUS OBEDIENCIA

La tercera razón por la cual se nos ordena someternos a las autoridades difíciles es porque, al confiar en Dios en lugar de vindicarnos a nosotros mismos, se forja en nosotros un carácter piadoso. Pedro continúa: "Puesto que Cristo ha padecido por nosotros en la carne, vosotros también armaos del mismo pensamiento; pues quien ha padecido en la carne, terminó con el pecado" (1 Pedro 4:1).

En el contexto de esta epístola, el sufrimiento de Cristo es el maltrato por parte de las autoridades. Debemos tener la misma mente. ¿Por qué? Somos llamados a honrar a la autoridad incluso cuando nos maltraten.

Pedro dice que, si hacemos esto, dejaremos de pecar. Otro modo de decirlo es que llegaremos a un lugar de madurez espiritual. Pablo lo confirma escribiendo: "También nos alegramos al enfrentar pruebas y dificultades porque sabemos que nos ayudan a desarrollar resistencia. Y la resistencia desarrolla firmeza de carácter" (Romanos 5:3-4, NTV). A medida que se desarrolla en nosotros firmeza de carácter, hace que nos sea más fácil honrar a quienes no actúan de una manera que merezca honor. Ahora estamos caminando en una medida mayor del temor del Señor, y el cambio nos aportará mayores recompensas.

Ahora pongamos en balance bíblico adecuado lo que hemos estado discutiendo. La Biblia nos enseña a someternos incondicionalmente a la autoridad; sin embargo, no nos enseña a obedecer incondicionalmente a la autoridad.

Hay una diferencia entre sumisión y obediencia. La sumisión tiene que ver con nuestra actitud, mientras que la obediencia se relaciona con nuestras acciones. Por eso se nos dice: "Si quisiereis y oyereis, comeréis el bien de la tierra" (Isaías 1:19). Recuerdo que una vez me corrigió el Espíritu Santo. Estaba desanimado porque las cosas no estaban saliendo bien. Por seis meses, no había recibido de Dios en mi iglesia; los mensajes de mi pastor no me habían estado alimentando. En oración, el Señor me señaló este versículo y me dijo que esta era la razón por la que no estaba recibiendo.

Respondí: "¡Yo soy obediente! ¡Hago todo lo que mi pastor y los que están sobre mí me dicen que haga!".

El Espíritu Santo rápidamente me contestó: "Yo no dije: 'Si eres obediente, comerás del bien de la tierra'; lo que dije es: 'Si quieres y oyes, comerás del bien de la tierra'. La obediencia tiene que ver con tus acciones; la disposición tiene que ver con tu actitud. ¡Y tu actitud apesta!".

De repente me di cuenta de lo importante que era mi actitud. De nuevo, recordemos que es aquí donde reside el temor del Señor, y el honor rebosa del temor santo.

De nuevo vemos esto en el Nuevo Testamento. Pablo dice: "*Obedeced* a vuestros pastores, y *sujetaos* a ellos; porque ellos velan por vuestras almas, como quienes han de dar cuenta; para que lo hagan con alegría, y no quejándose, porque esto no os es provechoso" (Hebreos 13:17, énfasis del autor). Observa que dice específicamente que debemos obedecer y sujetarnos a los que están en autoridad sobre nosotros. La obediencia tiene que ver con nuestras acciones; la sumisión tiene que ver con nuestra actitud hacia la autoridad. De nuevo, observa que, si no honramos a los que están sobre nosotros no es provechoso, y tampoco lo es para el líder. Nosotros perdemos nuestra recompensa.

Como dije antes, la Biblia enseña la sumisión incondicional a la autoridad, pero no la obediencia incondicional. Hay solo una vez, repito, una vez, en la que la Biblia nos dice que no obedezcamos a una autoridad; y es cuando la autoridad nos dice que pequemos (que hagamos algo contrario a la Palabra de Dios).

Hay muchos ejemplos bíblicos de esto; veremos solo uno. El rey de Babilonia, Nabucodonosor, firmó un decreto mediante el cual todo el pueblo debía postrarse y adorar una imagen de oro cuando oyeran el sonido de los instrumentos de música. El decreto tenía consecuencias para los que rehusaran hacerlo; serían lanzados a un horno de fuego.

En ese momento había tres jóvenes judíos en su reino cuyos nombres eran Sadrac, Mesac y Abed-nego. El rey favorecía a estos hombres, ya que tenían talento y sabiduría. Sin embargo, estos tres hombres temían a Dios, y el decreto de su líder violaba directamente el segundo mandamiento que Dios le dio a Moisés, registrado en la Torá.

Los tres jóvenes no obedecieron a propósito el decreto del rey. Solo era cuestión de tiempo hasta que su desobediencia captara la atención del rey Nabucodonosor. Este se enfureció por las acciones de ellos e hizo que los llevaran delante de él para interrogarlos. Escuchemos su respuesta: "Oh Nabucodonosor, no necesitamos defendernos delante de usted. Si nos arrojan al horno ardiente, el Dios a quien servimos es capaz de salvarnos. Él nos rescatará de su poder, su majestad; pero aunque no lo hiciera, deseamos dejar en claro ante usted que jamás serviremos a sus dioses ni rendiremos culto a la estatua de oro que usted ha levantado" (Daniel 3:16-18, NTV).

Ellos se mantuvieron firmes en obediencia al mandato de Dios y, sin embargo, le hablaron al rey con honor. Se dirigieron a él como "su majestad"; no dijeron: *Usted es un rey tirano, ¡nunca haremos lo que usted pide!* Hablar con falta de respeto hubiera sido deshonrar a Dios, quien estableció a este hombre en el liderazgo. Debemos someternos (honrar) a la autoridad, aunque tengamos que desobedecer su orden.

Sadrac, Mesac y Abed-nego honraron a Dios y al rey. Primero, honraron a Dios al rehusarse a pecar, incluso cuando sabían que se enfrentarían a estar en un horrible horno. Segundo, honraron al rey sometiéndose a su posición de autoridad y hablándole con respeto, incluso cuando él les había hablado mal a ellos. No se mofaron de él, ni lo ridiculizaron o amenazaron de ninguna manera. Vivieron por el principio del honor. Su recompensa sería grande y completa, aunque ciertamente no parecía ser así al inicio.

El rey ordenó que de inmediato fueran arrojados al horno. De hecho, estaba tan enojado con ellos que mandó que calentaran el horno siete veces más de su temperatura normal. Después hizo que hombres fuertes y valientes que estaban en el ejército tomaran a los tres hombres judíos, los ataran y los echaran al horno.

El horno estaba tan caliente, que mató a los militares que los acompañaron hasta la entrada. Entonces leemos:

"De esa forma Sadrac, Mesac y Abed-nego, firmemente atados, cayeron a las rugientes llamas.

De pronto, Nabucodonosor, lleno de asombro, se puso de pie de un salto y exclamó a sus asesores: —¿No eran tres los hombres que atamos y arrojamos dentro del horno?

—Sí, su majestad, así es—le contestaron.

—¡Miren! —gritó Nabucodonosor—. ¡Yo veo a cuatro hombres desatados que caminan en medio del fuego sin sufrir daño! ¡Y el cuarto hombre se parece a un dios!

Entonces Nabucodonosor se acercó tanto como pudo a la puerta del horno en llamas y gritó: «¡Sadrac, Mesac y Abed-nego, siervos del Dios Altísimo, salgan y vengan aquí!».

Así que Sadrac, Mesac y Abed-nego salieron del fuego. Entonces los altos funcionarios, autoridades, gobernadores y asesores los rodearon y vieron que el fuego no los había tocado. No se les había chamuscado ni un cabello, ni se les había estropeado la ropa. ¡Ni siquiera olían a humo!"   —Daniel 3:23-27, NTV

Estos tres hombres no solo se libraron de la horrible agonía del fuego, sino que también se les unió una compañía celestial. Fueron arrojados atados, pero caminaban libres en el horno. Las cuerdas se habían quemado, pero sus vestiduras estaban intactas. Cuando salieron, ni siquiera olían a humo. Su galardón se manifestó después de salir. Leemos:

"Luego el rey ascendió a Sadrac, Mesac y Abed-nego a puestos aún más altos en la provincia de Babilonia".

—v. 30, NTV

¡Fueron ascendidos! Cuando alguien en autoridad nos maltrata, si lo honramos seremos recompensados, al igual que el ejecutivo de la empresa de seguros o los tres jóvenes judíos de los que acabamos de leer. Es una ley espiritual: cuando honramos a los que Dios ha puesto sobre nosotros, honramos a Dios; a cambio, Dios nos honrará a nosotros. Cuando vemos más allá de las circunstancias y nos enfocamos en esta ley espiritual, nunca seremos decepcionados.

Por esta razón, Pedro, además, escribe: "¿Y quién es aquel que os podrá hacer daño, si vosotros seguís el bien?" (1 Pedro 3:13). En otras palabras, cuando entiendes el principio del honor en tu corazón, ¿qué te pueden hacer? Cualquier maltrato, especialmente a manos de los que están en autoridad sobre ti, es tan solo una preparación para tu ascenso o una recompensa si manejas el maltrato correctamente. Por lo tanto, esto es lo que debemos plantearnos: ¿cuántos galardones o ascensos hemos perdido porque no caminamos en el principio del honor?

7

HONRAR A LOS
LÍDERES CIVILES

"Porque no son los que hacen lo bueno los que deben
temer a los gobernantes, sino los que hacen lo malo.
¿Quieres no tener miedo de los que están en autoridad?
Entonces haz lo bueno, y te elogiarán, porque ellos son
siervos de Dios que trabajan para tu propio bien. Pero si
haces lo malo, entonces témelos, porque su poder para
castigarte es real. Ellos son *siervos de Dios* que ejecutan
el castigo de Dios sobre los que hacen lo malo. Por esta
razón debes obedecer a las autoridades, no solo por el
castigo de Dios, sino también como un asunto de conciencia. Por eso también pagas impuestos, *porque las
autoridades trabajan para Dios* cuando cumplen con sus

obligaciones. Paga, pues, lo que les debes; págales tus impuestos personales y de propiedad, y *muestra respeto y honor por todos ellos".*
—Romanos 13:3-7
(GNT, traducción libre, énfasis del autor)

Observemos en el pasaje anterior que a las autoridades civiles se les llama "siervos de Dios", y se nos ordena darles el debido honor y respeto. Observemos también que Pablo enfatiza a *todas* ellas, no solo a algunas. Tengo una fuerte sensación en mi corazón cada vez que veo a un policía, un bombero, un concejal, un alcalde, un legislador del estado, un gobernador, un juez, un congresista, un senador o alguna otra persona en una rama de gobierno. Veo que brotan en mi interior honor y respeto cuando voy a oficinas de la ciudad, estatales o federales. He aprendido que esto es el temor del Señor que reside en mi corazón.

Recientemente iba un poco acelerado para llegar a una importante reunión de equipo. El año escolar había comenzado esa semana, y durante los dos meses y medio anteriores de vacaciones de verano había podido manejar a 35 millas (55 kilómetros) por hora en nuestro vecindario. Sin embargo, cuando es época escolar, el límite de velocidad baja a 20 millas (30 kilómetros) por hora durante ciertas horas. Con la prisa por llegar a la reunión, no me di cuenta de la luz que anuncia a los conductores que están en zona de velocidad reducida, y manejé por allí a 35 millas (55 kilómetros) por hora. Vi que el policía en su motocicleta escondido tras los arbustos encendía las luces, e inmediatamente me detuve.

Él estaba muy serio y firme, como suelen estar los policías cuando piden a un conductor su licencia de conducir y la póliza de seguro. Fui respetuoso y reconocí que sabía bien por qué me había detenido, y que lo sentía. Intercambiamos un pequeño diálogo sobre mi infracción. Después, él comentó que la mayoría de las personas se quejan, ponen excusas y se molestan cuando los detienen.

Yo respondí: "Señor, yo soy culpable".

Él dijo que la multa por ir a esa velocidad por una zona escolar era de 220 dólares. Pero, para mi sorpresa, me devolvió mi licencia de conducir y mi póliza de seguro, y dijo: "Que tenga un buen día", y se dirigió caminando hacia su motocicleta.

Me quedé impactado. Yo le dije: "¿No me va a poner la multa?". Él sonrió y me saludó. Procedí a retirarme, mientras sentía una tremenda sensación de misericordia. Decir que estaba agradecido es quedarme corto.

No siempre me sucede eso. He recibido algunas multas a lo largo de los años, incluso tratando a los policías con el mismo respeto. Recuerdo un incidente en concreto cuando iba manejando hacia el aeropuerto con un nuevo empleado. Perdí de vista el velocímetro y me detuvieron, de nuevo en mi propio vecindario. Mi ayudante, creyendo que iba a encontrar favor conmigo, masculló una mala palabra acompañada de un comentario derogatorio hacia el policía antes de que llegara hasta nuestro vehículo. Estaba enojado con el policía porque yo iba a unos pocos kilómetros por encima del límite permitido; otros policías quizá hubieran pasado por alto la ofensa.

De nuevo, yo fui amable y respetuoso con ese policía, pero él no fue tan amable ni tan tolerante como el que he descrito antes. Fue firme y procedió a multarme por el máximo valor. Yo esperé a propósito hasta que me entregara la multa y después dije: "Lo siento, señor, por lo que he hecho; sé que soy culpable. Gracias por hacer su trabajo y servir a nuestra comunidad" (Sabía que una vez que la multa estaba registrada en su computadora de mano, no se podía revocar).

El semblante del policía cambió por completo, y el tono de su voz también se aligeró. Se ablandó cuando vio mi respeto por su autoridad. Entonces actuó como si quisiera quitarme la multa, pero ambos sabíamos que no podía. Quise bendecir a este hombre a quien vi como un ministro de Dios según el libro de Romanos. Concluimos con una conversación amigable.

Cuando el policía nos permitió continuar, me giré hacia mi empleado y le dije: "Si pensabas que encontrarías mi aprobación al criticar al policía, conseguiste justo lo contrario". Después, procedí a enseñarle.

Él no tardó mucho en darse cuenta de que en su infancia no se fomentaba esa visión respetuosa de los policías, y que su actitud, que pensaba que era normal, era completamente contraria a lo que nos enseña la Palabra de Dios con respecto a las autoridades civiles. Él aprendió el principio de honrar a las autoridades civiles después de ese incidente.

RECOMPENSA DE LA AUTORIDAD CIVIL

Permíteme compartir contigo un testimonio que destaca el aspecto de la recompensa por honrar a las autoridades civiles. Comencé a viajar a finales de la década de los ochenta. Durante mis primeros años de viajes, hablaba muchas veces en una iglesia ubicada en el Medio Oeste. Eran aproximadamente ciento cincuenta miembros, y estaban estancados. Iba allí año tras año, pero siempre eran más o menos el mismo número. Finalmente dejé de ir. Unos años después, recibí una invitación para su conferencia anual (algo que no tenían antes). Observé que había algunos oradores muy reconocidos que habían confirmado su asistencia, y nos dijeron que asistirían más de ochocientas personas. Por decirlo suave, me quedé muy sorprendido.

Me picó la curiosidad, y después de orar, le dije a mi asistente que aceptara la invitación. De nuevo viajé a su ciudad, y efectivamente, el llegar al estacionamiento de su nuevo edificio, inmediatamente noté que estaba lleno de automóviles. Al entrar en su auditorio, me asombró el hecho de que estaba repleto; habría unas ochocientas o novecientas personas aproximadamente. La presencia de Dios era mucho más fuerte que ninguna de las otras veces que había estado allí, y tuvimos una gran reunión.

Después de la reunión, estaba a solas con el pastor y le pregunté: "¿Qué ha pasado? Estuvieron estancados durante años, ¿cómo ha crecido tan rápido la iglesia? Solo han pasado tres años desde mi última visita".

Sin dudarlo, me dijo cuál había sido el punto de inflexión. "John, me cansé tanto de oír a mi gente quejarse por tener que pagar impuestos y de lo malos que eran nuestros líderes civiles, que tuve que hacer algo al respecto. Así que oré y Dios me dio una idea".

Fue con los oficiales de la ciudad y les preguntó cuál era su mayor necesidad. Ellos le dijeron que su departamento de bomberos necesitaba máscaras especiales para que los bomberos pudieran ver cuando había humo. La mayoría de las muertes relacionadas con los incendios se debían a la inhalación de humo y no a las llamas. El problema para los bomberos casi siempre es que, el humo es tan denso, que les cuesta ver a una persona a menos de un metro de distancia. Esas máscaras especiales les permiten ver fácilmente a las víctimas y terminar rápidamente el rescate. Era la necesidad más grande que tenía la ciudad, pero

su presupuesto no les alcanzaba para comprarlas. Solo una máscara costaba veinticinco mil dólares.

El pastor pasó al púlpito el domingo siguiente y predicó del
capítulo trece de Romanos. En amor, corrigió a su congregación
por quejarse contra los oficiales de la ciudad.

Le dijo a su congregación que ellos eran siervos de Dios, y
que los creyentes no podían ser bendecidos si intentaban hacer
maniobras al pagar sus impuestos y deshonrar a los líderes civiles. Una vez que estableció un fundamento bíblico seguro, procedió a hablarles de la necesidad que tenía la ciudad de esas máscaras contra el humo, y anunció que iba a recoger una ofrenda
especial para dársela a la ciudad para que compraran la máscara.
Le dijo a su congregación que era una buena manera de honrar
los que Dios había puesto para servirles en un puesto civil.

La iglesia respondió con arrepentimiento por su actitud, y
dio veinticinco mil dólares para la ofrenda. El pastor llamó al
alcalde y le preguntó si podía reunir a los líderes de la ciudad
esa semana, porque su iglesia quería darles el dinero para comprar la máscara. Al llegar al ayuntamiento, el pastor y sus líderes
se sorprendieron de la cantidad de oficiales y trabajadores que
asistieron a esa presentación para ser testigos de este asombroso
gesto de honor.

Antes de presentar el cheque, leyó de Romanos 13 y compartió que los miembros de su iglesia apreciaban a los oficiales y trabajadores de la ciudad, y los veían como ministros de Dios. Les
agradeció por todo el trabajo que hacían para proteger y servir
a las personas de su comunidad. Ellos se quedaron abrumados
por el honor y la generosidad que mostró la iglesia. (A menudo
damos honor al dar de nuestras finanzas. Recuerda que honrar es
valorar. Ponemos nuestras finanzas en las cosas que valoramos).

Entonces, el pastor me dijo: "Varios meses después, tuvimos nuestra dedicación del nuevo edificio. Muchos trabajadores y oficiales de la ciudad asistieron. Muchos fueron salvos y tomaron la decisión de asistir a nuestra iglesia. Eso fue lo que nos abrió esta comunidad".

Debemos recordar que Jesús dijo: "El que recibe (honra) a un profeta por cuanto es profeta, recompensa de profeta recibirá". Él habló específicamente de la autoridad de la iglesia, pero recordemos que las leyes espirituales de la autoridad a menudo superan los límites y llegan a todas las áreas de autoridad. Por eso se podría decir: "El que honra a una autoridad civil por ser una autoridad civil, recompensa de autoridad civil recibirá".

¿Cuál es su recompensa? La respuesta es la llave de la comunidad. Ellos son los guardianes naturales de nuestras ciudades, estados y naciones; esto es dado por Dios. ¿Cuántas comunidades y naciones se podrían abrir a la entrada del evangelio si todas las iglesias se unieran para honrar a sus líderes gubernamentales en lugar de criticarlos e intentar librarse de pagar impuestos?

UNA RENOVACIÓN

Tengo un buen amigo llamado Danny. Solía pastorear una gran iglesia en Adelaida, Australia (le ha entregado la iglesia a un líder fenomenal y ahora viaja y forma líderes jóvenes). La primera vez que ministré en su conferencia compartió conmigo una historia notable. Fue ante su iglesia y les habló de su deseo de honrar a quienes en su ciudad trabajaban para servirles y protegerlos. Tras orar y pensar mucho, sintió que la mayor necesidad era su sistema público de secundaria. Así que buscó el instituto más desacreditado de la ciudad; su edificio y sus instalaciones estaban en condiciones deplorables. Se acercó a los líderes y preguntó si su iglesia podía ir un sábado y hacer una gran "renovación". Ellos accedieron con gusto.

Fue ante la iglesia y compartió la visión de honrar a la ciudad. Pidió a los carpinteros y artesanos que donaran sus talentos por un día. Después pidió al resto de la iglesia que pusieran su mano de obra. Los líderes de la iglesia organizaron este masivo proyecto durante varias semanas. Se compraron los materiales y el equipo necesarios para hacer que esa escuela pareciera nueva.

Después me enseñó un video del gran día. Vi a los carpinteros arrancar los cercos viejos y otras zonas maltratadas y dañadas; los trabajadores sacaban taquillas y las reemplazaban por otras nuevas; muchos hombres y mujeres lijaban, encintaban y pintaban. Los vi poner pizarras nuevas, instalar nuevos equipos, levantar pisos y poner pasto nuevo, y plantar árboles, plantas y flores. Se hizo un video con la escuela antes de comenzar la reforma y otro inmediatamente después del día de la reforma. Sencillamente era asombroso; parecía un lugar nuevo.

La iglesia estaba muy emocionada por haber servido a la ciudad. Una cosa es siempre cierta: el gozo que llena tu corazón cuando honras a los que no se lo esperan. Ellos sintieron que su recompensa fue la satisfacción de poder ayudar a su ciudad en el nombre del Señor Jesucristo. Sin embargo, había una recompensa incluso mejor. El primer ministro de Australia en ese tiempo, John Howard, escuchó lo que había hecho esta iglesia para bendecir a su ciudad, y anunció que visitaría la iglesia para agradecerles personalmente. Yo vi el video del líder de la nación llegando a la iglesia y expresando su más sincera gratitud. Como resultado, esta iglesia es una de las más respetadas de toda la ciudad. Su reputación e influencia crecieron de una forma tremenda en la comunidad y en la nación.

¡Y esto no es todo! Se generó un ímpetu multiplicado cuando el pastor Danny comenzó a compartir la historia de la renovación. Como respuesta, muchas otras iglesias han iniciado sus propios proyectos, y más de doscientas escuelas han sido renovadas ya en toda Australia, Inglaterra, Suecia, Singapur y Malasia.

La iglesia del pastor Danny también ha seguido con su enfoque en la comunidad, renovando la prisión local de mujeres. Durante el proyecto, la iglesia desarrolló una relación de trabajo con el Departamento de Servicios Correccionales, lo que dio como resultado que a las prisioneras se les concedieran "visitas de día" para asistir a la iglesia, y muchas mujeres han recibido la salvación y tienen reuniones en la prisión.

UNA BUENA REPUTACIÓN

Quizá te preguntas por qué es tan importante tener una buena reputación en la ciudad. La razón es sencilla. En primer lugar, es bíblico. El apóstol Pablo dice que los líderes de la iglesia "[deben] tener buena reputación y que los de afuera de la iglesia hablen bien de [ellos], para que no haya calumnias y reproches y caiga[n] en la trampa del diablo" (1 Timoteo 3:7, AMPC, traducción libre). Causamos ofensa al evangelio cuando no tenemos una buena reputación entre los de afuera de la iglesia; esto, a su vez, obstaculiza el avance del evangelio, lo cual es la trampa del diablo.

Un incrédulo en Roma escribió de los cristianos de la iglesia del primer siglo: "Pasan sus días en la tierra, pero son ciudadanos del cielo. Obedecen las leyes establecidas, y al mismo tiempo sobrepasan las leyes con sus vidas" (carta de Diogneto, capítulo 5).

El libro de los Hechos registra esta afirmación sobre la iglesia en Jerusalén: "El pueblo (*los que estaban afuera de la iglesia*) los tenía en alta estima y los alababa mucho" (Hechos 5:13, AMPC, traducción libre, palabras entre paréntesis del autor). ¿Por qué los estimaban tanto los ciudadanos? Por su buen estilo de vida. Un aspecto de la verdadera santidad es la capacidad de llegar al nivel de pensamiento y forma de vivir del reino.

Puede que alguien pregunte: "Pero John, ¿tenemos que comprometer el evangelio para honrar y alcanzar a las autoridades civiles?". ¡Definitivamente no! Juan el Bautista advirtió a Herodes de su impiedad por dormir con la esposa de su hermano. De hecho, fue la razón por la que le cortaron la cabeza.

Conozco a un ministro que se reunió con el presidente Clinton cuando estaba en su cargo y le advirtió del juicio que vendría sobre su vida y sobre la nación si él y los demás líderes continuaban permitiendo la matanza de niños inocentes (aborto). Este ministro lo hizo de tal modo, que el presidente tuvo un gran respeto por la advertencia, como hizo Herodes con Juan.

Herodes temía a Juan como profeta. Muchos se acercan a los oficiales con actitudes de superioridad, crítica y juicio, actitudes que están muy lejos de honrar. Sadrac, Mesac y Abednego hablaron al rey con honor, incluso al hablar en contra de su idolatría.

UN CONTRASTE

Mi esposa tuvo un sueño que nunca olvidaré. Durante los años de la presidencia de Clinton, ella me despertó una noche, temblando. Me dijo: "John, he tenido un sueño que debo contarte". (Dios habla a Lisa frecuentemente a través de sueños).

Ella procedió a contármelo: "Tú y yo estábamos en un auditorio enorme escuchando a un ministro. ¿Quién era ese ministro? No lo sé, pero era popular entre los cristianos. Estaba hablando en contra del presidente Clinton y difamándolo. Hablaba y hablaba de lo malo que era. La mayoría de la congregación gritaba de forma entusiasta 'Amén', afirmando lo que él decía. Tú y yo estábamos muy incómodos".

Ella continuó: "Entonces vi entre las sombras a un hombre que se levantaba y salía por detrás del gran auditorio. Sentí que tenía que seguirlo. Cuando llegué al vestíbulo del edificio, se giró y me miró; ¡era el presidente Clinton! Estaba abrumado de pena y tristeza, con el corazón roto; entonces se derrumbó".

Después ella me dijo: "John, supe en mi sueño que había acudido a la iglesia en busca de apoyo y ayuda, pero la iglesia lo estaba despreciando; estaba vacía de amor verdadero y compasión. Dios me estaba mostrando que estábamos endureciendo su corazón, haciendo que se alejara de lo que era necesario, tanto para él personalmente como para la nación".

Comparemos este sueño con un amigo mío que antes pastoreaba una gran iglesia en el oeste de América. Él también dirigía el Centro Nacional de Oración en la capital de nuestra nación. Hizo eso por años porque Dios había puesto en su corazón ministrar al Senado, la Cámara de Representantes y otros líderes de Washington. Viajaba hasta Washington D.C., aproximadamente veintidós semanas al año mientras pastoreaba, y a la vez su iglesia de miles seguía prosperando y creciendo.

Él me había dicho: "John, me reúno con estos líderes para hacer una cosa, y solo una: darles las gracias por servir a nuestro país y preguntarles si puedo orar por ellos".

Él me ha contado que muchas veces tuvo que enseñar a los pastores y grupos de iglesias cómo tratar a los representantes del gobierno cuando llegaban de visita. A menudo ha tenido que desarmar su actitud de juicio hacia sus líderes antes de reunirse con ellos; se les consideraba liberales, y eso cegaba sus ojos al hecho de que Dios dice que honremos y oremos por estos líderes.

Después me decía que los grupos de iglesias frecuentemente se sorprendían de lo tiernos y abiertos que eran los líderes. Eso se derivaba del hecho de que los grupos de iglesias habían ido a honrarlos, en vez de pedirles algo o dejarles saber lo que pensaban. Permíteme compartir contigo dos testimonios que recibí de él. Mientras los lees, por favor entiende que a los dos líderes de los que habla se les considera muy liberales.

Me había reunido con este congresista algunas veces en el pasado. Teníamos un grupo de edad universitaria de una iglesia que eran músicos, y el congresista nos invitó a su oficina donde él y algunos de los miembros de su equipo se reunieron con nosotros. Comenzamos a dialogar con él con nuestra presentación estándar, que consistía en darle las gracias por servir al pueblo de su distrito y servir a nuestra nación de manera tan fiel.

Él después compartió algunas ideas y nos hizo algunas preguntas.

Después de eso, le pregunté si le importaría que cantáramos y después oráramos por él. Él accedió.

Cuando comenzamos a cantar, se podía sentir la unción creciendo en la sala, y enseguida todos teníamos lágrimas en los ojos. Después de cantar un canto patriota y otro góspel, terminamos con oración. Fue tan impactante que, cuando terminamos, ninguno podía decir nada, incluido el congresista.

Finalmente, me miró e intentó describir en su lenguaje lo que había sentido y cómo se había conmovido. No podía. Finalmente dijo: "Pastor, usted sabe que tengo dos niños pequeños en casa. Realmente tengo que integrarlos de nuevo en la iglesia, ¿verdad?".

Y con eso, nos dio las gracias por haber ido.

Otra historia que compartió conmigo de un congresista es la siguiente:

La primera vez que me reuní con este congresista nos dirigieron hasta su oficina con unos quince intercesores de una iglesia junto con su pastor. Pude ver por su lenguaje corporal que no estaba seguro de lo que queríamos porque éramos un grupo de una iglesia y representábamos al Centro Nacional de Oración.

Fue muy amable y después nos preguntó qué podía hacer por nosotros. Yo procedí a decirle que no estábamos ahí para recibir nada de él, sino más bien habíamos ido simplemente para darle las gracias por su servicio a nuestro país y después poder orar por él antes de irnos.

Entonces él se relajó en su asiento, y dijo: "Esto es un regalo para mí". Después comenzó a describir lo que vive cada día cuando la gente llega a su oficina y pide dinero. Dijo que visualiza un contador digital en la pared que va sumando todo el dinero que le piden cada día. Después se giró hacia nosotros y nos dijo: "Pero ustedes han venido para darme algo hoy. Eso nunca me había pasado".

Después oramos por él, y cuando estábamos terminando, él dijo: "¿Les importaría orar también por mi equipo de trabajo?". Así que entró todo su equipo y también pudimos orar por ellos.

Al terminar, él miró su reloj y dijo: "Me acaban de cancelar una cita. ¿Les importaría si los llevo al Capitolio y hacemos un recorrido para que lo conozcan?" (Esto no lo suele hacer un congresista. Está reservado para internos o los miembros de menos rango en el equipo).

Después procedió a llevarnos al Capitolio, donde nos dio un recorrido de una media hora. Al final de este tiempo, el congresista y yo intercambiamos tarjetas de presentación, y se fue.

Unas dos semanas después, recibí una llamada frenética, pero emocionante, del pastor de esta iglesia. Comenzó a decirme que acababa de recibir una llamada de este congresista, quien le había preguntado si podía ir a su iglesia ese fin de semana. Hablamos sobre cómo debía manejarlo, y efectivamente, ese domingo el congresista apareció con su esposa y el jefe de su equipo.

Después de la reunión, el pastor le presentó a él y a su esposa y hablaron un rato. Después oraron por él y su esposa, y se quedaron muy conmovidos. Todo esto sucedió como resultado de honrar al congresista en su oficina y orar por él.

Mi amigo pastor tiene cientos de testimonios de este tipo. Quizá te estés preguntando ahora: "¿Debemos llevar la verdad a nuestros líderes?". Sí, así como lo hizo Juan el Bautista, como el ministro que advirtió al presidente Clinton, y como otros han hecho y aún otros seguirán haciéndolo. Sin embargo, si nuestros líderes no ven a nuestra iglesia como un lugar donde las personas actúan con el amor y la compasión de Jesucristo, y que honran verdaderamente sus puestos de autoridad, no escucharán nuestras palabras. Debemos decir la verdad, pero debemos hacerlo en amor, y en el temor del Señor.

Habrá veces en las que Dios enviará a su(s) siervo(s) a un líder civil con una palabra fuerte, como los profetas hacían con los reyes del Antiguo Testamento. Sin embargo, ¿qué bien hacemos cuando estamos criticando a nuestros líderes en nuestros hogares, grupos pequeños y reuniones de iglesia y apoyando a los que hacen lo mismo? Eso tan solo es murmuración. Lo que decimos en privado debemos estar dispuestos a decirlo con un corazón que arde de amor y honor hacia nuestros líderes. Si no, envenenaremos nuestro espíritu y eso se manifestará en presencia de nuestros líderes.

HONRAR AL REY

Escucha las palabras del apóstol Pedro. Él dice: "Temed a todos. Honrad al rey" (1 Pedro 2:17).

Pedro está diciendo: ¿Cómo puedes decir que temes a Dios a quien no ves, cuando no puedes honrar al líder sobre el que Él ha depositado su autoridad a quien sí ves? Si tememos a Dios, honraremos a los líderes, ya sean civiles, sociales, familiares o eclesiales.

Como dije en el capítulo anterior, en Estados Unidos decimos a un líder: "Tendrás que ganarte mi respeto". Sin embargo, el temor del Señor dice: "Veo la autoridad que Dios ha puesto sobre ti y, por lo tanto, ya tienes mi respeto".

Hice un estudio del rey del que Pedro estaba hablando concretamente. Por supuesto, la Escritura no es de interpretación privada; sus palabras están dirigidas a todos los creyentes a lo largo del tiempo para que honren a los líderes de su nación. Sin embargo, en el caso de Pedro era Herodes Agripa I, un líder muy corrupto y egoísta.

Este hombre llegó al poder en el año 37 d.C., después de la resurrección de Jesús. Lo consiguió mediante la astucia y el tacto. Con su vista de lince, se ocupó de todo lo que pudiera llevarlo a su propio ascenso. Una maniobra política clave después de que el emperador romano Calígula fuera asesinado fue ayudar a Claudio a conseguir el trono. Claudio recompensó su retorcida maniobra política, y confirmó a Agripa en su posición de gobierno y añadió los territorios de Judea y Samaria. Se convirtió en el dirigente de un reino tan grande como el de su abuelo, Herodes el Grande.

Durante su gobierno, Herodes Agripa I fue obligado a decantarse en la lucha entre el judaísmo y la secta cristiana. Sin dudarlo, asumió su papel de amargo perseguidor de los cristianos. Leemos en el Nuevo Testamento: "En aquel mismo tiempo el rey Herodes (Agripa I) echó mano a algunos de la iglesia para maltratarles. Y mató a espada a Jacobo, hermano de Juan. Y viendo que esto había agradado a los judíos, procedió a prender también a Pedro" (Hechos 12:1-3). Este gobernante era cruel con los cristianos porque eso le ayudaba en sus propósitos políticos y le daba favor con los judíos. Él mató a Jacobo, uno de los tres apóstoles más cercanos de Jesús, e intentó matar a Pedro.

Los planes de Agripa de ejecutar a Pedro se torcieron gracias a las oraciones y la obediencia de la iglesia (vv. 5-19). Esta liberación fortaleció significativamente a los creyentes. La recompensa de su obediencia se encuentra en la Escritura: "Pero la palabra del Señor crecía y se multiplicaba" (v. 24).

Las oraciones constantes de los santos y su obediencia en honrar a la autoridad tuvieron un mayor impacto en el desarrollo de los acontecimientos. Si seguimos leyendo, descubrimos que Herodes Agripa I fijó un día en el que acudió delante del pueblo, se sentó en su trono con vestimentas reales, y dio un discurso público: "Y el pueblo aclamaba gritando: ¡Voz de Dios, y no de hombre! Al momento un ángel del Señor le hirió, por cuanto no dio la gloria a Dios; y expiró comido de gusanos" (vv. 22-23).

Vino el juicio, pero fue por la espada del Señor, no por el pueblo de Dios. Dios es quien trae juicio sobre las autoridades. A nosotros se nos manda orar por estos líderes y honrarlos. Si se necesita un juicio, Dios dice que debemos dejar que se produzca. Nosotros retenemos su promesa de juzgar rectamente con nuestra desobediencia a no orar y honrar a nuestros líderes. Por lo tanto, efectivamente, evitamos lo que nuestra nación y nuestra comunidad necesitan: una intervención divina.

UN EJEMPLO DE NUESTROS DÍAS

Este mismo ejemplo sucedió en tiempos recientes en la nación de Nigeria. Un líder malvado, llamado Sani Abacha, llegó al poder en 1993 anulando las elecciones generales y encarcelando a su presunto vencedor, Moshood Abiola. Después ejecutó a muchos de los líderes democráticos y comenzó su gobierno dictatorial. Muchas personas inocentes fueron asesinadas bajo su liderazgo, y se produjo un desfalco de aproximadamente tres mil millones de dólares que se dirigieron a sus propias cuentas en Europa.

Tengo un pastor muy amigo mío, llamado Mark, que viaja frecuentemente a Nigeria. Se ha hecho amigo de dos de los pastores principales de Nigeria, E.A. Adeboye y el obispo David Oyedepo, que son los responsables de un enorme movimiento cristiano. Sus reuniones mensuales de oración tienen una asistencia regular de un millón de creyentes. Dos veces al año tienen reuniones especiales de oración, una en junio y la otra en diciembre, y ambas superan los dos millones de personas.

Mi amigo, junto con otros que frecuentemente visitan la nación, me dice que los creyentes en Nigeria respetan y honran en gran manera a sus autoridades civiles. Por otro lado, oran diligentemente por sus líderes y porque la justicia reine en su nación.

El pastor Mark me dijo durante la reunión mensual de oración a principios de 1998 que un tercer pastor nigeriano muy reconocido del norte, el pastor Emmanuel Kure, vio cómo se abrían las nubes y a dos ángeles enormes aparecer con espadas gigantes. Dios le mostró que los días de Abacha estaban contados; de hecho, profetizó que sucedería en tres meses. No habría escape si no se arrepentía.

Esa palabra que dijo el pastor Kure llegó al presidente, así que Abacha envió una "ofrenda de paz", una enorme suma de dinero para intentar revertir esta profecía. El pastor Kure compartió con Mark que el Señor le dijo: "No lo toques, para que su lepra [de Abacha] no te llegue a ti". El pastor Kure entonces le dijo que tenía que arrepentirse y volverse al Señor.

Dios abrió la puerta para que el pastor que dirige la reunión de oración, E.A. Adeboye, hablara con el presidente Abacha. Él también le advirtió que, si no se arrepentía, sería quitado de su cargo por defunción.

Durante la gran reunión de oración de junio de 1998, tres meses después de que Kure viera a los ángeles, el pastor Adeboye les dijo a los asistentes que se giraran con quien tenían al lado para desearle "Feliz Año Nuevo". La audiencia estaba un tanto perpleja. Él les dijo que el yugo se había roto y que habría baile en las calles.

A las veinticuatro horas desde esta proclamación, el presidente murió inesperadamente de un ataque al corazón. La noticia de un periódico (la saqué del Internet), decía: "Según la BBC, la radio estatal citó reportes de noticieros locales diciendo que los nigerianos celebraran en las calles de todo el país la noticia de su muerte". Las personas que estuvieron en la reunión de oración se dieron cuenta de que Adeboye se estaba refiriendo al yugo del gobierno del dictador.

Poco después, Nigeria fue bendecida con un hombre cristiano en el cargo de presidente, quien vio a los dos pastores principales como líderes espirituales. La nación experimentó un gran mover de Dios. De hecho, al evangelista Reinhard Bonnke no se le permitió entrar en la nación durante el reinado de Abacha. Tras su muerte, el nuevo presidente, Olusegun Obasanjo, invitó a Reinhard a su toma de posesión. Mientras estaba allí, el presidente le volvió a abrir la nación.

La primera cruzada de Reinhard Bonnke se produjo en octubre de 1999. Para octubre de 2006, sus cruzadas en Nigeria han registrado cuarenta y dos millones de personas que han dado sus vidas a Jesucristo como Señor y Salvador. Esto está confirmado por las tarjetas de decisiones escritas, y me lo reportó un amigo que era en ese momento director ejecutivo en el ministerio de Bonnke.

La población de Nigeria en el año 2000 era de 123.337.822. Así que, en esencia, ¡cuarenta y dos millones de conversiones es un tercio de toda la nación! Esto sin contar el fruto de los pastores de la nación, de otros evangelistas, y de creyentes que han trabajado en Nigeria desde 1999 (es interesante notar que Nigeria supone un cuarto de la población de todo el continente de África). Yo diría que eso es una cosecha asombrosa de almas. Recordemos lo que dijo la Escritura después de que murió Herodes: "Pero la Palabra del Señor crecía y se multiplicaba" (Hechos 12:24). ¿Por qué murió? De nuevo, fue debido a que los santos caminaban en el temor del Señor (lo que incluye honrar a sus líderes) y a que la iglesia oraba colectivamente.

Cuando el pueblo de Dios honre a los que están en autoridad, ore por ellos, y camine en obediencia a la Palabra de Dios, veremos grandes derramamientos del Espíritu de Dios en nuestros pueblos, ciudades y naciones. ¿Qué estamos esperando?

8

HONRAR A LOS
LÍDERES SOCIALES

> Que los que sirven bajo el yugo tengan a sus amos por
> dignos de todo honor, para que no se blasfeme contra el
> nombre de Dios y la doctrina.
> —1 Timoteo 6:1 (ASV, traducción libre)

En este versículo, Pablo trata el asunto de las autoridades sociales. Estas incluyen nuestros jefes, maestros, entrenadores, y
demás. Como dije en un capítulo anterior, hoy lo leeríamos así:
"Que los que trabajan como empleados tengan a sus jefes como
dignos de todo honor". O podríamos decir: "Que los que son
estudiantes tengan a sus maestros como dignos de todo honor".
Sería lo mismo para los atletas y entrenadores, u otros tipos

de relaciones que conlleven la sumisión a otro en un entorno social.

Observemos que Pablo dice que debemos honrar a las autoridades sociales para que "no se blasfeme" en contra del nombre de Dios y la enseñanza del evangelio. La versión *La Palabra* dice: "Así, nadie podrá *denigrar* el nombre de Dios ni la enseñanza cristiana" (énfasis del autor). La palabra *denigrar* se define como "el estado de ser tenido en baja estima por el público". La palabra *blasfemar* se define como "tratar a Dios o las cosas sagradas irrespetuosamente".

Uniendo estas dos palabras, vemos que cuando los creyentes no honran a sus jefes, maestros u otros líderes sociales, dará como resultado que la sociedad tenga en baja estima el reino de Dios; incluso puede conducir al punto de tratar a Dios o las cosas sagradas sin respeto alguno.

¿De qué forma ha tratado nuestra sociedad las cosas de Dios de forma irrespetuosa? La oración se ha eliminado de nuestras escuelas; los Diez Mandamientos se han sacado de nuestros tribunales; una buena parte de nuestro entretenimiento es ofensivo e incluso ateo; gran parte de nuestra música insulta descaradamente a Dios; nuestro sistema educativo pinta a los que creen en la creación como estrechos de mente y aun como una amenaza para el avance del conocimiento; y la lista continúa. ¿Podría ser que los creyentes hemos añadido a la conducta pagana de nuestra sociedad mediante nuestra falta de honra a las autoridades sociales? Según las palabras de Pablo en el versículo de arriba, esto es exactamente lo que sucede cuando no caminamos en un verdadero honor.

UN RETRATO TRÁGICO DEL EVANGELIO

Podría dar muchos ejemplos de esto, pero el que mejor refleja lo que Pablo está diciendo me ocurrió hace unos años. Me subí a un avión para volar a una gran ciudad, y debido a mi estatus de viajero frecuente me pasaron a primera clase. Me senté junto a un hombre de negocios bien vestido que estaba tomándose una bebida. Sentí la necesidad de conocerlo y compartir el evangelio, así que comencé de inmediato una conversación. Había una gran empatía entre los dos. Empezamos a compartir ideas e información de manera rápida y estimulante. En breve, comenzamos a conversar.

Él era muy agudo, y supe incluso antes de preguntarle que este hombre era un líder. Así que le pregunté qué hacía, y me dijo que era el dueño de la segunda compañía de taxis más grande de la ciudad. Después dirigí la conversación hacia cómo dirigía su empresa. Tras conversar sobre su trabajo un buen rato, después me preguntó qué hacía yo. "Trabajo para Dios como ministro del evangelio".

Su amigable rostro enseguida se volvió amargo, y gruñó y me apartó la mirada. Yo me quedé asombrado. Este hombre que había sido tan amigable, de repente me rechazó y actuó como si no quisiera tener nada que ver conmigo. Sin embargo, nuestra conversación hasta ese punto había ido tan bien que supe que podía insistir. Así que le dije en un tono alegre: "Vaya, parece que eso te ha molestado. ¿Qué sucede?".

Él se volvió hacia mí con una expresión seria en su rostro y dijo: "Verás, me has caído bien, así que te diré por qué no quiero tener nada que ver con los ministros o los cristianos".

Ahora yo tenía mucha curiosidad.

Me dijo: "Tuve una empleada. Era de las del tipo 'nacidas de nuevo' (yo no dije nada). Se pasaba horas de trabajo predicando a muchos de mis empleados sobre su necesidad de ser 'salvos'. No solo no era productiva, sino que también afectaba la productividad de los demás trabajadores. Finalmente se fue y se llevó cosas que pertenecían a la empresa, y me dejó con una factura de teléfono de ocho mil dólares de llamadas a larga distancia con su hijo que vivía en Alemania". (Esto era en la década de los noventa, cuando las llamadas al extranjero eran muy caras).

Yo estaba afligido. Todos en esa empresa ahora tendrían resistencia a escuchar la Palabra de Dios porque había sido denigrada por la conducta de esa mujer. Había deshonrado a su jefe y a los empleados de la compañía al predicar cuando debía haber estado trabajando, y por robar descaradamente. Debería haber sido la empleada de más confianza. Por eso Pablo les dice a los empleados:

> "Di a los sirvientes que se sometan a sus amos, que sean agradables y satisfactorios de todas las maneras. Adviérteles que no respondan o contradigan, que no roben tomando cosas de poco valor, sino que demuestren que son verdaderamente leales y confiables, y que sean fieles, para que de todas las maneras sean un adorno y den crédito de la enseñanza acerca de Dios nuestro Salvador".
>
> —Tito 2:9-10 (AMPC, traducción libre)

Ella desacreditó aquello sobre lo que predicaba. (Lo que hacemos habla mucho más fuerte que lo que decimos). Ella trajo reproche al evangelio. Si hubiera hecho lo que dice la Palabra de Dios, honrar a su jefe, habría tratado a la empresa de una forma totalmente distinta. Honrar es valorar, someterse, tratar como precioso. Su actitud y su conducta habrían sido completamente distintas con un corazón de honra. Habría estado motivada para hacer un buen trabajo; y unido a la integridad, habría avanzado el evangelio.

El resto de mi conversación con este propietario fue disculparme por su conducta. Él escuchaba, pero eso no fue de mucho consuelo. El daño era profundo y sería muy difícil de arreglar. Afectó nuestra conversación para el resto del vuelo.

Unos años después, conté esta historia en un mensaje que di en una congregación. Uno de nuestros socios financieros oyó después la historia en un CD, y contactó con nuestro ministerio con una petición. Preguntó si podíamos conseguir la información de la empresa del hombre y su dirección. Este hombre tenía el deseo de escribir una carta de disculpa y enviarle un cheque de ocho mil dólares a este jefe como testimonio del amor de Dios.

Yo estaba muy emocionado por la petición de este hombre de enmendar el asunto, así que contacté con este hombre al que había conocido personalmente. Tras contactar con la empresa, supe que el dueño había muerto de un ataque al corazón hacía seis meses. De nuevo, fue un golpe devastador para mi corazón. Me preguntaba si habría oído lo que le dije en el avión, pero para ser honesto, realmente no pude llegar a nada al compartirle el evangelio porque su espíritu estaba cerrado. Solo me cabía la esperanza de que otro obrero se hubiera cruzado en su camino y le hubiera alcanzado. Me pregunté por muchos días *si habría hecho las paces con Dios mediante Jesucristo.* Sabía que sería necesario un milagro debido a lo que aquella empleada había hecho.

Habría sido mucho más fácil compartir el evangelio con este empresario en el avión si él hubiera tenido una empleada que le hubiera honrado a él y a su empresa. De hecho, habría estado receptivo. ¿Por qué? Porque habría dicho: "John, puedo entender lo que estás diciendo. Mis mejores empleados han sido cristianos. Mi vida es un desastre. Necesito que Jesús me dé vida eterna. Sí, quiero orar contigo".

En el lado positivo, he escuchado a no creyentes que son jefes decirme que ven la evidencia del verdadero cristianismo en sus empleados, no porque predican sino porque muestran el carácter de Cristo en situaciones difíciles y en su ética laboral. Me han dicho: "Trabajan más que los demás empleados", o "Son los empleados más honestos y leales que tengo" o "Nunca discuten, se quejan o me contestan".

¿Qué les da a esos creyentes la capacidad de trabajar de forma tan distinta a la mujer que hemos descrito arriba? La respuesta es simplemente el temor del Señor, el cual produce un verdadero honor en nuestro corazón por aquellos por los que Dios se interesa y ama.

EN EL SALÓN DE CLASE

He oído muchos reportes e historias durante los años de cómo los creyentes han aportado crédito o han denigrado el evangelio mediante la honra o la deshonra en entornos seculares. Mi primer encuentro de ser testigo de estos dos resultados ocurrió mientras estaba aún en la escuela.

Recibí a Jesucristo como mi Salvador en mi fraternidad mientras asistía a la Universidad Purdue. Me criaron como católico y asistía a la iglesia fielmente, pero tenía gran necesidad de salvación. Recuerdo que mi hermano de la fraternidad me llamaba la atención. En primer lugar, yo observaba su carácter y conducta fuerte, pero amorosa. Él era un atleta increíble, muy disciplinado en su vida. Me di cuenta en las fiestas de la fraternidad que solo asistía a la primera parte, antes de que todos los demás nos emborracháramos por completo, y después se iba cuando las cosas se descontrolaban. Mientras estaba en las fiestas, conversaba de una manera amable con los chicos y las chicas, mientras se tomaba un refresco.

Él vio que yo era religioso, pero que estaba lejos de Dios. Así que primero se hizo amigo mío, y tras un tiempo, una noche llamó a mi puerta. En el transcurso de compartir la Palabra de Dios conmigo, me preguntó: "John, ¿me puedes hablar sobre el presidente de los Estados Unidos?".

Yo respondí: "Claro, se llama Jimmy Carter, su esposa es Rosalynn. Fue el exgobernador de Georgia, y antes de eso cultivaba cacahuates".

Él dijo: "Bien. ¿Me puedes hablar ahora sobre Jesús?".

Yo dije: "Claro. Nació de una virgen, su padrastro se llamaba José, tuvo doce discípulos y murió en una cruz".

Él dijo: "Genial. Ahora dime esto, ¿conoces al presidente Carter como conoces a tu mamá?".

Yo rápidamente respondí: "No".

Él me preguntó cuál era la diferencia.

Yo dije: "Ella es mi mamá. La conozco personalmente. Nunca he conocido al presidente de los Estados Unidos".

Después me dijo: "Entonces tienes una relación personal con tu mamá; pero aunque sabes mucho sobre el presidente, no lo conoces; no tienes una relación personal con él".

Yo respondí: "Correcto".

Él después me dijo: "¿Conoces a Jesús como conoces a tu mamá?".

Me quedé impactado. Estaba ahí sentado, sin saber qué decir. Entonces él me mostró que el plan de Dios al enviar a Jesús no fue hacer de nosotros personas que asisten a la iglesia, sino que tengamos una relación personal con Él porque Cristo nos anhela y nos ama. Me sorprendió descubrir por qué fui creado.

Durante todo ese año, pasé horas leyendo la Biblia. No podía leer lo suficiente. Quería conocer la Palabra de Dios. Antes de darle mi vida a Jesús, la Biblia era para mí un montón de historias y reglas. Ahora era la Palabra de Dios para mí personalmente porque había cobrado vida en mi corazón.

Como estudiante de ingeniería, había algunas asignaturas que podía elegir. En la lista estaban incluidos algunos cursos que se ofrecían a través de Notre Dame, que tenía un profesor residente en el campus de Purdue. Decidí tomar Panorama del Antiguo Testamento 101. Como joven creyente, me costaba entender algunas de las enseñanzas del Antiguo Testamento, y pensé que sería muy bueno para mí tener una perspectiva global.

La clase se impartía durante tres horas cada lunes. El profesor vino a nuestra primera clase y básicamente me asombró. Dijo que había más de seiscientas contradicciones en las Escrituras, que no se podía demostrar con la Biblia que Jesucristo resucitó de la muerte, y que cuando Moisés cruzó el mar Rojo con los israelitas, fue en un tiempo de marisma. La razón por la que la Biblia hacía más dramática la historia era porque, a medida que pasó a través de las generaciones, se exageró más y más, hasta que se convirtió en un gran mar.

No hace falta decir que me esperaba un viaje difícil ese semestre. Recuerdo muchas discusiones confrontando al profesor y a otros estudiantes. Durante una de las clases, el profesor y yo tuvimos un debate que duró dos de las tres horas. Todo el tiempo yo le hablé a él. Lo hice con una firme resolución, pero me mantuve respetuoso con su posición como maestro.

Nos mandaron a hacer un trabajo enorme al comienzo del semestre con fecha de entrega al final del semestre. Valía un tercio de nuestra nota final. Trabajé diligentemente en ese trabajo. En nuestra última clase, el profesor nos devolvió los trabajos ya calificados. Al recibir el mío no tenía la calificación puesta, solo una enorme "I". Me quedé perplejo, por decir lo menos. Me acerqué a él al final de la clase y me dijo: "John, necesito que vengas a mi oficina y que hablemos de la calificación que te puse".

Unos días después, me reuní con él en su oficina. Comenzó la reunión diciendo: "John, tú y yo estamos en dos mundos totalmente distintos. Por lo tanto, sentí que no podía graduar tu trabajo. Así que le puse una 'I', y eso básicamente significa que no contará para tu examen final. Así que lo que estoy haciendo contigo es hacer una media de tus dos exámenes y de ahí saldrá tu nota final para el semestre".

Después me dijo: "John, he tenido varios 'fundamentalistas' en mi clase, y han sido algunos de mis mayores dolores de cabeza. Casi todos ellos han hecho una de estas tres cosas: crear confusión en la clase, o dejar la clase, o algunos incluso retrocedieron de sus creencias".

Ablandó el tono y dijo: "John, tú has sido distinto. No has retrocedido de tus creencias ni un ápice. Te has mantenido firme, y a la vez me has hablado de una forma respetuosa. También te has ganado el respeto de tus compañeros de clase. Estoy muy agradecido por tu valor y por el respeto que me has demostrado".

Dios me mostró algo a través de nuestra conversación. Si nos mantenemos firmes en la revelación de su Palabra, pero lo hacemos de una forma que honra a nuestros líderes, veremos a Dios actuar a favor de la verdad. Los otros "fundamentalistas" que él había tenido en su clase eran probablemente cristianos nacidos de nuevo; sin embargo, su testimonio en esa clase fue justo lo contrario de lo que intentaban hacer: hablar de Jesucristo a sus compañeros de clase y a este maestro. Parece que causaron descrédito al verdadero evangelio a los ojos del maestro y los compañeros de clase mediante su conducta contenciosa e irrespetuosa, algo que creó confusión en la clase de este hombre. Se perdió una gran oportunidad por no caminar en el principio del honor.

No debemos retroceder nunca de lo que dice la Palabra de Dios. Debemos permanecer firmes. Sin embargo, debemos corregir a los que se oponen con un espíritu manso y humilde. Si es con nuestro jefe, entrenador o maestro, debemos vivir un ejemplo cristiano. Si surge la oportunidad, entonces debemos abrir nuestra boca y decir la verdad con amor y respeto a nuestros líderes.

HONRAR A LAS
AUTORIDADES SOCIALES

¿Cómo honramos a las autoridades sociales? Veamos de nuevo el significado de honra. Es valorar, tratar como preciado y costoso, tratar con deferencia, someterse y obedecer mientras no contradiga la Escritura.

Si meditamos y ponemos en oración esta definición, nuestra conducta afectará positivamente nuestros lugares de trabajo, salones de clase, o terrenos de juego. Si le pedimos a Dios que llene nuestro corazón de honra hacia nuestras autoridades sociales, los trataremos en consonancia. En lugar de pelear por nuestros derechos, preferiremos sus deseos a los nuestros. Buscaremos hacer que tengan éxito seamos reconocidos o no, o nos paguen o no debidamente por nuestra labor. ¿Cómo podemos hacer esto? La Escritura nos dice:

"Esclavos (empleados), obedezcan a sus amos (jefes) terrenales con profundo respeto y temor. Sírvanlos con sinceridad, tal como servirían a Cristo. Traten de agradarlos todo el tiempo, no solo cuando ellos los observan. Como esclavos de Cristo, hagan la voluntad de Dios con todo el corazón. Trabajen con entusiasmo, como si lo hicieran para el Señor y no para la gente. Recuerden que el Señor recompensará a cada uno de nosotros por el bien que hagamos, seamos esclavos o libres".

—Efesios 6:5-8
(NTV, palabras entre paréntesis del autor)

Observemos la frase: "Trabajen con entusiasmo, como si lo hicieran para el Señor". Si esto está en nuestro corazón, pasaremos de ser esclavos a ser siervos. Quizá digas: "Yo no soy un esclavo". Antes de que respondas rápidamente a esta frase, permíteme decirte cuál es la diferencia entre un esclavo y un siervo. Un esclavo hace lo mínimo posible; el siervo llega al máximo potencial. A un esclavo se le roba, un siervo da; un esclavo tiene que hacer, un siervo quiere hacer. El siervo busca oportunidades, en lugar de esperar órdenes. Anticipa las necesidades de aquel a quien sirve y las suple sin que se lo pidan.

Si crees que tu jefe te está tratando injustamente y es duro contigo, tienes que actuar y no reaccionar. La persona que reacciona se queja de cómo lo tratan, o se desanima y es improductivo. La persona que actúa atacará el mal con el bien (ver Romanos 12:21). Se acercará al jefe que no es amable con él y dirá algo parecido a esto: "Señor, veo que hay trabajo extra que hacer, así que quiero que sepa que voy a venir dos horas antes la semana que viene para terminarlo sin que tenga que pagarme nada extra por ello".

Si tratas el conflicto de esta manera, ganarás el favor de Dios y finalmente el del hombre. ¿Cómo haces esto? Proverbios 3:3-4 nos dice que, cuando escribimos misericordia y verdad en la tabla de nuestro corazón, encontramos "gracia y buena opinión ante los ojos de Dios y de los hombres".

Si no hallas favor a los ojos de tu jefe con este tipo de conducta honrosa, Dios abrirá una puerta en otro lugar donde encontrarás ese favor, como le sucedió al ejecutivo de la compañía de seguros del que hablamos en un capítulo anterior. Él honró a sus jefes incluso cuando ellos lo deshonraron a él. Dios finalmente le abrió la puerta en una compañía más grande y ahora tiene su galardón completo como uno de sus altos ejecutivos.

Es una ley. Si tú honras a las autoridades sociales en tu vida, Dios te honrará a ti, y recibirás una recompensa completa. Quizá no venga de tu jefe, maestro o entrenador, pero vendrá. Dios está vigilando su Palabra para llevarla a cabo.

9

HONRAR A LOS LÍDERES DOMÉSTICOS

Dirijamos nuestra atención a la familia. Comenzaremos hablando de los niños. La Escritura nos dice: "Honra a tu padre y a tu madre, que es el primer mandamiento con promesa; para que te vaya bien, y seas de larga vida sobre la tierra" (Efesios 6:2-3).

Honrar a nuestros padres no es una sugerencia ni una recomendación, sino un mandamiento. ¿Se ha olvidado alguien de que tenemos que guardar los mandamientos de Dios como creyentes del Nuevo Testamento? Es la evidencia de que el amor de Dios habita verdaderamente en nosotros. Jesús dice: "El que tiene mis mandamientos, y los guarda, ése es el que me ama" (Juan 14:21). El apóstol Juan lo confirma escribiendo: "Y este es el amor, que andemos según sus mandamientos" (2 Juan 1:6).

Cuando recibimos a Jesucristo como Señor, somos cambiados; la persona que existía previamente ya no existe. Somos literalmente una nueva creación. Nuestro corazón es hecho nuevo con el temor y el amor de Dios residiendo en nosotros. Nuestros deseos ahora son hacia Dios; anhelamos agradarle, porque eso es lo que hay en nuestra naturaleza. Vivimos de tal forma que lo que nos importa es "el guardar los mandamientos de Dios" (1 Corintios 7:19).

Por el contrario, los que habitualmente ignoran los mandamientos de Dios no han tenido un encuentro genuino con Jesucristo mediante el Espíritu Santo. Quizá confiesan que son cristianos, pero como nos enseña Jesús, conoceremos su verdadera naturaleza por su estilo de vida (ver Mateo 7:20). Si menosprecian o toman los mandamientos de Dios a la ligera, no tienen el corazón de Él. Juan escribe: "El que dice: Yo le conozco (*a Jesucristo*), y no guarda sus mandamientos, el tal es mentiroso (*está engañado*), y la verdad no está en él" (1 Juan 2:4, palabras entre paréntesis del autor). Juan nos dice claramente que esta persona no es un hijo de Dios; está engañado. Quizá piensa que es salvo, pero en realidad no lo es.

Recapitulemos de nuevo el significado de honrar: valorar, estimar, respetar, tratar favorablemente, tener gran consideración por. Al ver a nuestros padres con los ojos de la honra, nos comunicaremos con ellos con respeto y amor. Recordemos que el honor se puede mostrar mediante obras, palabras e incluso pensamientos, pero el verdadero honor se origina en el corazón. Por lo tanto, si chicos o chicas jóvenes hablan a sus padres de una forma frívola, descuidada o irreverente de forma regular, están mostrando por fuera su falta de verdadero honor por sus padres. Porque de la abundancia del corazón habla la boca (Mateo 12:34). Su deshonra también se puede mostrar mediante su conducta, como por ejemplo el tono de voz, levantando los ojos, expresión de disgusto, arrastrar los pies cuando nos piden algo, quejarse, y cosas similares.

Deshonrar a nuestros padres se ha convertido en un estilo normal de vida en los Estados Unidos. Está incrustado en nuestra cultura. Hay varias "películas familiares" populares que no permitiría que mis hijos vieran. Algunas incluso están catalogadas como "G" y las publican "empresas cinematográficas de confianza". Normalmente las consideraríamos seguras. La trama a menudo es conmovedora, y sin embargo la manera en que los niños conversan con sus padres es una historia totalmente distinta. Tratan a su padre o a su madre como alguien estúpido y desconectado. Menosprecian abiertamente las indicaciones de sus padres, y la película concluye con los hijos terminando como héroes, o consiguiendo los deseos de su corazón, aún cuando han tratado a sus padres con desprecio. Quizá piensas que estoy exagerando, pero escucha lo que dice Dios: "Maldito aquel que deshonre a su padre o a su madre. Todo el pueblo dirá: Amén" (Deuteronomio 27:16, AMPC traducción libre).

Vaya, ¿entiendes lo fuerte que es la palabra *maldito?* La maldición de Dios es un asunto muy serio. Uno esperaría oír: "Maldito todo aquel que asesina, roba, practica la inmoralidad sexual o la brujería". Pero Dios dice que el que deshonra a su padre o a su madre es maldito. Repasemos el significado de la palabra *deshonrar:* tratar como común, ordinario o insignificante. Una versión más fuerte es tratar vergonzosamente o humillar.

UNA MALDICIÓN QUE DURÓ GENERACIONES

Hay varios ejemplos en la Escritura de cómo los hombres provocaron maldiciones sobre sí mismos al deshonrar a sus padres. Uno, que es gráfico, es Cam, el hijo menor de Noé.

Tras el diluvio, Noé se puso a cultivar la tierra. Una noche bebió hasta emborracharse. ¿Por qué hizo eso? Quizá luchaba con sentimientos de depresión, ya que era el último papá sobre la superficie de la tierra; o quizá buscó algo de alivio de las presiones de reconstruir después del diluvio. En cualquier caso, obviamente estaba agobiado por la presión y buscó alivio, pero a través del medio equivocado. Una vez embriagado, se metió en su tienda, se quitó toda la ropa y se quedó dormido.

Cam entró en la tienda donde estaba su papá, observó su cuerpo desnudo, dio un grito ahogado, salió y se lo dijo a todo el mundo (no había muchos más hombres a quienes contárselo en este entonces, solo Sem y Jafet). Puedo imaginármelo con algunas risitas y con desdeño en su voz, diciendo: "Miren, chicos, no se lo van a creer; papá está borracho como una cuba, ¡y desnudo como un pájaro! Tienen que verlo, vengan conmigo".

Cuando Sem y Jafet oyeron el reporte burlón de su hermano, respondieron de forma distinta. Tomaron una túnica y la sostuvieron sobre sus hombros mientras entraban de espaldas en la tienda, y cubrieron el cuerpo desnudo de Noé. No quisieron ver la vergüenza de su padre.

A la mañana siguiente, Noé se despertó y supo lo que hizo Cam. Leemos:

"Entonces maldijo a Canaán, el hijo de Cam:

«¡Maldito sea Canaán! ¡Que sea el más inferior de los siervos para con sus familiares!». Entonces dijo Noé:

«¡Bendito sea el Señor, Dios de Sem, y sea Canaán su siervo! ¡Que Dios extienda el territorio de Jafet! Que Jafet comparta la prosperidad de Sem, y sea Canaán su siervo».   —Génesis 9:25-27 (NTV)

Esta palabra profética de boca de Noé se cumplió durante varias generaciones. Los cananeos, que eran descendientes de Cam, fueron malditos y finalmente vencidos por los hijos de Israel por mandato de Dios.

Cam deshonró a su padre, y trajo sobre su vida y sus descendientes una maldición. Es interesante notar que la conducta de Cam tuvo varias consecuencias sobre él, mientras que la borrachera de Noé no trajo ninguna que registre la Escritura. De hecho, uno de los grandes de la fe que vemos en Hebreos 11 es Noé; sí, sí, el hombre que se emborrachó. Es obvio que se arrepintió de su pecado y fue perdonado. Sin embargo, no leemos nada sobre Cam en Hebreos 11; de hecho, nunca se vuelve a mencionar su nombre en la Biblia de una forma positiva.

El fallo moral de Noé se convirtió en una prueba de honor para sus tres hijos; reveló sus corazones. A uno le faltaba honor y fue rebelde; los otros dos fueron respetuosos y se frenaron de juzgar algo de lo que no eran responsables. La conducta de Noé no fue piadosa, pero era Dios quien tenía que tratarla, no los hijos. Los dos que entendieron esto pudieron seguir honrándolo en su corazón; el hijo que se dispuso a juzgar las acciones de su padre cayó en deshonra y, por consiguiente, fue maldecido.

Otro dato muy interesante que debe notarse es que Cam fue preciso en su reporte. Su padre estaba borracho y desnudo, pero Cam estaba equivocado en su principio. La lógica justificaría sus acciones: repitió solo lo que vio; solo estaba siendo "veraz". Sin embargo, el principio del honor y de la autoridad del reino dice otra cosa.

LA DESHONRA CRECE CON EL TIEMPO

Otro hombre que deshonró a su padre en la Escritura fue Rubén. Era el hijo primogénito de Jacob; su madre era Lea.

¿Cómo deshonró Rubén a su padre? Durmiendo con una de las concubinas de su padre: Bilha.

Sin embargo, creo que fue algo más que solo tener sexo con alguien que pertenecía a su padre. Jacob tenía dos esposas, Lea y Raquel, que también eran hermanas. Bilha era sirvienta de Raquel. Raquel y Lea estaban enfrentadas entre sí. La rivalidad se desató y creció más, debido a que Jacob favorecía a Raquel. Le sucedió esto desde el principio de su matrimonio y continuó hasta la muerte de Raquel.

Cuando Dios vio que Lea no era querida por su esposo, abrió su vientre y ella concibió y dio a luz a Rubén. Su respuesta al nacimiento de Rubén fue: "Ha mirado Jehová mi aflicción; ahora, por tanto, me amará mi marido" (Génesis 29:32).

Después de un tiempo, dio a luz a un segundo hijo. Al nacer, ella dijo: "Por cuanto oyó Jehová que yo era menospreciada, me ha dado también éste. Y llamó su nombre Simeón (*que significa "escuchado"*)" (v. 33, palabras en cursiva del autor).

Ella dio a luz un hijo por tercera vez. Su creciente desesperación se muestra por lo que dijo en su nacimiento: "Ahora esta vez se unirá mi marido conmigo, porque le he dado a luz tres hijos; por tanto, llamó su nombre Leví (*que significa "unido"*)" (v. 34, palabras en cursiva del autor).

Cuando Raquel vio la prosperidad de su hermana y que ella no podía quedar embarazada, concibió un plan para estropear cualquier avance que hubiera podido tener Lea con respecto a ella. Ella le entregó a su sirvienta a Jacob, diciendo: "He aquí mi sierva Bilha; llégate a ella, y dará a luz sobre mis rodillas, y yo también tendré hijos de ella" (30:3). Cuando nació el bebé, Raquel dijo: "Con luchas de Dios he contendido con mi hermana, y he vencido" (v. 8).

Rubén, al ser el primogénito, fue testigo de toda la rivalidad y la contienda que había entre su madre y Raquel. Era lo suficientemente mayor para ver el dolor de su propia madre al ser ignorada por su padre. Así que sucedió que Rubén se fue al campo y trajo mandrágoras a su madre. Cuando Lea las recibió de su hijo, Raquel envidió y deseó las mandrágoras, así que empezó una negociación. Raquel dejaría a Lea dormir una noche con Jacob.

Cuando Jacob regresó del campo esa noche, Lea se encontró con él, y dijo: "Llégate a mí, porque a la verdad te he alquilado por las mandrágoras de mi hijo" (v. 16). Es evidente por este incidente que Jacob pasaba la mayoría de las noches durmiendo con Raquel, y la única forma en que Lea pudo asegurarse que estuviera con ella fue pagando por ello.

Rubén observó con dolor todos estos duros tratos en su familia. Estoy seguro de que su resentimiento por la conducta desfavorable y desagradable de su padre con su madre iba creciendo cada día más.

No se arregló con solo la actividad en el cuarto. Se veía en todas las áreas. Pasó el tiempo, y después de que a Jacob le nacieron diez hijos, finalmente Raquel tuvo un hijo: José. El resentimiento de Rubén se multiplicó, observando cómo su padre favorecía al único hijo de Raquel. José recibía un trato preferencial, era amado más que todos los demás hermanos, incluso le dieron una túnica gloriosa que significaba que era el preferido de su padre.

Cuando la familia huyó de Labán, el padre de Lea y de Raquel, oyeron que Esaú estaba de camino viajando para reunirse con la familia con cuatrocientos hombres. El miedo se apoderó de Jacob, porque se acordó de que su hermano juró matarlo por haber robado su primogenitura.

Jacob, en un intento de salvar su vida y su posteridad, dividió a su familia. Los envió en grupos delante de él para encontrarse con Esaú. Pensó que, si Esaú mataba a los primeros grupos, Jacob podría huir de su hermano a tiempo para salvar su vida y las de los más cercanos a él. Veamos cómo dividió a su familia: "Y puso a las sirvientas y a sus hijos delante, a Lea y sus hijos después de ellos, y a Raquel y José los últimos" (33:2, AMPC, traducción libre). ¿Te imaginas el daño o la ira que sintió Rubén? A él y a su madre los pusieron delante de Raquel para morir, mientras que su padre favorece a Raquel y a su hijo y los pone en el último grupo con Jacob.

El tiempo siguió avanzando; el resentimiento siguió creciendo. Raquel dio a luz a un segundo hijo y murió en el proceso. Jacob se dolió grandemente y puso un pilar en su tumba, el cual permanecería durante generaciones venideras. Es interesante notar que nunca oímos del pilar de Lea, solo de Raquel. Por lo tanto, es obvio que este monumento en la tumba era enorme y glorioso. Es muy probable que, a estas alturas, Rubén estuviera colmado de amargura.

La Biblia dice inmediatamente después de la muerte de Raquel: "fue Rubén y durmió con Bilha" (35:22). Rubén vivió en agonía viendo esta rivalidad mientras crecía. Le dolió que su padre favoreciera a Raquel y no amara a su propia madre. Es muy posible, de hecho, probable, que durmiera con Bilha no solo para tener sexo sino para avergonzar la tienda de Raquel y devolverle un poco del dolor que él había sufrido por las acciones de su padre.

Ahora vemos lo que Dios dice sobre Rubén mucho después de que todos los hermanos hubieran muerto: "El hijo mayor de Israel fue Rubén; pero como *deshonró* a su padre cuando se acostó con una de sus concubinas, los derechos de hijo mayor fueron dados a los hijos de su hermano José. Por esta razón, Rubén no aparece en la lista de los registros genealógicos como el primer hijo varón" (1 Crónicas 5:1, NTV, énfasis del autor).

Es muy interesante destacar que las acciones de Jacob estuvieron mal, al amar a Raquel y abandonar a Lea. De hecho, no fue bien visto a los ojos de Dios, porque leemos: "Cuando el Señor vio que Lea no era amada, le concedió que tuviera hijos" (Génesis 29:31, NTV). La versión *Reina-Valera* dice: "Y vio Jehová que Lea era menospreciada". Dios bendijo a Lea en el área de la aflicción que le había creado su esposo.

Rubén vio con precisión. Su valoración de la conducta de su padre no fue algo que inventó, sin embargo, lo que permitió crecer en su corazón fue lo que le envenenó. Dejó ir el honor que Dios pone en el corazón de cada hijo, y abrazó una actitud de rencor que fomentó la deshonra. Permitió que creciera hasta el punto de justificar su conducta deshonrosa hacia su padre. Le costó mucho. Perdió su primogenitura.

Recuerda cómo en un capítulo anterior, Ana fue insultada por el sacerdote Elí, y sin embargo ella no permitió que la conducta deshonrosa de este hombre estropeara el honor que Dios nos manda tener con los que están en autoridad. Ella recibió un galardón completo. Rubén, por el contrario, perdió su galardón, su herencia. Su valoración de la situación fue correcta al ciento por ciento, pero se equivocó al ciento por ciento en su respuesta.

NO PERMITAS QUE LA MALA CONDUCTA DE OTRA PERSONA TE AFECTE

Cada vez tengo más claro, sobre todo en los últimos años, que no podemos permitir que la mala conducta de otras personas afecte lo que sabemos que está bien hacer. Este principio se ve gráficamente en la vida de Moisés.

Los israelitas, al igual que Jacob, se habían comportado sistemáticamente de una forma que no era agradable a Dios. En el caso de Jacob, fue menospreciar a su esposa; en el caso de ellos, era la queja constante. Como con Rubén, Moisés sufrió por la mala conducta de ellos. Durante cuarenta años, se le negó la Tierra Prometida y se quedó atascado en el desierto por lo que ellos hicieron.

Ahora se estaban quejando de nuevo porque no tenían agua, así que Dios le dijo a Moisés que hablara a una roca y el agua fluiría entonces de ella. Pero, en este punto, Moisés estaba harto de la conducta de ellos, a tal grado que reunió a los israelitas y gritó: "¡Oíd ahora, rebeldes! ¿Os hemos de hacer salir aguas de esta peña? Entonces alzó Moisés su mano y golpeó la peña con su vara dos veces" (Números 20:10-11).

La conducta de Moisés tuvo como resultado que se le negara el privilegio de llevar a la nación a la Tierra Prometida. Escucha lo que escribió el salmista años después: "También le irritaron en las aguas de Meriba; y le fue mal a Moisés por causa de ellos, porque hicieron rebelar a su espíritu, y habló precipitadamente con sus labios" (Salmos 106:32-33).

La mala conducta de ellos atrapó a Moisés, así que actuó fuera de los parámetros de la Palabra de Dios. ¡Tuvo un costo muy elevado! He escrito personalmente en mi Biblia junto a este versículo: "No podemos culpar de nuestra mala conducta a la mala conducta de otros". Esa es una lección difícil de aprender para cada uno de nosotros.

La conducta del padre de Rubén no fue honrosa hacia su madre, pero no justificó la actitud deshonrosa de Rubén y su conducta hacia su padre. Dios nos dice que honremos a nuestro padre y a nuestra madre, al margen de lo buenos o malos que sean a nuestros ojos, o lo honrosa o deshonrosa que sea su conducta.

De nuevo, como nota al margen muy importante, permíteme recordarte el importante principio que aprendimos en un capítulo anterior. Siempre debemos honrar y someternos a la autoridad; tenemos que obedecer a la autoridad también; no obstante, en cuanto a la obediencia, no debemos obedecer a una autoridad si nos ordena hacer algo contrario a la Palabra de Dios. Un ejemplo podría ser que, si un padre o una madre le dice a su hijo que mienta a su maestro, el niño puede decirle a su padre o su madre de forma respetuosa: "Mamá o papá, te respeto y te honro, pero no puedo mentir, porque eso es pecar contra Dios". O un caso más severo sería si un padre está abusando sexualmente de una persona joven, el hijo o la hija debe buscar ayuda de otras autoridades. No deshonran a su padre al buscar ayuda para él y para ambos.

DOBLE RECOMPENSA

Veamos de nuevo nuestro versículo de inicio: "Honra a tu padre y a tu madre, que es el primer mandamiento con promesa; para que te vaya bien, y seas de larga vida sobre la tierra" (Efesios 6:2-3).

La recompensa del honor es doble, y se ve claramente en este versículo. En primer lugar, te irá bien. Experimentarás éxito en la vida, además de paz, gozo, amor y salud. Disfrutarás de una vida satisfactoria. En segundo lugar, tendrás una larga vida sobre la tierra. Promete que no morirás prematuramente de alguna enfermedad fatal, accidente de tráfico, o cualquier otro accidente imprevisto.

Quizá piensas: *Pero yo conozco a alguien que honró a sus padres y murió siendo joven.* Puede que sea así. Así que ahora preguntarás: "Entonces, ¿por qué esta promesa no funcionó con ellos?". Dicho de forma sencilla, las promesas de Dios no son automáticas; se deben adquirir por fe. Quizá te impacte esta frase, pero permíteme ejemplificar este principio con la Escritura.

Dios le hizo una promesa de pacto a Abraham de que, a través de su hijo Isaac, vendría la Simiente de la promesa. La palabra específica de Dios fue: "Y confirmaré mi pacto con él como pacto perpetuo para sus descendientes después de él" (Génesis 17:19). Para confirmarlo, leemos de nuevo: "Tu descendencia será llamada y contada por el linaje de Isaac" (Romanos 9:7, AMPC, traducción libre). Siendo este el caso, Isaac definitivamente debía tener hijos, ¿correcto?

¿Quién escogió a la esposa de Isaac? La respuesta es Dios mismo. Recuerda que el siervo de Abraham fue a buscar esposa para Isaac de entre los familiares de Abraham. Tras su llegada oró:

> "Oh Jehová, Dios de mi señor Abraham, dame, te ruego, el tener hoy buen encuentro, y haz misericordia con mi señor Abraham. He aquí yo estoy junto a la fuente de agua, y las hijas de los varones de esta ciudad salen por agua. Sea, pues, que la doncella a quien yo dijere: Baja tu cántaro, te ruego, para que yo beba, y ella respondiere: Bebe, y también daré de beber a tus camellos; que sea ésta la que tú has *destinado* para tu siervo Isaac".
>
> —Génesis 24:12-14 (énfasis del autor)

Sin duda, una oración muy específica; es muy poco probable que haya sido un encuentro atribuido a la coincidencia. Estos camellos beben cantidades enormes de agua, y muy pocos des-conocidos serían tan amables de sacar tanta cantidad de agua a menos que Dios los moviera a hacerlo. El siervo de Abraham tenía que estar seguro, así que hizo que su petición fuera precisa y difícil. También observemos que dijo que el que hiciera esta tarea sería la persona *destinada*; en otras palabras, ella fue esco-gida por Dios como esposa para Isaac.

Antes de terminar de hacer esta petición de oración, Rebeca, una hija de familiares de Abraham, salió con un cántaro en su hombro. El siervo de Abraham se apresuró hacia ella y le dijo: "Te ruego que me des a beber un poco de agua de tu cántaro" (v. 17). Observa que no mencionó a los camellos. Él le pidió exactamente lo que había dicho que haría en su oración. Ella accedió gusto-samente y le dio un poco de agua. Ahora leemos lo que sucedió después: "Y cuando acabó de darle de beber, dijo: También para tus camellos sacaré agua, hasta que acaben de beber" (v. 19).

Sucedió exactamente como lo había pedido el siervo de Abraham. Él se sorprendió y se llenó de gozo. Se deleitó por lo rápido que había sido contestada su oración.

Sin embargo, aún no se había terminado el trabajo. Ahora había que cruzar el puente final de la elección confirmada de Dios para Isaac. ¿Le permitiría su familia irse con un hombre al que nunca habían conocido y ser llevada de forma permanente a una tierra con la que no estaban familiarizados?

Cuando el siervo de Abraham recitó la historia a la familia de Rebeca, los hombres de la casa respondieron: "De Jehová ha salido esto; no podemos hablarte malo ni bueno" (v. 50). Al día siguiente la familia le permitió irse, y el siervo de Abraham la llevó con Isaac, y se casaron.

Ahora, esta es la parte asombrosa de la historia. Dios escogió a esta mujer para Isaac milagrosamente. Sin embargo, una vez casados, se descubrió que Rebeca era estéril; no podía tener hijos. ¡Qué! ¿Por qué iba a seleccionar Dios a una mujer estéril para Isaac, cuando Él había prometido que la Simiente llegaría a través de Isaac? La respuesta reside en el hecho de que las promesas de Dios no son automáticas; se tienen que adquirir y recibir por fe. Leemos: "Y oró Isaac a Jehová por su mujer, que era estéril; y lo aceptó Jehová, y concibió Rebeca su mujer" (Génesis 25:21).

La *Nueva Traducción Viviente* dice: "Isaac rogó al Señor a favor de su esposa, porque ella no podía tener hijos. El Señor contestó la oración de Isaac, y Rebeca quedó embarazada de mellizos". ¿Por qué oraba? Él rogó, diciendo: "Dios, tú prometiste que naciones y reyes vendrían a través de mí, y la Simiente vendría a través de mis descendientes. ¿Cómo puede suceder eso si mi esposa no puede tener hijos? Oro, Señor, que abras el vientre de Rebeca para que la Simiente prometida venga según tu promesa".

UNA LEY ESPIRITUAL

Hay una ley espiritual que debemos conocer y entender. La Escritura hace esta declaración: "Para siempre, oh Jehová, permanece tu palabra en los cielos" (Salmos 119:89).

Observa que *no* dice: "Para siempre permanece tu palabra en los cielos y en la tierra". No, afirma claramente que su Palabra se establece para siempre en el cielo; no se dice nada sobre la tierra. ¿Cómo permanece o se establece entonces su palabra en la tierra? Al examinar aún más las Escrituras, se nos dice: "Por *boca* de dos o de tres testigos *se decidirá todo asunto*" (2 Corintios

13:1, énfasis del autor). Observemos que es por *boca* de dos, o incluso tres, que se establecen los asuntos. Ahora mira lo que dice Dios: "Así será mi palabra que sale de mi *boca*; *no volverá a mí vacía*, sino que hará lo que yo quiero, y será prosperada en aquello para que la envié" (Isaías 55:11, énfasis del autor).

¿Cómo regresa a Él su Palabra? La respuesta es simple: por nuestra boca. Dios es el primero; nosotros somos los segundos. Por lo tanto, cuando hablamos con nuestra propia boca su Palabra que ya ha salido de su boca, ¡la establecemos en la tierra! ¿Ves este asombroso principio? Dios prometió que la Simiente vendría a través de Isaac, pero Isaac tuvo que declararlo con su boca para establecerla en esta tierra, tanto en su vida como en la de su familia.

Dios dice que, si honramos a nuestros padres, Él promete una larga vida. Si declaramos esta promesa *en fe*, establecemos lo que Él ya ha dicho en nuestra propia vida. Nosotros somos la segunda boca, la cual lo establece aquí en la tierra. ¡Estoy tan emocionado ahora mismo que apenas puedo contenerlo! Esto significa que podemos mirar a la enfermedad a la cara y declarar la promesa de pacto de Dios de vivir una larga vida, y esta tendrá que huir. Podemos declarar con confianza y seguridad en nuestros viajes, en la casa, o en cualquier lugar donde aceche el peligro. Podemos decir confiadamente: "No temeré a diez millares de gente, que pusieren sitio contra mí" (Salmos 3:6), porque "lo saciaré de larga vida, y le mostraré mi salvación" (Salmos 91:16).

También podemos declarar la promesa de que nos irá bien. Si estamos enfrentando dificultades, situaciones que parecen ser desoladoras y sin esperanza alguna, podemos decir con valentía: "He honrado a mi padre y a mi madre, la promesa de pacto para mí ¡es que me irá bien! En el nombre de Jesús, ordeno que las murallas de carencia, riña, depresión, malas circunstancias, (etcétera) retrocedan y se vayan".

Podemos hacer esto con cualquier promesa de pacto de Dios. La única diferencia entre los que caminan en una vida abundante y los que sufren carencia es lo que hemos declarado con nuestra boca. Dios dice: "Llamo al cielo y a la tierra como testigos en este día contra ti que he puesto delante de ti la vida y la muerte, las bendiciones y las maldiciones; por tanto, escoge la vida para que vivas tú y tus descendientes" (Deuteronomio 30:19, AMPC, traducción libre). Observa que tenemos que escoger la vida. ¿Por qué? Porque si no escogemos la vida (las bendiciones del pacto), la muerte ya está funcionando en la tierra. ¿Cómo escogemos entonces la vida? De nuevo leemos: "La muerte y la vida están en el poder de la lengua, y los indulgentes comerán de sus frutos" (Proverbios 18:21, AMPC, traducción libre).

Podemos estar de acuerdo con las promesas de pacto de Dios o con las maldiciones de carencia, enfermedad y muerte de Satanás. Es tan sencillo que muchos tropiezan en esta verdad. Por esta razón Santiago escribe:

> "Es cierto que todos cometemos muchos errores. Pues, si pudiéramos dominar la lengua, seríamos perfectos, capaces de controlarnos en todo sentido. Podemos hacer que un caballo vaya adonde queramos si le ponemos un pequeño freno en la boca... De la misma manera, la lengua es algo pequeño que pronuncia grandes discursos. Así también una sola chispa puede incendiar todo un bosque". —Santiago 3:2-3, 5 (NTV)

Una chispa diminuta puede incendiar todo un bosque. Por lo tanto, las palabras habladas en temor pueden traer destrucción a tu vida. La buena noticia es que tenemos las promesas de pacto de Dios; cuando las introducimos en nuestro corazón, nuestra boca las pronunciará como resultado. Santiago sigue diciendo que la lengua es como una fuente de agua; no puede dar agua dulce y agua amarga a la vez. La clave no está en la fuente, sino en la tierra, la fuente del agua. Aun así, no es la lengua, sino la fuente; es decir, lo que hay en nuestro corazón, porque Jesús dice: "porque de la abundancia del corazón habla la boca" (Lucas 6:45).

Dios dice que tendrás una vida larga y buena si honras a tus padres. Al leer estas palabras, el Espíritu Santo está plantando esta verdad en tu corazón, y comenzarás a hablar en consonancia. No bases tu fe en Dios en las experiencias de otros, sino más bien en la integridad de la Palabra de Dios. Sé que no moriré prematuramente; esta promesa está profundamente arraigada en mi corazón, y Dios está vigilando su palabra para cumplirla.

EL LLAMADO DE LA ESPOSA A HONRAR

Con respecto al papel de la esposa leemos: "Que la esposa respete y venere a su esposo [que le preste atención, lo considere, lo honre, lo prefiera y lo estime; y que lo alabe, lo ame y lo admire mucho]" (Efesios 5:33, AMPC, traducción libre).

Vaya, ¡eso es mucho! Puedes ver que Pablo dice con mucho detalle que la esposa debe honrar a su propio marido. (Más adelante en el libro, me enfocaré en la honra del esposo hacia la esposa).

El esposo es la cabeza del hogar. Los hombres machistas no inventaron esto; es una idea de Dios. Es imposible tener paz verdadera y bendición en un hogar donde el esposo no es respetado como la cabeza. Por el contrario, cuando una mujer de

Dios valora a su esposo como el líder del hogar, ella recibirá la recompensa del honor. Puede venir directamente a través de él, pero a veces puede venir por otras vías.

Recientemente, estaba ministrando en una iglesia muy grande en Europa. Una mujer me dijo: "John, tú eres la razón de que yo esté en esta iglesia".

Me quedé un tanto sorprendido. Entonces ella me contó su historia. Hace años atrás, la iglesia pasó por una transición en el liderazgo. Ella y su esposo tenían que viajar mucho para asistir, así que les pareció un buen momento para probar otras iglesias que estuvieran más cerca de su hogar. Tras visitar varias, a ella le gustaba una iglesia que había cerca de su vecindario. Sin embargo, el esposo sintió que no era el lugar donde debían asistir; él sentía que debían regresar a su iglesia original. Ella lo hizo con reticencia, pero siguió asistiendo a la otra iglesia los domingos por la tarde.

Ella se involucró y apegó más a la nueva iglesia. Finalmente, sus líderes la desafiaron: "¿Cuándo le vas a decir a tu esposo que tienes que obedecer la guía de Dios de venir a nuestra iglesia?". (Este tipo de liderazgo me horroriza).

Sus palabras la influyeron, y le trasmitió a su esposo la decisión de cambiarse de iglesia; después concertó una cita con el pastor de la iglesia original para informarle que se iba aunque su esposo siguiera asistiendo. La noche antes de la reunión consiguió un ejemplar de mi libro *Bajo el abrigo*, en el que hablo del diseño de Dios para la autoridad.

Ella me dijo: "John, me quedé despierta toda la noche leyéndolo. Lloré durante todo el libro al darme cuenta de mi rebelión hacia Dios y mi esposo. Al día siguiente me arrepentí con mi esposo y con mi pastor".

Ella regresó voluntariamente a su antigua iglesia. Tras unos meses, la esposa del pastor le presentó a una mujer en la iglesia. Resultó que ambas tenían una visión similar para iniciar una empresa, así que comenzaron el negocio. Hoy son muy exitosas y están invirtiendo mucho dinero de su negocio en el reino de Dios.

Ella dijo: "John, si me hubiera quedado en la otra iglesia, finalmente habría dejado a mi esposo y nunca habría entrado en el llamado a los negocios que hay en mi vida". También me compartió que la iglesia cuyos líderes la persuadieron para no hacer caso al liderazgo de su esposo ya no existía. Ella honró a su esposo, lo que tuvo como resultado tanto la protección como la recompensa.

ESPOSAS CON ESPOSOS NO CREYENTES

El apóstol Pedro escribe en los mismos términos que Pablo:

> "Mujeres casadas, sean sumisas a sus esposos [subordínense como secundarias y dependientes de ellos, y adáptense a ellos], para que si incluso alguna persona no obedece la Palabra [de Dios], puedan ser ganados no por la discusión sino por las buenas vidas de sus esposas, cuando observen la forma pura y modesta en la que se conducen, junto a la reverencia [hacia su esposo; tienes que sentir por él todo lo que incluye la reverencia: respeto, deferencia, veneración; honrar, estimar, apreciar, valorar y en el sentido humano, adorarlo; es decir, admirarlo, alabarlo, dedicarte a él, amarlo profundamente y disfrutar de tu esposo]".
>
> —1 Pedro 3:1-2 (AMPC, traducción libre)

Pedro nos muestra que, incluso aunque el marido de la esposa no sea salvo, es su conducta honrosa la que lo alcanzará, no su predicación o enseñanza. Conozco a hombres que han sido ganados para el Señor por esta conducta de sus esposas. Un gran ejemplo es Smith Wigglesworth, uno de los hombres más grandes de Dios en Europa a principios de la década de 1900.

Wigglesworth era plomero, y con el tiempo se había enfriado mucho hacia Dios. No quería saber nada del cristianismo. Su esposa Polly, por el contrario, era una creyente muy consagrada. De hecho, su celo por Dios fue aumentando todo el tiempo. Su devoción hizo que la laxitud de Wigglesworth fuera cada vez más obvia, y él se irritaba solo con su presencia.

Él la persiguió duramente por su fe y, en términos muy claros, le dijo que no fuera a la iglesia. Ella no se sujetó a su imposición, porque era contraria a la voluntad de Dios (de nuevo, como dije antes, debemos someternos a la autoridad mientras no nos diga que hagamos algo que viole la Palabra escrita de Dios).

Ella le hacía la cena y se iba para la reunión del domingo por la tarde. Una noche regresó a casa, proveniente de la iglesia, más tarde de lo habitual. Al entrar en casa, Smith le exigió: "Soy el dueño de esta casa, y no voy a permitir que llegues a casa a una hora tan tarde como esta".

Polly calladamente respondió: "Sé que eres mi esposo, pero Cristo es mi Señor".

Muy molesto y airado, Wigglesworth abrió la puerta de atrás y le obligó a salir de la casa, cerrando la puerta con cerrojo. A la mañana siguiente, Smith abrió la puerta para recoger el periódico, y al hacerlo ella entró en la casa al caerse (había dormido apoyada contra la puerta toda la noche). De inmediato se

levantó y dijo felizmente: "Smith, ¿qué quieres para desayunar?".
Entonces procedió a prepararle el desayuno.

Resultó después, que la determinación de Polly de obedecer
a Dios y honrar a su esposo tuvo un gran efecto en Wigglesworth.
Él finalmente tuvo una gran convicción y se rindió por completo
al servicio de Jesucristo, y su obra es aún respetada y nombrada
en estos días. Muchos fueron salvos, sanados, incluso resucitaron de los muertos mediante su ministerio.

La recompensa de Polly en el tribunal de Cristo será enorme
por todos los cientos de miles de personas que fueron impactadas por el ministerio de él. Ella recibió no solo la recompensa de
un esposo cambiado sino también una gran cosecha en la vida
venidera.

¿Está quedando claro ahora? Se nos enseña a honrar no solo
por causa de aquellos a los que honramos, sino por causa del
reino y también por nosotros mismos. Personalmente perdemos
si retenemos la honra de aquellos a quienes debemos honrar.

10

HONRAR A LOS LÍDERES DE LA IGLESIA

Como dije anteriormente, el reino de Dios es precisamente eso: un reino. Por lo tanto, en la iglesia habrá una autoridad establecida y un orden de rango. Al honrar al líder de la iglesia, con ello estamos honrando a Jesús; y, al honrar a Jesús, honramos a Dios Padre (ver Mateo 10:40-41). Cómo actuamos, hablamos e incluso pensamos de un líder es como tratamos a quien envió al líder.

Dios entonces dice: "Porque yo honraré a los que me honran, y los que me desprecian serán tenidos en poco" (1 Samuel 2:30). Nuestra actitud hacia Dios se refleja en nuestra conducta hacia los líderes de la iglesia. No puedes decir que temes a Dios si no respetas a la autoridad de la iglesia.

"¡YO TEMO A DIOS, NO AL HOMBRE!"

Nunca olvidaré un encuentro en una reunión que refleja muy bien esta verdad. Tras predicar sobre la importancia de ser libres de la ofensa, un gran número de personas respondieron a mi llamado a pasar al frente para orar. En este grupo grande destacaba un joven, de quien percibí que habría sufrido mucho dolor en su vida. Lo llamé a la plataforma para ministrarle un poco más. Cuando subió, otro hombre salió de entre la multitud y se acercó y se subió a la plataforma con nosotros.

El segundo hombre tenía una coleta larga y vestía tejanos, un chaleco de cuero negro y una camiseta, y llevaba ambos brazos llenos de tatuajes. Tenía una mirada salvaje y estaba definitivamente nervioso. Observé que el primer joven se puso tenso de inmediato y que ya no tenía libertad para recibir.

Me dirigí al segundo hombre y con educación le pedí que se bajara de la plataforma.

Él me miró con furia y me dijo de forma brusca: "¡No!".

Tras el impacto inicial de su abierta desconsideración a mi petición, me repuse y dije: "Señor, no seguiré hasta que usted se baje".

Él dijo de nuevo: "¡No!".

Yo estaba ligeramente frustrado, cuestionando en mi mente por qué los ujieres no me ayudaban a bajar a ese hombre de la plataforma. Entonces se me ocurrió que todos le tenían miedo. Plenamente consciente de que estaba tratando con un hombre rebelde sin respeto alguno por la autoridad, tuve que ser firme, mantenerme en mi autoridad y confiar en Dios. Sabiendo que no podía ayudar a este joven según estaban yendo las cosas, persistí: "Señor, ahora le ordeno que baje de esta plataforma".

Él me volvió a mirar con furia y dijo: "¡No!". Tras una incómoda pausa soltó: "¡Yo temo a Dios, no al hombre!".

Este hombre no temía a Dios; temía a una imagen de Dios, una que él había inventado en su propia mente y corazón que no era el verdadero Dios del cielo y de la tierra. Si verdaderamente temiera a Dios, me honraría a mí como siervo de Dios y se sometería a mi petición.

Yo no cedí, así que busqué interiormente la ayuda del Espíritu Santo. De repente, como si alguien me lo hubiera dicho, simplemente supe que este hombre era el padre del joven. Así que se lo pregunté, y él me confirmó que lo era. Yo dije: "Señor, si quiere que su hijo reciba ayuda de Dios, tiene que bajar de la plataforma; si no lo hace, usted será responsable de retener el poder sanador de Dios para que no llegue a su hijo".

Estas palabras parecieron penetrar en su dureza, lo justo para que con reticencia se bajara de la plataforma, aún con una mirada feroz enfocada en mí. El hijo finalmente se abrió de nuevo para ser ministrado y fue tocado poderosamente por Dios. Fue verdaderamente asombroso lo que Dios hizo en él. Se quebrantó y sollozaba.

Después de la reunión, me reuní con el padre en la oficina del pastor. Era un miembro de una banda de moteros de la ciudad. Era rudo y parecía inalcanzable, pero no me eché para atrás. Aunque hablé amablemente con él, nuestra confrontación se volvió tan intensa, que pensé que en cualquier momento me atacaría físicamente.

Le dije que era imposible que temiera a Dios y que no tuviera respeto hacia sus siervos. Temer a Dios es respetar a las autoridades que Él establece. Le dije por qué estuvo mal que él desestimara mi petición de bajarse de la plataforma.

Finalmente, se ablandó un poco. Incluso así yo no me ablandé, y tras enfocarme persistentemente en la verdad de la Palabra de Dios, él finalmente se quebrantó y comenzó a llorar. Resultó ser que su propio padre lo hirió profundamente, y su perspectiva de la vida, de la autoridad, y de Dios, se había visto afectada por el abuso de su padre. Como no había perdonado a su padre, repitió algunas de las mismas conductas ofensivas con su propio hijo. Antes de irme, estaba sollozando tiernamente como un bebé.

Una vez que vio su error y reconoció el liderazgo del pastor y el mío, se disculpó con nosotros, entonces pudo recibir de Dios de una forma espectacular. La ironía de nuestro encuentro fue que terminó tratándome como a uno de sus héroes. Este hombre, que en un principio actuó como si fuera a hacerme daño, terminó teniéndome en alta estima.

DESHONRA SUTIL

El ejemplo anterior es un caso extremo; sin embargo, la raíz de la actitud es más prevalente en creyentes de lo que pensamos. La deshonra de este hombre era manifiesta. Él no escondía nada, y eso en realidad hizo que fuera más fácil alcanzarlo. Iba a cara descubierta en cuanto a su actitud; sin embargo, muchos otros están en el mismo barco, pero muestran su deshonra de una forma distinta. Por miedo a que los etiqueten como maleducados o rebeldes, muestran una expresión cooperativa y hablan en consonancia, pero llevan la deshonra por dentro. Se manifiesta externamente de formas más sutiles.

Estas personas de las que hablo honran a los líderes con sus labios, pero su corazón está lejos de honrar a los siervos que Dios establece. Se muestra externamente por el modo en que responden a las ofrendas, el cambio de dirección, o varias peticiones que hace el liderazgo. El pastor pide a los miembros que asistan a una noche especial de adoración, y solo acude una décima parte de la congregación. O pide a los miembros que salgan a evangelizar una vez al mes, y quizá aparece un veinte por ciento de la congregación.

Voy a muchas iglesias donde asisten miles; tienen entre dos y cuatro servicios los domingos. Por lo general, en casi todas esas reuniones se llena el auditorio. Pero si el pastor hace un llamado a una reunión de oración el lunes en la noche, muchas veces aparecen solo doscientas personas. ¿Por qué? Por la falta de honra hacia el pastor.

Quizá pienses: *John, eso es demasiado extremista.* Déjame darte otro ejemplo que podría ayudar a demostrar que no lo es. Supongamos que el pastor anuncia a todos sus miembros un domingo cualquiera: "Vamos a tener reuniones especiales de oración los lunes en la noche durante este mes. Los cuatro lunes siguientes en la noche, nos reuniremos de siete a ocho de la tarde en la iglesia". Hasta aquí, el anuncio no es muy atractivo para el 80 por ciento de los miembros, especialmente porque interferirá con el *futbol de los lunes en la noche.*

Entonces el pastor dice lo siguiente: "Al terminar la última noche de oración especial, una mujer rica de nuestra ciudad dará un cheque de quinientos mil dólares a cada persona que haya asistido a las cuatro reuniones de oración".

¿Cuál sería la asistencia? Imagino que no habría espacio suficiente para todos los que asistirían. La gente llegaría temprano para asegurarse un lugar por miedo a no poder entrar en la iglesia.

¿Cómo responderías tú? No te engañes, porque eso cubrirá la verdad de los motivos de tu corazón.

Sinceramente, hazte dos preguntas: Primero, ¿habrías asistido a esas reuniones de oración sin el anuncio del dinero prometido? Segundo, ¿asistirías a esas reuniones con la promesa del medio millón de dólares? Piénsalo: podrías pagar tu casa y tu automóvil, y tendrías mucho dinero de sobra para otros intereses.

Si tu respuesta fue no a la primera pregunta y sí a la segunda, entonces acabas de descubrir lo mucho que valoras la palabra de tu pastor. Recuerda que honrar es valorar.

Dios dice: "Obedeced a vuestros pastores, y sujetaos a ellos; porque ellos velan por vuestras almas" (Hebreos 13:17). Esta es la instrucción de Dios para su pueblo; tenemos que obedecer a nuestros líderes de la iglesia. Por lo tanto, si en tu honesta evaluación has descubierto que lo harías por el dinero, pero no lo harías solo porque tu pastor lo pidiera, entonces ¿quién es tu señor? Jesús dice que solo hay dos señores a los que podemos obedecer: a Dios o a las riquezas (ver Mateo 6:24).

Permíteme hacerte algunas preguntas difíciles: ¿Llegas a las reuniones a tiempo? ¿Ves que internamente te resistes cuando tu pastor pide dar una ofrenda especial? ¿Ignoras constantemente el llamado de tus líderes a ayudar sirviendo en la iglesia o en tu comunidad? ¿Pones excusas en cuanto a por qué no asistes a la reunión especial el domingo en la noche? Ahora pregúntate: si te hicieran la promesa de los quinientos mil dólares para cada una de estas peticiones, ¿habrías tomado una decisión diferente? Si es así, ¿por qué? Dejaré que respondas a esta difícil pregunta, pero recuerda: sé sincero. Al dar tu respuesta, ten en mente las palabras de Jesús: "El que a vosotros recibe, a mí me recibe; y el que me recibe a mí, recibe al que me envió" (Mateo 10:40). De nuevo, se podría decir: "El que a vosotros honra, a mí me honra; y el que me honra a mí, honra al que me envió". Cuando valoras la palabra de tu pastor, valoras la palabra de Dios, porque Dios lo ha enviado a ti.

Ahora entendemos por qué hay tantas personas que no prosperan en la vida. Leemos: "Plantados en la casa de Jehová, en los atrios de nuestro Dios florecerán" (Salmos 92:13). Cuando estamos plantados en la iglesia florecemos en la vida, tanto ahora como en el tribunal de Cristo. Observa que el salmista no dice: "Los que asisten a la casa del Señor". Puedes asistir a la iglesia y no estar plantado. Estar plantado significa que es donde inviertes tu vida para servir a Dios. Es donde das, sirves y obedeces al liderazgo. Cuando somos plantados valoramos nuestra iglesia local, así como un árbol valora el terreno del que recibe vida.

Quizá tengas brotes de prosperidad, éxito y felicidad sin estar plantado en la iglesia, pero no experimentarás la longevidad de estas bendiciones. No deberíamos desear bendiciones esporádicas; más bien lo que perdura y produce un gran placer y satisfacción en nuestros últimos años, y principalmente en el tribunal de Cristo, donde todas las cosas serán reveladas.

Si estás plantado en la iglesia, valorarás las palabras de los líderes de tu iglesia. No tomarás a la ligera lo que te pidan. Entonces temerás a Dios, y al temer a Dios honrarás a los líderes que Él ha establecido. Al honrar a sus líderes, recibirás la recompensa completa que Dios tiene preparada para ti.

TÉNGANLES MUCHO RESPETO

Se nos enseña: "Amados hermanos, honren a sus líderes en la obra del Señor. Ellos trabajan arduamente entre ustedes y les dan orientación espiritual. Ténganles mucho respeto y de todo corazón demuéstrenles amor por la obra que realizan" (1 Tesalonicenses 5:12-13, NTV).

En cerca de cuarenta años de ministerio, siete de los cuales fue en iglesias locales y el resto viajando, he observado que los creyentes más satisfechos, tranquilos, felices, prósperos y exitosos son los que tienen mucho respeto y tienen amor sincero y devoción por los líderes de sus iglesias. Dios nos enseña a hacer esto, así que ¿no tendría sentido que este testimonio fuera cierto? Lo contrario también es cierto.

A lo largo de los años he conocido a personas a ambos lados de este abanico. Me he encontrado con algunos que se consideran a sí mismos igualmente calificados que sus pastores. Soportan a su líder solo porque él o ella ocupa esa posición. Estas personas creen que podrían hacerlo igual de bien que su líder o incluso mejor a la hora de liderar la iglesia o el ministerio. A menudo están esperando el momento de que Dios los "ascienda" a su ministerio. Ven a su pastor como alguien a quien se podría reemplazar fácilmente, y lo tratan igual que a cualquier otra persona.

De modo parecido, podría ser alguien que no tiene aspiración alguna en el ministerio; trabaja en el mundo laboral y asiste a la iglesia porque es lo correcto que debe hacer. Estos, a diferencia de los que describí arriba, ven a su pastor como alguien que desempeña un papel que casi cualquiera podría desempeñar, especialmente él o ella, pero escogieron una profesión en el mundo empresarial. Ven a los pastores como inferiores en inteligencia, razón por la cual terminaron en el ministerio.

En cualquiera de los casos, no encontrarás a estas personas alcanzando su pleno potencial en la vida. Sí, quizá les va bastante bien en los negocios o en el ministerio, pero no llegan hasta donde habrían llegado si se hubieran plantado en la iglesia y hubieran considerado el don de Dios, su pastor, como alguien valioso. La mayoría de las veces experimentarán dificultades en su matrimonio y con sus hijos; sufrirán médica y económicamente, y en muchas otras áreas de la vida.

UNA HISTORIA DESGARRADORA

Podría dar muchos ejemplos de personas que no valoran a sus líderes, que incluso los deshonran (y cubriremos el lado positivo del abanico enseguida); sin embargo, tengo un relato de un par de hombres que conozco que refleja con mucho detalle esta tragedia. Tengo un amigo que pastorea una gran iglesia. He ministrado en su púlpito regularmente por más de veinticinco años, pero lo conozco desde hace más de treinta y cinco.

Las personas de su iglesia lo respetan, así como numerosos líderes nacionales y globales.

Hace años atrás, ayudó a un joven a descubrir la dirección de Dios para su vida. Este joven, al que llamaremos Bill, se crió en un grupo denominacional que no creía en muchas de las verdades valiosas de la Palabra de Dios. Mi amigo, a quien llamaremos Randy, llevó a Bill a la llenura del Espíritu Santo y fue usado poderosamente por Dios para situarlo en una aventura ministerial muy productiva.

Poco después, Bill perdió su iglesia por aceptar el bautismo del Espíritu Santo. El pastor Randy fue con un grupo de personas y metió en cajas todas las pertenencias de Bill que tenía en su hogar, las cuales su denominación había dejado en la calle, y rentó un apartamento para Bill y su familia.

Finalmente, Bill llegó a ser pastor de una iglesia creciente en otra ciudad. Comenzó con poco, pero mediante el fuerte don de Dios sobre su vida, la iglesia creció rápidamente. Tras un par de años, compró un cine y se mudaron, dejando el almacén que rentaban para irse a este cine renovado. Él invitó al pastor Randy a ayudar con la dedicación del edificio debido a la influencia que Randy tenía en su vida. Era una ocasión magnífica.

La iglesia continuaba creciendo, pero Bill sufría por una adicción que había tenido camuflada. Continuó escalando, y los ancianos de la iglesia finalmente se dieron cuenta de su atadura.

Bill llamaba a Randy periódicamente para decirle que iba a renunciar, pero no le decía la razón. El pastor Randy animaba a Bill hasta que, un día, uno de los ancianos llamó a Randy y le contó la atadura de Bill. Randy de inmediato tomó un vuelo para acudir al lado de Bill y ayudarlo. Tristemente, los ancianos, aunque eran conscientes de la adicción de Bill, aún lo querían en el púlpito.

Cuando Randy escuchó lo que le contaron los ancianos, dijo: "Si intentan permitir que Bill permanezca en el púlpito, me quedaré en la reunión del domingo y expondré públicamente la situación. Ustedes no se preocupan por su familia; solo se interesan por ustedes y la iglesia. Pero si aceptan su renuncia, estaré disponible para ayudar en la transición de la iglesia".

Ese mismo día, el pastor Randy rescató a Bill y su familia, les pagó para que se mudaran cerca de su iglesia en otro estado, y encontró un empleo bien pagado para Bill. Con el tiempo, Bill se recuperó bajo el ministerio de Randy.

Más adelante, Randy incorporó a Bill a su equipo como uno de sus pastores asociados para ayudar a situarlo de nuevo en rumbo en cuanto al llamado de Dios en su vida. Mientras tanto, publicaciones cristianas escribieron historias de la liberación de Bill, y su fama creció como resultado de su testimonio. Tras un tiempo, Bill recibió una oferta para ir con otro ministerio y enseñar, y quizá establecer su propio ministerio itinerante. El pastor Randy sentía que Bill aún no estaba preparado para hacer este cambio, y le aconsejó que no lo hiciera. Bill sintió que su pastor estaba controlando y obstaculizando su destino, así que ignoró el consejo de Randy y se fue.

Pasó el tiempo, y finalmente Bill y yo tuvimos la oportunidad de cenar con otra pareja de líderes. Bill pasó gran parte de nuestro tiempo juntos quejándose del pastor Randy. Fue crítico en cuanto a cómo Randy dirigía la iglesia, el trato que recibió mientras estaba en su equipo, y la falta de acuerdo de su expastor con su partida. Recuerdo con todo detalle la alarma que sentí en mi corazón. Supe que estaba ofendido, lo que lo llevó a una cuesta abajo pronunciada en el modo que veía al hombre que hizo tanto por su vida.

Yo defendí a Randy en esa cena, pero pude ver que no conseguía nada. Sabía que no estaba bien discutir esas cosas sin que Randy estuviera allí para dar su visión de la historia, así que terminé nuestra discusión diciéndole a Bill que Randy era un padre en la fe para él, e incluso si Randy estuviera equivocado (y tuve cuidado de no decir que lo estaba), Bill hacía mal en hablar de él de forma tan crítica y deshonrarlo. Compartí con él otros ejemplos bíblicos que he compartido antes en este libro, pero Bill no cesaba en su desaprobación del pastor Randy.

Varios meses después, recibí una llamada del pastor Randy. Aún puedo oír la tristeza en su voz. Era como si alguien hubiera muerto. Bill publicó un libro, y uno de los capítulos trataba sobre cómo responder a iglesias y líderes controladores. Randy dijo: "John, quiero leerte cuatro páginas del nuevo libro de Bill". Procedió a leer el reporte difamatorio de Bill acerca de Randy, su equipo y su iglesia. Aunque no se mencionaban nombres, era obvio sobre quién estaba escribiendo. Después de todo, esta era la única iglesia en la que había tenido el puesto de pastor asociado; y debido al estatus nacional de la iglesia de Randy, muchos de los que leyeron su libro supieron quién era el líder del que hablaba. Según lo que decía el libro de Bill, habrías pensado que el pastor Randy era un loco del control. (El dato interesante es que, en los años que he viajado a la iglesia de Randy, se han producido muy pocos relevos en su gran equipo de trabajo. Son muy dedicados y lo aman profundamente).

Tras terminar de leer las cuatro páginas, Randy dijo: "John, puedo con esto a nivel personal; sin embargo, mi dolor viene por los miembros de nuestra iglesia [que eran miles] que puedan leer esto, y tú sabes cuántos lo leerán puesto que él fue pastor aquí. Esto podría envenenarlos fácilmente, lo que obstaculizaría su capacidad de recibir de Dios en nuestra iglesia".

A mí se me partió el corazón. No podía creer lo que oían mis oídos. Randy rescató a Bill de una situación en la que pocos hubieran ayudado. Aceptó a Bill, se interesó por él y lo restauró. ¿Cómo podía Bill haber hecho esto? Supe que sembró semillas de deshonra, y la cosecha no sería bonita. De hecho, sería devastadora a menos que se arrepintiera.

Pocos años después, Bill tomó otra posición como pastor. De nuevo hizo que la iglesia creciera debido al don de Dios sobre su vida. (El don de Dios operará hasta cierta medida de éxito, aunque no estemos en línea con el corazón de Dios). Sin embargo, la cosecha de seguro llegaría. De nuevo cayó en su vieja atadura. Esta vez fue incluso peor, ya que devastó directamente a otra familia. Las consecuencias rápidamente tuvieron un efecto dominó en la iglesia y la comunidad. La iglesia se quedó en un estado de parálisis, y muchos se ofendieron y se decepcionaron.

Si Bill hubiera honrado a su padre espiritual, creo que habría lanzado su propio ministerio en el momento adecuado, no habría caído una segunda vez; y hasta ahora sería un gran testimonio de cómo Dios puede liberarnos y restaurarnos del pecado. Sin embargo, debido a su deshonra hacia su padre espiritual, tenemos una tragedia que ha herido a demasiadas personas. Se podía haber evitado. Al contar esta historia, espero que esta tragedia pueda evitarse en las vidas de otros.

Bill tiene un don asombroso en su vida para enseñar la Palabra de Dios. De hecho, yo solía maravillarme de las revelaciones que recibía. He oído a otros que lo conocían, y que se sentaron bajo su ministerio, comentar sobre el poder de sus enseñanzas. Qué trágico. Si Bill hubiera honrado a su padre espiritual, les habría ido bien a él y a los que influía.

El apóstol Pablo dice: "Porque aunque tengáis diez mil ayos en Cristo, no tendréis muchos padres" (1 Corintios 4:15). Debemos recordar que Dios dice que caemos bajo maldición cuando deshonramos a nuestro padre. Esto no solo es aplicable a nuestro padre natural, sino también a nuestro padre espiritual. Personalmente creo que muchos accidentes trágicos se podrían haber evitado si quienes estuvieron involucrados hubieran desarrollado un verdadero honor en su corazón y se hubieran guardado de la ofensa, especialmente con respecto a sus padres y madres espirituales.

DOS O TRES TESTIGOS

El hombre que me puso por primera vez en el ministerio perdió a toda su iglesia de ocho mil miembros. La iglesia ya no existe en la actualidad, debido a que el pastor dejó a su esposa por una mujer más joven. Le dijo a la congregación que dejaba a su esposa y que, si no les gustaba, se podían ir a otra iglesia. Fue un golpe devastador. Trágicamente, muchos hombres siguieron su curso de acción y se divorciaron de sus esposas en la iglesia.

Muchos de los que servían conmigo cuando yo trabajaba en esa iglesia se volvieron muy críticos con este hombre. Yo también empecé a recorrer el mismo camino, ya que estaba frustrado y enojado con él. El honor que tuve hacia él en mi corazón por haber sido mi padre espiritual comenzó a decaer muy rápido. Yo me había ido de esa iglesia cinco años antes. Él nos dejó ir a Lisa y a mí con su bendición para ocupar un nuevo puesto ministerial en otro estado pero, aunque ya no pertenecíamos a esa iglesia, sentía que cada vez estaba más frustrado y enojado con él.

Entonces, durante un periodo de dos semanas, tuve cuatro sueños sobre mi antiguo pastor. Raras veces recuerdo mis sueños, de modo que, tener cuatro sueños en dos semanas y que me acordara de ellos era algo completamente inusual. Casi me da vergüenza escribir esto, pero no fue hasta después del cuarto sueño cuando finalmente me di cuenta de que Dios me estaba diciendo algo. Pregunté en oración: "Padre, ¿qué me estás queriendo enseñar con estos sueños?".

De inmediato oí una voz firme que decía: "Él es mi siervo. ¡Deja de juzgar a mi siervo!".

No me correspondía a mí criticar o juzgar a mi antiguo pastor, quien fue un padre para mí. Cuando me di cuenta de esto, me arrepentí y le escribí una carta disculpándome.

Un par de meses después de que se divorció de su esposa se casó con una mujer más joven, y poco después la iglesia se redujo a cuatrocientos miembros. Él intentó salvar la iglesia, pero era cuestión de tiempo hasta que las puertas se cerraran permanentemente. ¿Te irías de una iglesia si el pastor está abiertamente en pecado y no se arrepiente de ello? La respuesta es absolutamente sí. Pablo escribe:

"Les escribí en mi anterior carta que no se relacionen de forma habitual con personas impuras. No se aparten del todo de las personas inmorales de este mundo, o de los avariciosos, y estafadores, y ladrones o idólatras, ya que si lo hicieran tendrían que irse de este mundo y de esta sociedad. Pero ahora les escribo que no se relacionen con nadie que se lleve el hombre de hermano si se sabe que es culpable de inmoralidad o avaricia, o es idólatra, o es una persona que habla mal o es un borracho o estafador o ladrón. No deberían ni siquiera comer con tales personas".   —1 Corintios 5:9-11 (AMPC, traducción libre)

Pablo dice claramente que no debemos relacionarnos cercanamente con un "cristiano" que viva en inmoralidad. Este líder actuó de manera inmoral al divorciarse de su esposa solo porque no se llevaban bien, mientras que tenía una mujer más joven a la espera para casarse con ella. Según Jesús, está bastante claro, porque Él afirma: "Y yo os digo que cualquiera que repudia a su mujer, salvo por causa de fornicación, y se casa con otra, adultera; y el que se casa con la repudiada, adultera" (Mateo 19:9).

Por lo tanto, si no debemos comer con un "cristiano" que está viviendo en pecado voluntariamente, entonces ciertamente no debemos participar de su espíritu; no debemos sentarnos bajo el ministerio de un hombre que esté en este estado. Si se arrepiente, entonces podemos recibir de él nuevamente.

Ahora podrías preguntar: "Pero John, ¿no sería eso juzgarlo?". Para responder, realmente estaríamos juzgando su fruto. Debemos juzgar el fruto, las acciones de los hombres, no los motivos de su corazón. Pablo dice: "No es mi deber juzgar a los de afuera, pero sí es responsabilidad de ustedes juzgar a los que son de la iglesia y están en pecado" (1 Corintios 5:12, NTV).

Sin entrar en detalles, yo estaba juzgando la motivación del corazón de mi pastor, y por esa razón Dios tuvo que advertirme a través de sueños. Solo Dios puede juzgar las verdaderas motivaciones del corazón de un hombre. Pablo dice:

> "Así que no juzguen a nadie antes de tiempo, es decir, antes de que el Señor vuelva. Pues él sacará a la luz nuestros secretos más oscuros y revelará nuestras intenciones (motivaciones) más íntimas".   —1 Corintios 4:5
> (NTV, palabras entre paréntesis del autor)

Por esta razón, mantengo la esperanza con respecto a la vida de mi antiguo pastor.

Para ayudar a aclarar esto, una vez estaba hablando con una persona en el ministerio que estaba afectada por un mensaje que otro ministro compartió en una conferencia. Este amigo estaba procesando el sermón mientras hablaba por teléfono conmigo, y citaba versículos para demostrar claramente el error en este mensaje. Yo estaba de acuerdo con todo lo que esta persona decía con respecto del mensaje (otros ministros expresaron la misma preocupación). Sin embargo, la persona al teléfono dijo: "Creo que este ministro trajo esta enseñanza para tener un mensaje único que le abra las puertas en iglesias más grandes y conferencias".

Yo detuve de inmediato a este amigo al teléfono y le dije: "Ahora estás juzgando sus intenciones, y eso no está bien".

Le dije a mi amigo que estaba bien juzgar el fruto, lo que dijo o hizo, en este caso el mensaje, pero no la intención. Solo Dios puede hacer eso. Eso es lo que yo estaba haciendo con mi pastor y la razón por la que Dios me dio un firme aviso.

Esas cuatrocientas personas que se quedaron bajo el liderazgo de mi antiguo pastor después de que se casó con la mujer joven entraron en una situación ministerial muy pervertida. Su lealtad no era bíblica. Se quedaron en una atmósfera de un espíritu equivocado, no en la atmósfera del Espíritu Santo.

Hasta la fecha, sigo honrando a mi antiguo pastor, aunque no se ha arrepentido públicamente (ahora está casado con una tercera mujer). Si él tuviera una iglesia, yo no me pondría bajo su ministerio, pero tendrá un lugar de honor en mi corazón durante el resto de mi vida. Recuerdo que, incluso después de que Dios juzgó a Saúl, David siguió honrándolo, le cantaba un canto de amor, y enseñó a los hombres de Judá a hacer lo mismo.

Si mi antiguo pastor me llamara hoy para pedirme ayuda, se la daría todo lo que pudiera y lo más rápido posible. Él me enseñó muchas verdades maravillosas de la Palabra de Dios, y hasta el día de hoy disfruto del beneficio de eso. Él creyó en mí y me dio la oportunidad cuando nadie más lo hizo. Cuando yo estaba verde e inmaduro y cometía muchos errores, él me perdonaba y me animaba. Siempre lo honraré. Incluso al escribir estas palabras, lo cual hago solo para ayudar a otros, me entristezco de corazón por el dolor que tanto él como otros infligieron por las decisiones que tomaron. Espero que se arrepienta y vuelva a ser el gran líder que antes fue. La Escritura afirma que la esperanza de Dios no se desvanece ni se debilita (ver 1 Corintios 13:7).

Por otro lado, muchos hoy se irán de sus iglesias por haber oído rumores de que su pastor ha cometido pecado. No, ¡y mil veces no! No deberíamos escuchar los rumores. Se nos dice: "Contra un anciano no admitas acusación sino con dos o tres testigos" (1 Timoteo 5:19).

Un testigo es alguien que tiene evidencia irrefutable que podría utilizar en un juicio. No dos personas que estén conspirando juntas, o unas cuantas personas que estén difundiendo el mismo rumor. No, dos o tres personas que tengan evidencias por separado. ¿Por qué escribe esto Pablo? Para protegernos.

Piénsalo: si creemos un rumor acerca de un líder, eso abre la puerta a la sospecha o la creencia inexacta. La deshonra entra fácilmente en nuestro corazón. Si deshonramos al líder, ya no podemos recibir el galardón que Dios tiene para darnos a través de ese líder. Por eso a tantos occidentales les cuesta trabajo recibir de Dios. En nuestra generación ha habido muchos escándalos en el ministerio, lo que ha fomentado las sospechas en el corazón de multitudes. Muchos están hastiados, y hasta son cínicos, en la iglesia hoy, una actitud que no cultiva en modo alguno el honor. Este ha sido el plan del enemigo: contenernos e impedir que recibamos a través de los canales del cielo, que son los líderes de Dios.

Ana pudo recibir de Elí aunque finalmente la vida de glotonería y egoísmo que vivía quedó expuesta y como resultado llegó el juicio. Ella mantuvo su corazón limpio de una actitud cínica, aunque sintió el golpe del carácter deteriorado de Elí al llamarla "ebria". Ella actuó en lugar de reaccionar. Muchos hoy reaccionan a los sufrimientos del fallo ministerial en el cual han caído muchos de los líderes de iglesias occidentales.

En años de ministerio he oído muchas noticias negativas de líderes, pero tengo una convicción personal arraigada en el versículo de arriba de 1 Timoteo que dirige mi vida. Automáticamente desecho una noticia negativa si solo viene de una persona, o si no hay una evidencia concreta al menos de dos personas. Debo tener evidencia por separado al menos de dos personas para creer la noticia. Si pongo peso alguno en estas noticias, eso bloqueará mi capacidad de recibir del cielo. Todos los líderes tienen una recompensa del cielo. Yo personalmente no quiero perderme nada de lo que Dios tenga para mí, y creo que tú deberías sentir lo mismo.

EL OTRO LADO DEL ABANICO

Al mirar al otro lado del abanico, he conocido y he llegado a querer a muchos en la iglesia que han honrado y dado todo su amor y devoción a los líderes. Algunos están en los equipos en iglesias, algunos están asociados con los líderes, y muchos otros son miembros de iglesias o socios de estos ministros.

Ha sido un deleite ver cómo Dios ha ascendido a estas personas con los años. A veces parece que no están asumiendo más responsabilidades o ascendiendo rápidamente, pero después de ver a muchos de ellos durante el transcurso de diez, veinte, treinta e incluso cuarenta años, he visto un aumento firme, pero seguro en sus vidas en muchos aspectos.

Recuerdo que muchos estaban muy enojados con mi pastor original del que he hablado antes; desarrollaron actitudes que no cultivaban el honor. Se volvieron críticos y muchos sufrieron trágicos resultados. Algunos se divorciaron, otros sufrieron cosas terribles con sus hijos, y otros pasaron por la ruina económica. Otros se hicieron cargo de otras iglesias o las iniciaron, y tras años de trabajo no pudieron construir una iglesia creciente y próspera.

En un caso extremo, recuerdo a una mujer que trabajaba conmigo que fue a la televisión y habló en contra de mi pastor (el que perdió toda la iglesia). Ella tenía una salud perfecta, pero dos meses después murió repentinamente de un grave aneurisma cerebral. ¿Creo que fue coincidencia? Solo Dios conoce esa respuesta. Pero sé que Pablo dice que muchos creyentes no disciernen el cuerpo del Señor y por eso "hay muchos enfermos y debilitados entre vosotros, y muchos duermen (murieron prematuramente)" (1 Corintios 11:30, palabras entre paréntesis del autor). Pablo escribió esto en el contexto de la comunión. Sin embargo, la verdad se aplica también a otras áreas de la vida cristiana. Hay mucho más para discernir el cuerpo del Señor que beber zumo de uva y comer un pedazo de pan.

Por otro lado, vi a muchos hombres y mujeres que sufrieron a manos de mi antiguo pastor, pero guardaron un corazón de amor y honor para con él, igual que hizo David, ¡y todos ellos tienen éxito hoy! Los he visto prosperar en el ministerio, en las empresas, en la vida. Sus matrimonios se han mantenido fuertes; sus hijos se han mantenido enamorados de Dios y han prosperado. Viven una vida plena y abundante porque han caminado en honor e integridad. Han guardado su corazón y han puesto candado a su boca. Han agradado el corazón de Dios.

¿Por qué no iba a querer alguien la buena vida que Dios desea para nosotros? ¿Realmente vale la pena volverse crítico, cínico o insensible? ¿Qué fruto produce esto? Al ver los resultados a largo plazo, no quiero tener nada que ver con este tipo de actitud, sin importar cómo me haya tratado un líder. Sencillamente no vale la pena. Pero la razón más importante de todas es esta: las personas de la Biblia que honraron a sus líderes fueron los que se mantuvieron cerca del corazón de Dios. Para mí, esa es la recompensa más importante de todas: conocer el corazón de Dios y tener una comunión profunda con Él. No hay nada más grande en la vida.

11

DOBLE HONOR

> Los ancianos que gobiernan bien, sean tenidos por dignos de doble honor, mayormente los que trabajan en predicar y enseñar. Pues la Escritura dice: No pondrás bozal al buey que trilla; y: Digno es el obrero de su salario".
> —1 Timoteo 5:17-18

Este es el único lugar en toda la Escritura en el que encontrarás el "doble honor" con respecto a la autoridad. Debemos dar a los ministros del evangelio el doble de honor que daríamos a otros líderes.

Hablando en términos prácticos, ¿cómo se hace eso? Nuestra conducta y forma de hablar a los líderes cristianos deberían ser con el máximo respeto. Deberíamos dirigirnos a ellos con formalidad, usando "Pastor", "Señor", "Señora", etc., a menos que ellos nos digan lo contrario. Deberíamos mantener el contacto visual con ellos en todo momento durante nuestras conversaciones, y no irnos hasta que sepamos que han terminado de hablarnos.

Cuando un líder enseña la Palabra de Dios, deberíamos escuchar atentamente. Permitir que nuestra mente divague es deshonrar. Recuerda que el honor se muestra no solo en acciones y palabras, sino también en los pensamientos. Por esta razón, Pablo nos exhorta: "Ocúpate en la lectura, la exhortación y la enseñanza" (1 Timoteo 4:13).

Conversar con la persona que está a nuestro lado mientras estamos en un servicio es deshonrar al que está hablando, y también al Espíritu Santo mismo. Deberíamos dejar toda interacción personal hasta el final de la reunión. Tampoco deberíamos usar las redes sociales, enviar mensajes de texto a nuestros amigos, usar nuestro teléfono para hablar o salir de la reunión antes de su conclusión. No deberíamos llegar tarde a la reunión o el servicio. ¿Cómo responderían nuestros jefes si llegáramos quince minutos tarde a trabajar cada mañana? No pensaríamos en hacer eso. ¿Por qué íbamos a hacer lo mismo en cuanto al horario de los servicios que nuestros líderes han establecido?

Deberíamos buscar maneras de servir a nuestros líderes sin que nos lo pidan. Planifica por ellos con antelación, y está alerta a cualquier obstáculo imprevisto. Deberíamos buscar siempre hacer las cosas mejor y con un estándar más alto. Deberíamos esforzarnos por la excelencia en todo lo que hacemos al representarlos.

Si te piden que hagas un recado para tu líder, muéstrate dispuesto y hazlo con excelencia. No vayas con una ropa indebida o con un vehículo sucio. Tú deberías representar bien a tu líder. Me han ido a recoger al aeropuerto en automóviles que estaban llenos de trastos y basura, y pensé para mí: *¿Cómo se sentiría el líder de este ministerio si supiera que un miembro de su equipo está recogiendo a su invitado de esta manera? Ha deshonrado no solo a mí, sino también al pastor que le pidió que me recogiera.*

Lisa y yo tenemos un gran equipo de aproximadamente cincuenta personas. Me sorprende cómo nos tratan. Cuando llego a mi oficina, hay siempre un vaso de agua fresca purificada en mi escritorio. Muchas veces, cuando no estoy mirando, guardan las llaves de mi automóvil, lo llevan a la gasolinera y lo llenan, aunque el automóvil todavía tenga gasolina en el depósito. Ellos se aseguran de que el automóvil esté siempre limpio. Por años yo no tuve un lugar formal de estacionamiento en el edificio donde se encuentran nuestras oficinas, pero el equipo siempre dejaba libre el lugar más cercano a la puerta delantera para Lisa o para mí.

Se levantan cuando entro en su oficina o en una sala de conferencias, y me tratan de "usted". Siempre se aseguran de haber investigado a fondo un asunto antes de contármelo.

Anticipan mis preguntas y tienen respuestas preparadas antes de que yo las haga. Cualquier petición que hago siempre se lleva a cabo con prontitud, y si al hacer el trabajo se encuentran con algún obstáculo, siguen insistiendo hasta que consiguen terminar la tarea. Solo dejan de hacer la tarea cuando es realmente imposible. Pero antes de que me den esa noticia, habrán probado todas las formas posibles y tendrán alternativas a la petición original.

El honor que nos muestran es fuerte e intencional. Para mantenerlo en un lugar apropiado en mi mente, primero y ante todo les recuerdo que, al honrarme a mí, están honrando a Jesús. En segundo lugar, soy plenamente consciente de la recompensa que ellos recibirán. En tercer lugar, recuerdo siempre por qué nos sirven; no quieren que gastemos nuestras energías en cosas que nos distraigan de nuestra tarea. Cuanto más nos enfoquemos Lisa y yo en lo que Dios nos ha llamado a hacer, a más personas serviremos. Se trata de servir en el reino, y cuando nos honramos unos a otros (llegaré a cómo honramos a nuestro equipo en capítulos posteriores), cada uno es más eficaz en agradar a Dios.

Lisa y yo no buscamos el honor. Que un líder busque o demande honor no está en línea con el corazón de Dios. Jesús dijo: "Yo no busco la honra de los hombres" (Juan 5:41 AMPC, traducción libre). Él solo buscaba el honor que venía de su Padre. Él reprendió a los líderes de su tiempo al decir: "¡Con razón les cuesta creer! Pues a ustedes les encanta honrarse unos a otros, pero no les importa la honra que proviene del único que es Dios" (Juan 5:44, NTV). Estos líderes buscaban los halagos y el honor de los hombres para alimentar su ego, su orgullo y sus personalidades controladoras. Jesús recibía honra de los hombres y las mujeres por causa de ellos, y principalmente por causa de su Padre.

También nosotros como creyentes debemos ser plenamente conscientes de que el honor que se nos da debemos pasarlo en nuestro corazón a Jesús y al Padre, y deberíamos gozarnos por causa de quienes lo dan. Somos plenamente conscientes de que el Padre a cambio honrará a los que nos honran; ellos recibirán una recompensa. No puedo enfatizar más este punto: sin importar quién seas, si buscas recibir honra por cualquier otra razón, estás andando por un camino que no lleva a la vida y a la piedad.

DOBLES FINANZAS

Hay muchísimos escenarios sobre los que podría escribir acerca de dar "doble honor" a los ministros del evangelio. Sin embargo, aún no he llegado a los detalles de lo que el Espíritu Santo está diciendo a través del apóstol Pablo en 1 Timoteo 5:17-18. Si seguimos leyendo, descubriremos que se está refiriendo particularmente a las finanzas. Pablo termina su afirmación diciendo: "Digno es el obrero de su salario". La *Nueva Traducción Viviente* dice: "Los ancianos que cumplen bien su función deberían ser respetados y bien remunerados". La *Contemporary English Version* dice: "Los líderes de la iglesia que hacen bien su trabajo merecen que se les pague el doble, especialmente si su trabajo consiste principalmente en predicar y enseñar" (traducción libre). La *Good News Version* dice: "Los ancianos que hacen bien su trabajo como líderes deberían ser tenidos por dignos de recibir doble sueldo" (traducción libre). Y, finalmente, la *Amplified Bible* dice que los ancianos que hacen bien sus obligaciones deben ser considerados doblemente dignos "de recibir un apoyo económico adecuado" (traducción libre).

De nuevo, este principio espiritual está en las palabras de Jesús a sus discípulos: "De cierto, de cierto os digo: El que *honra* al que yo enviare, me *honra* a mí; y el que me *honra* a mí, *honra* al que me envió" (Juan 13:20, la palabra *recibe* ha sido cambiada por *honra*). Observemos las palabras *"al que yo enviare"*. Podemos ver cómo Jesús lo personaliza. También lo vemos en la forma en que Pablo describe cómo el liderazgo quíntuple ha sido comisionado y enviado:

"Y sus dones [de Jesucristo] fueron [variados; Él mismo nombró y nos entregó hombres] como apóstoles [mensajeros especiales], algunos profetas [predicadores y expositores inspirados], algunos evangelistas [predicadores del evangelio, misioneros itinerantes], algunos pastores [del rebaño de Dios] y maestros".

—Efesios 4:11 (AMPC, traducción libre)

Observemos las palabras "Él mismo nombró". Jesús personalmente da el ministerio quíntuple. Estos son los ancianos dentro del cuerpo de Cristo "que trabajan en predicar y enseñar" (1 Timoteo 5:17). Dios dice específicamente que deben ser honrados pagándolos "el doble" (CEV, traducción libre).

En más de treinta y cinco años viajando, nunca he visto ni una excepción a este mandato. He ido a iglesias donde al pastor y a los pastores asociados no se les paga bien. Mientras tanto, numerosos miembros de la iglesia viven en casas bonitas, conducen buenos automóviles, sus hijos asisten a buenas escuelas, etc. El hecho irónico es este: al investigar la condición económica de los miembros, uno se da cuenta de que la mayoría está batallando. Los hombres y las mujeres de negocios experimentan constantemente reveses e incluso pérdidas a largo plazo. Como resultado, muchos están endeudados hasta el cuello. Muchas familias frecuentemente enfrentan problemas que devoran sus reservas. Nadie parece tener el dinero líquido extra para ayudar a los necesitados. ¿Podría ser el resultado de que los creyentes están ignorando el mandato de Dios de pagar bien a sus líderes?

Se vierte más luz al ver lo contrario de lo que acabo de decir. También he ido a muchas iglesias donde al pastor y a los pastores asociados se les paga muy bien. Muchas veces, las personas de la iglesia hacen cosas especiales por estos ministros: les compran regalos, los invitan a una buena cena, y realizan otros gestos de bondad. Al observar a las familias de estas iglesias en su conjunto, si llevan plantados en esa iglesia un buen tiempo, están prosperando y viviendo vidas exitosas. Los hombres y las mujeres de negocios están constantemente emprendiendo aventuras exitosas y prosperando mucho. Siempre están prestos a ayudar a las viudas, las mamás solteras o familias necesitadas porque tienen recursos extra para hacerlo. En general, estas iglesias son capaces de hacer mucho más al alcanzar a otros y dar más a las misiones que las que describí antes. Nunca he visto una sola excepción. Esto no debería sorprendernos; todo se alinea con el principio del honor.

Así que piénsalo. El primer tipo de iglesias que mencioné presume de no malgastar sus finanzas, paga adecuadamente a su pastor y pastores asociados. La mentalidad es que así pueden hacer más para el reino: dar a las misiones, ayudar a los pobres y cosas semejantes. Sin embargo, como desatienden el mandato de Dios de pagar bien a sus ancianos, no son capaces de alcanzar a los necesitados tanto como las otras iglesias, porque sus empresarios no tienen éxito y, por consiguiente, no aportan tanto. ¿Por qué no podemos darnos cuenta de que la sabiduría de Dios siempre es el camino para el verdadero éxito? Cuando nos frenamos de actuar en cuanto a lo que Dios dice en su Palabra, porque creemos que podemos hacer más para ayudar a su causa, realmente es orgullo o falsa humildad. Indirectamente comunicamos que nosotros sabemos más que Dios, porque Dios ama a los pobres, pero a la vez nos dice que paguemos doble a los que trabajan en su Palabra.

Soy consciente de que se ha abusado de este principio, especialmente un pequeño porcentaje de ministros en Estados Unidos. Me duele cuando los líderes constantemente hablan sobre dinero y cosas materiales. Viven un estilo de vida opulento y están más enfocados en las cosas temporales y en tener un estilo de vida lleno de placer que en alcanzar a las almas perdidas y dolidas. No están viendo el latir del corazón de Dios y giran hacia el camino de los mercenarios. Ahora su predicación está torcida y han perdido su eficacia. Escuchemos lo que Dios dice a este tipo de líderes:

> "Pues los líderes de mi pueblo, los guardianes del Señor, sus pastores, son ciegos e ignorantes. Son como perros guardianes silenciosos que no advierten cuando viene el peligro. Les encanta estar echados, durmiendo y soñando. Como perros glotones, nunca quedan satisfechos. Son pastores ignorantes; cada uno va por su propio camino y busca ganancias personales".
>
> —Isaías 56:10-11 (NTV)

Observemos las palabras finales "y busca ganancias personales". La CEV dice: "Ustedes son pastores que maltratan a sus propias ovejas buscando ganancias egoístas" (traducción libre). Hay algunos líderes (me alegra decir que son pocos) que han usado a mujeres de la iglesia, dinero, y otros bienes designados para el ministerio, para su propio placer personal. Han llevado este principio del honor a un lugar pervertido. Han desarrollado una mentalidad oscura, todo se ha dado la vuelta y ahora el ministerio está para servirles a ellos. Se han desviado del verdadero enfoque del ministerio, que es servir adecuadamente al pueblo de Dios y alcanzar a los perdidos. Si no cambian, su final será muy oscuro.

Por lo tanto, efectivamente, tanto en la Biblia como en el ministerio a lo largo de los años se han producido abusos en cuanto al principio del honor, pero debemos preguntarnos si acaso este abuso debería hacer que nos desviemos del mandato bíblico de dar doble honor financiero a los siervos de Dios. Otro error nunca enmienda un primer error a los ojos de Dios.

UN CAMBIO ASOMBROSO

El ejemplo más gráfico que he vivido sobre las consecuencias de retener el honor financiero a un líder de una iglesia sucedió al poco tiempo de empezar a viajar. Recuerdo que mi esposa y yo manejamos para ministrar en una iglesia de aproximadamente 120 personas. Esta iglesia existía desde hacía años, y su membresía fluctuaba entre 35 y 120 miembros. No podía llegar a nuevos niveles de eficacia a la hora de alcanzar a su comunidad, y el área circundante tenía más de 250.000 residentes.

Estaba previsto tener cuatro días de reuniones. El pastor nos preguntó si podíamos quedarnos en su casa, ya que sería una carga para la iglesia llevarnos a un hotel. Nosotros accedimos, ya que también eran amigos nuestros mucho antes de que comenzáramos a viajar.

Llegamos el domingo en la noche, y observé que la pareja no vivía en una casa, sino en un dúplex rentado. Su automóvil era viejo, y no tenían mucho, pero lo que tenían lo pusieron a nuestra entera disposición. La hospitalidad de la esposa fue extraordinaria, y eran una pareja muy amable y compasiva. Me sorprendió que la esposa aún trabajaba para una gran aerolínea como azafata de vuelos, y estaba fuera de la ciudad entre quince y dieciocho días al mes.

Las reuniones fueron bastante bien, aunque ciertamente había cierta tensión en la atmósfera. No éramos capaces de conseguir un avance en la presencia, el poder y la unción de Dios. Parecía haber un bloqueo a la hora de recibir del cielo. La gente de la iglesia era cordial, y muchos parecían amar a Dios profundamente. Yo estaba desconcertado.

Pasé bastante tiempo en oración el tercer día de reuniones. Mi espíritu estaba agitado, y no podía detectar el problema ni atajarlo. Mientras estaba en oración seguía pensando en que este pastor y su esposa no recibían cuidado económico. Finalmente, oí a Dios decir: "Tienes que tratar este asunto en la reunión de esta noche".

Pregunté cómo, y Dios me reveló que la forma de eliminar esta barrera era enseñar a la gente la importancia de bendecir económicamente a su pastor. Sentí fuertemente pedir una ofrenda para ellos personalmente. Aún no sabía exactamente cómo iba a hacer eso.

Esa tarde, el pastor me dijo: "John, no voy a pedir la ofrenda para tu ministerio esta noche. Me gustaría que lo hicieras tú".

Yo sonreí, sabiendo que ahora tenía la puerta abierta. En lugar de pedir la ofrenda para nuestro ministerio, la pediría para el pastor y su esposa. Cuando el pastor me presentó esa noche, mientras subía a la plataforma me susurró: "Recuerda, John, tienes total libertad en la ofrenda".

Yo sonreí. Sabía que le sorprendería mucho mi curso de acción. Me puse detrás del púlpito y pedí a la congregación que abrieran sus Biblias en 1 Timoteo 5:17. Procedí a enseñar los siguientes cuarenta y cinco minutos sobre la importancia de cuidar económicamente de sus pastores.

Si puedo escribir esto sin que suene pomposo, diré que corregí a esa congregación firmemente. En un momento dije: "¿Por qué la esposa de su pastor tiene que trabajar la mitad del mes? Esta pareja debería tener los ingresos suficientes para que ella se pueda quedar en casa y trabajar a su lado".

El rostro del pastor se sonrojaba cada vez más; estaba nervioso con la confrontación. Tenía miedo de que la gente pensara que él me dijo que hablara de esto, y tenía miedo que se produjera un éxodo de varias familias. (Quiero aclarar un punto. Yo no voy a una iglesia y doy un pensamiento que no sea doctrina fundamental si sé que el líder no está de acuerdo con lo que estoy diciendo. En este caso, no lo sabía. Simplemente noté que la preocupación aumentaba en su rostro según avanzaba en el mensaje).

Felizmente, puedo decir que la iglesia recibió lo que Dios puso en mi corazón esa noche. Al terminar el mensaje, dije esta frase: "Me pidieron que recogiera una ofrenda para nuestro ministerio esta noche; sin embargo, no lo vamos a hacer. La ofrenda de esta noche será para el pastor y su esposa personalmente; y, por cierto, no podrán deducir de sus impuestos lo que ofrenden ahora. Quiero que muestren su aprecio por el regalo que Dios les ha hecho: su pastor".

Tomamos la ofrenda y terminó la reunión. Después hablé con varias personas, y el pastor se escabulló a la oficina de la iglesia. Cuando supe que se había ido del santuario, también lo hice yo. Cuando lo encontré, no pude evitar ver que su rostro ya no estaba sonrojado; ahora estaba blanco. Ya sabía que las noticias serían buenas. Sonreí y pregunté: "¿Cuánto se recogió en la ofrenda?".

Él me dio la cifra. Casi me desmayé. Era más del triple de la ofrenda más grande que se había recogido nunca un domingo en la mañana. Yo sabía que sería buena, pero lo que me dijeron fue mayor de lo que podría haberme imaginado que una iglesia de ese tamaño podría dar.

El lunes siguiente recibí una llamada del pastor. Con voz de emoción, me dijo: "John, te envío una grabación de la reunión del domingo".

Su anuncio me tomó por sorpresa y dije: "Bien. Escucharé lo que predicaste ayer".

Él me respondió rápidamente: "John, no prediqué yo. Durante dos horas, los miembros de mi congregación pasaron espontáneamente a la plataforma a testificar de los asombrosos milagros que les ocurrieron esta semana en sus hogares y empresas. Yo estaba asombrado, pero no sorprendido. Sabía que Dios haría una obra maravillosa, pero no pensaba que sería tan rápido".

Tres años después, regresé a esa iglesia. Ya no se reunían en un local comercial; renovaron y se mudaron a una escuela de secundaria. Eso no es todo. La iglesia ya no rentaba la escuela, ¡la compraron! Su asistencia creció cinco veces más en tamaño. La esposa del pastor pudo dejar su empleo porque a su esposo lo estaban honrando económicamente, y las familias y los empresarios de la iglesia prosperaron como resultado.

"NO DIGAS QUE TE GUSTA ALGO"

Nunca falla. Si honramos a nuestros líderes espirituales económicamente, prosperamos en nuestra vida. Veo al Dr. David Cho, pastor de una de las iglesias más grandes en Seúl, Corea del Sur. Él comenzó la iglesia en un vertedero hace años atrás, y cuando escribo estas palabras, dos de sus directores me han dicho que ahora tiene más de cincuenta mil millonarios en su congregación.

Yo lo he hospedado en algunas ocasiones, he jugado al golf con él y he comido en restaurantes con él y con sus compañeros de viaje. Por lo general, lo acompañan varios empresarios y asociados. Estos hombres se aseguran de que él esté bien cuidado; también le compran lo que necesite, y he observado particularmente que no se sienten a comer hasta que él no se haya sentado primero. Lo honran mucho. ¿Podría ser que la razón de que la iglesia, que comenzó una parte de la ciudad muy pobre, tenga tantos miembros ricos es por el honor que muestran a su pastor?

Tengo un buen amigo llamado Al Brice. Pastorea una iglesia asombrosa en Fayetteville, en Carolina del Norte. Al jugó en el torneo de golf United States Amateur de 1980; es un excelente golfista. Al Dr. Cho le encanta jugar al golf con muchos de sus asociados y amigos, así que Al le cayó particularmente bien.

En cierta ocasión, el Dr. Cho y sus asociados estaban aquí en los Estados Unidos y programamos jugar al golf con Al. Uno de los hombres que viajaba con el Dr. Cho se bajó de su automóvil rentado y sacó sus palos de golf. Acababa de comprar una bolsa de golf de diseño nueva en la Quinta Avenida de Nueva York que le costó miles de dólares. Al, para ser amable, comentó que era muy bonita. De repente, para sorpresa de Al, este hombre empezó a sacar sus palos de golf de su bolsa nueva. Una vez vacía, sacó todos los palos de golf de la bolsa de Al y comenzó a meterlos en su bolsa de diseño. Al enseguida dijo: "No, deténgase, ¿qué está haciendo?".

El hombre coreano dijo: "Lo estoy honrando, quiero regalarle esta bolsa". Mi amigo intentó detenerlo, pero no consiguió hacerle cambiar de idea.

Unos meses después, Al estaba en Corea y de nuevo se estaba preparando para jugar al golf con el Dr. Cho y sus asociados. Vio un par de zapatos de golf muy bonitos en la tienda, y comentó: "Vaya, qué zapatos tan bonitos".

Uno de los hombres del Dr. Cho tomó los zapatos de la estantería y se dirigió hacia la caja registradora. Al dijo: "No, no, yo no necesito zapatos. Solo estaba comentando lo bonitos que eran".

El hombre dijo: "No señor, quiero honrarlo, así que quiero que usted los tenga". Cuando Al me compartía esto, se reía afectivamente, y me decía: "He aprendido a no decir que me gusta algo cuando estoy con los hombres del Dr. Cho, pues si lo hago me lo compran". Estos creyentes caminan en un grado más alto de honor y son bendecidos por ello.

UNA VIDA BENDECIDA

Tengo otro amigo, Jack, que ya ha partido con el Señor. Tuvo una vida muy exitosa y poderosa. Afectó a cientos de miles de personas con su ministerio.

Cuando Jack era joven y estaba comenzando en el ministerio, su pastor también tenía una iglesia muy respetada en los Estados Unidos. Tras servir a su pastor por años, Jack fue enviado a otra parte del país para comenzar una iglesia.

La iglesia alcanzó la marca de los cinco mil asistentes en unos años. Yo predicaba frecuentemente para él, y nos encantaba pasar tiempo juntos. Recuerdo perfectamente un día que él me estaba hablando de lo mucho que le gustaba, valoraba y respetaba a su antiguo pastor. Lo llamaba su padre espiritual. Después Jack dijo: "John, cada vez que veo a mi pastor, intento darle un cheque de mil dólares". Me sorprendió su nivel de honor.

Su comentario me hizo pensar en lo grande que era la recompensa en la que él vivía. Los miembros de su iglesia lo querían mucho. De hecho, su funeral duró cuatro horas y el edificio estaba lleno de gente. Asistieron más de cinco mil personas, no solo miembros de su iglesia sino también muchos trabajadores de su ciudad que no asistían a su iglesia. Muchas personas de su comunidad lo respetaban.

La iglesia de Jack lo honraba. Desearon pagarle espléndidamente, pero por su buena inversión no tuvo que recibir salario alguno de la iglesia. Escogió donarlo al ministerio. No he visto muchos hombres que hayan caminado en la bendición de Dios que tenía este hombre. Su esposa y sus hijas lo amaban con pasión. Vivía en una casa muy bonita, y tenía muchos amigos. Jack honró a su padre espiritual económicamente, y eso le hizo recibir un galardón muy espléndido en muchas otras áreas de su vida.

EN NUESTRAS REUNIONES

"Querido amigo, le eres fiel a Dios cada vez que te pones al servicio de los maestros itinerantes que pasan por ahí aunque no los conozcas. Ellos le han contado a la iglesia de aquí de tu cariñosa amistad. Te pido que sigas supliendo las necesidades de esos maestros tal como le agrada a Dios; pues viajan en servicio al Señor y no aceptan nada de los que no son creyentes. Por lo tanto, somos nosotros los que debemos apoyarlos y así ser sus colaboradores cuando enseñan la verdad".

—3 Juan 1:5-8 (NTV)

Al viajar y ministrar en iglesias por todo el mundo, he observado que los resultados del ministerio son muy distintos en los lugares donde cuidan a nuestro equipo con una hospitalidad excepcional, y los que nos tratan como viajeros comunes.

He ido a lugares donde me he preguntado por qué me pidieron que fuera. Nos ponen en hoteles ruinosos o moteles; no tienen agua embotellada o *snacks* en la habitación, y no hay servicio a cuartos. Me saludan en la oficina del pastor no con amabilidad y agradecimiento por haber ido, sino más bien con una actitud de: *Esto es lo que espero de ti*. Algunos me han tratado con la actitud que muestra: "Lo que estamos haciendo aquí es importante y tú tienes el privilegio de hablar aquí".

Cuando me presentan, la gente se sienta y me mira con desinterés. Casi puedes sentir sus pensamientos: *Ya lo hemos escuchado todo; ¿qué nos vas a decir tú que no hayamos oído ya?* Al hablar, siento que estoy en un juicio.

Salgo de esas reuniones sintiéndome desgastado. He arado espiritualmente contra la resistencia todo el tiempo, en lugar de sentirme atraído por corazones hambrientos. Después, el pastor me da una ofrenda tan pequeña, que si su iglesia recibiera esa cantidad cada semana no podrían sobrevivir. Estoy feliz de decir que esto no sucede con frecuencia.

Recuerdo un incidente específico: me pidieron que hablara en una conferencia con otro ministro durante toda una semana. El pastor compartió que habían recogido más de doscientos cincuenta mil dólares de ofrenda durante la conferencia. Yo me alegré mucho por ellos. Sin embargo, cuando me fui me dieron un cheque de seiscientos dólares para nuestro ministerio. Apenas una propina, y no muy generosa; solo el diez por ciento habría sido veinticinco mil dólares. Así que fue algo más de dos décimas partes de un uno por ciento (es decir, el 0.2 por ciento).

He aprendido que eso no afecta a nuestro ministerio, porque Dios siempre nos da lo que necesitamos de cualquier otra forma. Cada vez que en el pasado las iglesias nos ofrendaron una propina así (creo que realmente no puedo llamarlo ni propina, porque está muy por debajo de los estándares de las propinas), recibimos un donativo enorme en el correo esa misma semana de alguna persona, o vamos a la siguiente iglesia y nos dan una ofrenda enorme. Me encanta, porque es como si Dios nos estuviera diciendo: "Lo sé".

He visto la fidelidad de Dios supliéndonos, y nunca me han quitado el sueño estas cosas. Me duele por los que nos dieron las migajas, pues se perdieron una oportunidad de recibir un gran galardón al honrar a uno de los que Jesús les envió.

Por otro lado, he ido a reuniones donde, desde el momento que me recogieron en el aeropuerto hasta que me volvieron a dejar allí de nuevo, me trataron con entusiasmo y gran amabilidad, así como con hospitalidad genuina.

Llego a la habitación de mi hotel y me encuentro una gran cesta de fruta, bebidas y *snacks* suficientes para toda una semana. La iglesia preguntó a nuestras oficinas qué tipo de comida me gusta. Incluso he llegado a encontrarme regalos esperándome en la habitación de mi hotel, como una pluma muy bonita, una camiseta, pelotas de golf o colonia. Me llevan a los mejores hoteles de la zona y se aseguran de que tenga servicio de habitación y otras comodidades que hagan que vivir en la carretera se parezca algo más a estar en casa. No solo hacen eso conmigo, sino también con mis asistentes de viaje.

Cuando paso al púlpito, me encuentro con personas que se ponen de pie y me aplauden mucho. Están agradecidos con Dios por enviarles a uno de sus mensajeros, y se emocionan anticipando oír la Palabra de Dios. Escuchan la Palabra con atención; nadie se mueve ni habla durante la reunión, porque no quieren perderse ni un solo punto. Dan la bienvenida a la presencia de Dios durante el tiempo de ministración, y finalmente acuden corriendo a nuestras mesas de recursos para ver mejor los libros y los materiales.

Estas iglesias llaman a nuestra oficina o a mí personalmente meses después, incluso años, y hacen comentarios como: "Progresamos mucho cuando usted vino" o "Nuestro equipo y nuestra iglesia nunca han vuelto a ser los mismos. Fue como si hubiéramos pasado a otro nivel". A veces me río por dentro, porque quizá justo la semana anterior fui a una iglesia donde nos trataron como viajeros comunes y corrientes. Ministré el mismo tema y fui con el mismo propósito, pero los resultados fueron muy pequeños y no me hicieron comentarios después de irme. De nuevo demuestra que no tiene nada que ver conmigo, sino con cómo soy recibido.

Jesús dice: "El que recibe al que yo enviare, me recibe a mí; y el que me recibe a mí, recibe al que me envió". ¿Cómo quisieras que Jesús estuviera cuidado si Él fuera el pastor de tu iglesia, o si visitara tu iglesia para ministrar un fin de semana? El hecho es que de la forma en que tratamos a quienes Él nos envía es exactamente como lo tratamos a Él, y es exactamente como tratamos al Padre.

HONRAR AL SEÑOR

Volvamos a ver el principio del honor. Dios dice: "Porque yo honraré a los que me honran, y los que me desprecian serán tenidos en poco" (1 Samuel 2:30).

Este versículo hay que grabarlo en nuestra alma. A los que honran a Dios, Él los honra a cambio. Dilo en voz alta: "Si honro a Dios, Él me honrará a mí". Recítalo una y otra vez, medita en ello y deja que profundice dentro de tu corazón. Honrar a Dios es atraer su honra hacia ti. ¡Es una realidad asombrosa! Avancemos más en esta verdad; leemos:

"Honra a Jehová con tus bienes, y con las primicias de
todos tus frutos".   —Proverbios 3:9

Se nos dice que honremos a Dios con nuestras posesiones.
La *Amplified Bible* dice: "Honra al Señor con tu capital y tu
abastecimiento [de tu justo trabajo] y con las primicias de todos
tus ingresos" (traducción libre). La CEV dice: "Honra al Señor
dándole tu dinero" (traducción libre). Una forma de honrar a
Dios es dándole nuestro dinero. Mi pregunta es: ¿cómo podemos darle dinero? Él no usa nuestra moneda. La respuesta es
simple: dándoselo a quien Él envía.

Si estudiamos con atención los diezmos y las ofrendas a lo
largo de la Biblia, veremos que se dan para tres propósitos principales. El primero es para proveer para los siervos escogidos
que nos ministran, y como vimos claramente antes en este capítulo, ellos merecen "doble pago". En segundo lugar, proveer para
las necesidades del ministro para hacer la obra del ministerio; y
en tercer lugar, para que puedan ayudar a los pobres, las viudas,
los huérfanos y los forasteros.

Me gustaría darte tan solo uno de los muchos versículos
relacionados con cada propósito. El primero se ve en las palabras de Pablo a los corintios: "Si nosotros sembramos entre
vosotros lo espiritual, ¿es gran cosa si segáremos de vosotros lo
material?... Así también ordenó el Señor a los que anuncian el
evangelio, que vivan del evangelio" (1 Corintios 9:11, 14).

La NTV dice lo siguiente: "Del mismo modo, el Señor
ordenó que los que predican las Buenas Nuevas sean sostenidos
por los que reciben el beneficio del mensaje". Este principio también se ve en el Antiguo Testamento. Las herencias de los sacerdotes y los levitas tenían que venir de los diezmos del pueblo.
No se les daba tierra que trabajar como a las demás tribus.

El segundo punto se ve en las palabras de Pablo a la iglesia filipense:

"Y ustedes mismos, filipenses, saben bien que en los primeros días del ministerio del evangelio, cuando salí de Macedonia, ninguna iglesia [asamblea] participó conmigo y abrió una cuenta [de débito y de crédito] al dar y recibir salvo ustedes. Porque incluso en Tesalónica me enviaron [una contribución] para mis necesidades, y no una sola vez, sino también una segunda... Pero tengo [todo su pago] y me sobra; tengo todo lo que necesito y estoy plenamente suplido, ahora que he recibido de Epafrodito los regalos que ustedes me enviaron. [Ellos son] Olor fragante de una ofrenda y sacrificio que Dios recibe y en la que se deleita".
—Filipenses 4:15-16, 18 (AMPC, traducción libre)

Puedes ver que sus regalos económicos permitieron que Pablo llevara a cabo lo que había sido llamado a hacer. En pocas palabras, se necesita dinero para realizar un ministerio público. En sus propias palabras, Pablo estaba "plenamente suplido". Mediante sus donativos, entraron en una asociación con él para alcanzar a otros.

En cuanto al tercer punto, en el Antiguo Testamento Dios enseñó que el diezmo había que darlo al levita (ministro), al forastero, al huérfano y a la viuda (ver Deuteronomio 26:12). En el Nuevo Testamento, todos los líderes acordaron: "Solamente nos pidieron que nos acordásemos de los pobres; lo cual también procuré con diligencia hacer" (Gálatas 2:10).

Los pobres incluían el forastero, el huérfano y la viuda. Al dar a los ministros, podemos ayudar a los necesitados que quizá nunca conoceremos.

Como ya he dicho, honramos a Dios con nuestras finanzas dando a quienes Él ha escogido para el ministerio. Así que debemos plantear la pregunta: ¿cuántos hoy deshonran a Dios al no dar más de lo que deberían a la obra del ministerio? Muchos no diezman, y muchos no dan ofrendas a los obreros que han sembrado verdades espirituales en sus vidas. Se quejan de oír a ministros pedir dinero, y dicen cosas como: "¿Por qué no pueden solo predicarme sin tener que hablar de ofrendas? Las cosas no me han ido bien últimamente". ¿Podría ser esta la razón por las que no les va bien? ¿Que no han puesto primero la obra de Dios? Así que, en esencia, se honran a sí mismos más de lo que honran a Dios.

"Pues así ha dicho Jehová de los ejércitos: Meditad bien sobre vuestros caminos. Sembráis mucho, y recogéis poco; coméis, y no os saciáis; bebéis, y no quedáis satisfechos; os vestís, y no os calentáis; y el que trabaja a jornal recibe su jornal en saco roto. Así ha dicho Jehová de los ejércitos: Meditad sobre vuestros caminos. Subid al monte, y traed madera, y reedificad la casa; y pondré en ella mi voluntad, y seré glorificado, ha dicho Jehová. Buscáis mucho, y halláis poco; y encerráis en casa, y yo lo disiparé en un soplo. ¿Por qué? dice Jehová de los ejércitos. Por cuanto mi casa está desierta, y cada uno de vosotros corre a su propia casa". —Hageo 1:5-9 (NTV)

¿Puede decirse más claro? Imagínate que algunas de las personas que admiramos en la Escritura hubieran tenido la actitud que muchos tienen hoy día con respecto a los ministros que hablan sobre dinero en tiempos difíciles. Había muchas viudas que morían en los días de Elías durante la gran hambruna; sin embargo, una vivió gracias al principio del honor. Ella y su hijo tenían solo harina y aceite suficiente para comer por última vez; después, ambos morirían de hambre. Sin embargo, el profeta le dijo que le hiciera una torta primero a él. Vaya, hoy habría sido perseguido tanto en las iglesias como en las redes sociales y los medios de comunicación. Muchos lo hubieran criticado: "¿Cómo puedes tomar algo de una pobre mujer que está a punto de morir de hambre? Le tendrías que haber dado primero a ella". Sin embargo, la Palabra del Señor le dijo al profeta que le dijera que pusiera a Dios primero alimentando a su siervo; si ella lo honraba a él de esta forma, Dios le honraría a ella. Ella lo hizo, y Dios hizo lo que prometió; la harina y el aceite no se acabaron durante todo el tiempo que duró la sequía (ver 1 Reyes 17).

Cuando retenemos el diezmo o las ofrendas y no se las damos a quienes Dios nos envía, nos hacemos daño a nosotros mismos porque deshonramos al Señor. Dios mismo habla a través del profeta:

> "¿Robará el hombre a Dios? Pues vosotros me habéis robado. Y dijisteis: ¿En qué te hemos robado? En vuestros diezmos y ofrendas".　　　　—Malaquías 3:8

Si tuviera que tomar una decisión, robaría un banco antes que robar a Dios mismo. ¿Por qué? Porque temo a Dios más que al hombre. Me alegro de no tener que escoger; nunca querría robar nada. Sin embargo, Dios dice: "Me habéis robado". Observa que no dijo: "¡Habéis robado a mis ministros!". No, robamos a Dios al no diezmar y dar las ofrendas a sus líderes, porque no dar a los siervos que Él nos envía es deshonrarlo a Él. Leamos lo que continúa diciendo: "Traed todos los diezmos al alfolí y haya alimento en mi casa; y probadme ahora en esto, dice Jehová de los ejércitos, si no os abriré las ventanas de los cielos, y derramaré sobre vosotros bendición hasta que sobreabunde" (v. 10).

Observa que Dios mismo dice que la bendición del diezmo será tan grande que no parará "hasta que sobreabunde". Así que, básicamente, la bendición será una materia prima *incontenible*. Durante años he oído a ministros decir que Dios bendecirá nuestras finanzas y posesiones a tal grado, que no tendremos espacio suficiente para recibirlo. Me gustaría argumentar este punto. El dinero es una materia prima contenible. Si tuviera todo el dinero del mundo, podría contenerlo. Entonces, ¿qué quiere decir Dios al afirmar que no seremos capaces de contener la recompensa de dar? La respuesta se encuentra en Proverbios:

> "Honra a Jehová con tus bienes [estos son tus donativos para los ministros u ofrendas para los ministerios], y con las primicias de todos tus frutos [este es tu diezmo]; y serán llenos tus graneros con abundancia, y tus lagares rebosarán de mosto".
> —3:9-10 (palabras del autor en corchetes)

Tus graneros representan tus almacenes, y serían tus chequeras, armarios, depósito de gasolina, garaje, etc. Aquí es donde almacenamos nuestra materia prima contenible. Así que es cierto, Él bendice nuestras finanzas. Sin embargo, ¿cuál es la bendición que no tendremos cómo almacenar? La respuesta se encuentra si seguimos leyendo: "Tus lagares rebosarán de vino". Un lagar es un gran contenedor usado para almacenar vino. Observa en este versículo que esto es lo que no puede contener la bendición de Dios, porque Él dice que *rebosará*. ¿Qué representa el vino nuevo? En la Biblia, el vino nuevo siempre representa la presencia fresca del Espíritu Santo. Dios está diciendo que, cuando lo honramos a Él dando a los líderes de nuestra iglesia, dando a sus iglesias o ministerios, ¡recibiremos la recompensa completa del desbordamiento de su presencia! Esta es la promesa más emocionante de todas.

Una y otra vez, he sido testigo de que quienes son generosos al honrar económicamente a sus líderes espirituales son los bendecidos materialmente, y tienen suficiente para hacer toda buena obra que venga a ellos. Pero no termina aquí. Lo que también he observado es que caminan en un desbordamiento de la presencia de Dios. ¿Por qué nos iba a sorprender esto? Es una promesa de Dios. Entender esta verdad respondió a mi pregunta de por qué no podía sentir una fuerte presencia de Dios en reuniones en las que se retiene la honra, donde el pastor estaba luchando económicamente, o donde yo era tratado como un viajero común y corriente. Las personas no eran generosas; sin embargo, cuando se volvieron generosas y continuaron siéndolo, la presencia de Dios fue mucho más fuerte en su iglesia.

Si tomas las verdades de este capítulo y lees toda la Biblia, te darás cuenta de que, siempre que el pueblo de Dios dio abundantemente, abundaron los milagros, la libertad, la salvación, la presencia de Dios y la prosperidad. No podemos comprar las bendiciones de Dios; sin embargo, es un principio espiritual que Dios ha entretejido en su gracia. Escucha lo que Pablo dijo de los creyentes macedonios: "Ahora, hermanos, queremos que se enteren de la gracia que Dios les ha dado a las iglesias de Macedonia. En medio de las pruebas más difíciles, su desbordante alegría y su extrema pobreza abundaron en rica generosidad. Soy testigo de que dieron espontáneamente tanto como podían, y aún más de lo que podían" (2 Corintios 8:1-3, NVI).

Pablo atribuyó su generosidad a un resultado directo de la gracia de Dios. La gracia de Dios les dio la capacidad de dar "más de lo que podían". Así como no podemos comprar la gracia, tampoco podemos comprar el favor, pero ciertamente podemos posicionarnos para recibirlo. Al dar un doble honor económico a quienes nos traen la Palabra de Dios, nos posicionamos para que Dios nos honre; la gracia y el favor están incluidos en ese honor, pues es una ley espiritual.

12

HONRAR A NUESTROS IGUALES

"El que les honra a ustedes a mí me honra, y el que me honra a mí honra al que me envió. El que honra a un profeta por ser profeta recibirá recompensa de profeta, y el que honra a un hombre justo por cuanto es justo, recibirá recompensa de justo. Y todo aquel que honre a uno de estos pequeños dándoles tan solo un vaso de agua fría por ser discípulo, les aseguro que no perderá su recompensa".

—Mateo 10:40-42 (paráfrasis del autor)

Ahora dejamos a los que están en autoridad sobre nosotros para hablar de los que están a nuestro mismo nivel: nuestros iguales. No estamos por encima de ellos ni ellos están sobre nosotros. Esto se identifica por el grupo del que Jesús habla: "el que *honra* a un hombre justo por cuanto es justo, recibirá recompensa de justo".

UNA DOBLE RECOMPENSA

Permíteme empezar primero con un testimonio que ejemplifica la honra en este nivel. Por varios años he llevado a mi familia a un crucero anual. Durante todos los años que nuestros hijos vivieron con nosotros, nunca se quejaron de los muchos viajes que hacíamos Lisa y yo para llevar la Palabra de Dios por todo el mundo. No solo nos apoyaban, también mostraban entusiasmo por nuestro llamado. Estábamos muy agradecidos por la provisión de Dios para poder recompensarlos con estas vacaciones especiales al final de cada año. Nuestros chicos disfrutaban de esos cruceros porque no nos podían contactar por teléfono, ni enviar ni recibir correos electrónicos. Teníamos el acuerdo de que nuestras computadoras estarían apagadas durante toda la semana, nada de trabajo. Estábamos ahí para ellos durante toda la semana.

Un año acabábamos de terminar el crucero, y decidí llamar a nuestro director de equipo. Él me saludó con algunas noticias muy decepcionantes. Mientras estábamos de vacaciones, un pastor de nuestra ciudad al que conocía contrató a una de nuestras empleadas clave sin decirnos nada. Esta empleada era la responsable de todos los derechos internacionales de las traducciones de nuestros libros. Su puesto exigía un gran entrenamiento y conocimiento, ya que ella trabajaba con editoriales globales. Desarrollar una empatía y buena relación con ellos era crucial, y eso toma tiempo.

Decir que estaba enojado es quedarme corto. Luché con sentimientos duros hacia este pastor. Habíamos empleado nueve meses en entrenarla, y él ni siquiera tuvo la cortesía de llamar para ver cómo afectaría a nuestra organización que él la contratara. Podría haber entendido más su acción si él no fuera creyente y trabajara en el mundo secular, pero que un ministro contrate a alguien de otro ministerio sin primero hablar de líder a líder no tenía sentido en el reino. Además de eso, era mi amigo.

Por un par de días, tuve que procesar los sentimientos de ira en oración. ¿Cómo encontraríamos a alguien rápidamente para reemplazarla? Temía el tiempo perdido en volver a entrenar a una persona nueva. Luché con pensamientos críticos. Anhelaba encontrar sentido a lo que él había hecho, pero no había lógica alguna. ¿Cómo pudo ser tan insensible? Tras dos o tres días, el Señor me habló mientras estaba en oración: "Hijo, quiero que le regales tu reloj nuevo".

Mientras estaba en el crucero, encontré en una tienda en Jamaica un reloj muy bonito. Era un modelo nuevo y *eco-drive* de la marca Citizen que tenía muy buena pinta. Hacía varios años que no me compraba un reloj y estaba emocionado con su nuevo diseño elegante.

Cuando Dios me habló, no tardé mucho en percibir su sabiduría. Me estaba dando la oportunidad de liberar cualquier pensamiento erróneo que estuviera desarrollando en mi corazón hacia este pastor, y reemplazarlo por honor. Me estaba protegiendo de albergar una ofensa, y guardar mi relación tanto con Él mismo como con el pastor. En oración comencé a sonreír, y finalmente a reír. Estaba asombrado de la sabiduría y el amor de mi Padre. Se estaba moviendo a favor de sus dos hijos. Dije que sí con entusiasmo a su petición, y de inmediato, toda la ira y el resentimiento por lo que hizo el pastor se fueron de mí. Fue una liberación rápida. Estaba emocionado por regalar algo que yo valoraba a mi hermano en Cristo.

La noche siguiente hablamos por teléfono. Ahora estaba listo para conversar, ya que el resentimiento se había ido. Resultó que había cometido un error por un descuido. Confesó que no lo pensó bien, y se disculpó mucho. Ahora él entendía, debido a la confrontación, que su curso de acción había sido erróneo. Sin embargo, si Dios no hubiera tratado primeramente con mi corazón, podría haber sido una llamada de teléfono muy fea y perjudicial. Mi tono de voz y mi actitud podrían haber provocado un incendio de problemas en nuestra relación.

En este punto, permíteme decir esto: la confrontación es buena; sin embargo, se debe hacer con una actitud del corazón correcta. Se debe hacer por el bien de la otra persona, no por nosotros. Yo sí le dije por qué la forma en que actuó estaba mal, pero lo hice todo bañándolo en un amor genuino hacia él, lo que facilitó que él recibiera lo que le dije. Después de nuestra conversación, le pregunté si podía pasar por su oficina. Él accedió, y fijamos un día y una hora.

Cuando llegué, él tenía curiosidad. Ya habíamos cerrado del todo el asunto; él se preguntaba cuál sería la razón de mi visita. Yo compartí con él mi deseo de regalarle el reloj. Abrumado, dijo: "John, necesito un reloj, porque no tengo". Me bendijo mucho saber eso. Tomé el reloj; lo saqué de la bolsa y se lo probó. No le quedaba bien porque mi muñeca es más pequeña que la suya. El problema era que habíamos dejado los eslabones sobrantes en la tienda de joyería en Jamaica. Le dije que le pediría más a la fábrica. Él trató de convencerme de que él mismo lo haría, pero yo no quería hacerle un regalo incompleto.

Desde ese momento, hemos estado mucho más cercanos que nunca. Ambos tenemos mucho respeto el uno por el otro. Alegra mi corazón saber que lleva el reloj. Disfruto más viendo que él lo lleva y no yo. He visto a nuestra antigua empleada varias veces desde entonces, y siempre me alegra ver su progreso.

Sin embargo, aún estaba ante la realidad de que teníamos que cubrir un hueco en nuestra plantilla, pero sabía que Dios cuidaría de nosotros. Había actuado de una forma que mantendría la puerta abierta para su provisión.

Ahora, permíteme compartir la recompensa del honor. Pocas semanas después, nuestro equipo de recursos humanos contrató a una mujer llamada Darcie para reemplazar a nuestra anterior señora de derechos internacionales. La forma en que describo a Darcie es como una tigresa humana. He visto a muy pocas personas en mi vida con una pasión tal por ver la Palabra de Dios llegar a las manos de los creyentes de todo el mundo. Ella se enroló con nosotros corriendo y pisando fuerte. Nuestros otros empleados en este puesto solían esperar a que las cosas sucedieran, pero Darcie no. Ella oraba, y después iba en pos de las editoriales internacionales para que imprimieran nuestros libros.

La anterior señora hizo un buen trabajo. En nueve meses, aumentó nuestras traducciones a otros idiomas de dieciocho a veintitrés. Darcie, en sus primeros nueve meses, ¡aumentó nuestras traducciones de veintitrés a cuarenta! Sí, has leído bien. La otra empleada consiguió que nuestros libros se tradujeran a otros cinco idiomas más; Darcie consiguió triplicarlo a diecisiete idiomas nuevos en la misma cantidad de tiempo. En el momento de escribir estas palabras, ahora lo hacemos a más de cien idiomas, debido a la gracia de Dios. Para llevarlo un paso más adelante, también hemos sido capaces de dar más de 20 millones de recursos a pastores y líderes en más de 200 naciones.

Creo que todo esto no habría sucedido si yo no hubiera honrado al pastor que contrató a nuestra empleada sin decirnos nada. Recibimos una recompensa; la Palabra de Dios que administramos está tocando a más millones de vidas. Algunos de los logros que ella ha conseguido fueron la iniciación de que nuestros libros, por decenas de miles, llegaran a manos de líderes en lugares del mundo hostiles hacia el evangelio. De hecho, algunas de las áreas donde han sido enviados ni siquiera puedo compartirlas con nuestros socios ministeriales, para proteger a los líderes en esas naciones perseguidas.

No se me ocurre ninguna otra recompensa mayor que la capacidad de tocar muchas más vidas con la Palabra de Dios; sin embargo, Dios no había terminado. Aún había otra recompensa de camino a la cual yo estaba completamente ajeno. Pocos meses después estaba en una ciudad hablando un domingo por la mañana. Tras la reunión, el pastor me llevó a comer. Invitaron a un hombre de negocios a que nos acompañara. Mientras estaba en el baño de hombres del restaurante, el empresario me preguntó: "John, ¿qué tipo de reloj le gustaría tener?".

No hace falta que mencione que su pregunta me tomó por sorpresa. Tartamudeé un poco y finalmente dije: "No es algo que usted quisiera saber".

Él insistió: "No, John, realmente sí quiero saberlo. ¿Qué tipo de reloj le gustaría tener?".

Al ver su insistencia, procedí a decir: "Desde hace varios años, mi reloj soñado ha sido un Breitling".

Los relojes Breitling los fabrica una división de la empresa Bentley Motor Company. Son muy caros y difíciles de encontrar; no los encuentras en todas las ciudades. Yo admiré uno en la muñeca de un hombre años atrás. El diseño fue cautivador para mi vista, y pensé que sería muy bonito tener uno. Me gusta volar (aunque no soy piloto), y se hicieron originalmente para los pilotos. Finalmente encontramos una tienda que los tenía en una gran ciudad. Lisa y yo nos quedamos un tanto fríos por el precio, y decidí no gastar esa cantidad de dinero en un reloj, pero me seguían gustando.

Al escuchar mi respuesta, el empresario se levantó la manga de su chaqueta y se quitó de su muñeca un reloj recién comprado de la gama más alta de Breitling Navitimer. Después lo puso en mi muñeca, y dijo con una sonrisa: "John, mientras estaba hablando en la reunión esta mañana, Dios me dijo que le regalara este reloj".

Me quedé anonadado, pero a la vez no podía hablar y estaba abrumado. Si Dios no se lo hubiera dicho, él nunca habría sabido que mi marca favorita de reloj era Breitling, y para hacerlo incluso más divertido, el estilo aviador de la gama más alta. ¿Cuáles eran las probabilidades de que él tuviera ese reloj en su muñeca?

Pocas horas después del *shock* inicial de recibir el reloj, me vino el pensamiento de cómo yo di mi reloj nuevo para honrar al pastor unos meses atrás. Me di cuenta de que Dios estaba haciendo lo que dijo que haría: honrarme a cambio, porque recuerda que Él dice: "Porque yo honraré a los que me honran" (1 Samuel 2:30). Quizá digas: "Pero John, tú no honraste a Dios, sino que honraste al pastor". Recuerda que Jesús dice: "El que honra a mi siervo, a mí me honra, y el que me honra a mí, honra al Padre" (Mateo 10:40, paráfrasis del autor).

Cada vez que miro el reloj, y lo tengo en mi muñeca ahora mientras escribo, lo veo como un bonito regalo de mi Padre. Significa mucho más para mí que si hubiera ido yo mismo a comprarlo. También significa mucho más para mí que si este hombre simplemente me hubiera regalado un reloj caro. No es el reloj, sino el sentimiento que hay tras él lo que significa tanto para mí. Dios hará lo mismo, pero de una forma distinta, con todos aquellos que lo honran a Él al honrar a sus siervos.

AMOR ACOMPAÑADO DE TEMOR SANTO

Espero que a estas alturas lo estés viendo más claro: honrar es amar genuinamente. Se necesita tanto temor santo como amor incondicional para caminar en verdadera honra. Se nos dice:

> "El amor sea sin fingimiento. Aborreced lo malo, seguid lo bueno. Amaos los unos a los otros con amor fraternal; en cuanto a honra, prefiriéndoos los unos a los otros".
> —Romanos 12:9-10

Hay mucho en estos dos versículos. En primer lugar, Pablo dice que el verdadero amor no tiene hipocresía. Una definición de *hipocresía* es "el encubrimiento del verdadero carácter o motivación de uno" (*Webster's*, 1828). Estaría caracterizado por alguien que actúa como si te honrara con sus acciones y palabras externas, pero en su interior te critica, te envidia o incluso te menosprecia. O en tu ausencia, la persona te rebaja, te difama o te calumnia. En la parte sur de Estados Unidos se ha desarrollado una cultura que podría conducir fácilmente a esto. Todos hemos oído de la hospitalidad sureña, un caballero del sur, o una belleza sureña. Todos estos términos implican que los de esta parte del país son dados a la gracia y el honor. Sin embargo, lo que ocurrió con muchos que se criaron así es que aprendieron a vivir según estas expectativas de una manera fingida y no de verdad.

En el pasado, he sido testigo de cómo algunas personas del sur han hablado cruelmente de otros cuando no están, y después cuando ven a esas mismas personas las tratan con una apariencia de gran honor, amor y respeto. Por otro lado, otras partes del país son distintas; las personas no tienen estas expectativas con las que vivir, así que tienden a ser más directas. En particular, me encantan las personas del noreste. Es común que, si no les caes bien, te lo digan a la cara. No han sido entrenados para fingir, sino que por lo general son sinceros o, mejor dicho, directos.

Para honrar verdaderamente, debemos hacerlo sin hipocresía. Nunca se puede hacer fingiéndolo, ya que solo llevará al engaño, y sin duda no hay recompensa alguna para la falsedad. Pablo continúa en esta línea: "El amor sea sin fingimiento. Aborreced lo malo, seguid lo bueno". Aborrecer lo malo y seguir lo bueno es el temor del Señor. Proverbios 8:13 dice: "El temor de Jehová es aborrecer el mal". El temor del Señor nos guarda del engaño. Nos guarda de cegarnos ante una conducta hipócrita. Examinemos de nuevo la corrección de Dios en esto. Isaías afirma: "Porque este pueblo se acerca a mí con su boca, y con sus labios me honra, pero su corazón está lejos de mí, y su temor de mí no es más que un mandamiento de hombres que les ha sido enseñado" (Isaías 29:13).

La palabra *enseñado* tiene que ver con la "repetición frecuente de palabras o sonidos, sin atender al significado o a principios". Dios afirma que la gente muestra honor con sus labios, y en otros lugares del libro de Isaías con sus acciones, pero su corazón no está involucrado. Es honor con hipocresía, lo que no es honor en absoluto. ¿Por qué caen en esta conducta? Por la ausencia del temor del Señor, "su temor de mí" consiste en una rutina, algo que se ha convertido en un hábito.

Esto se ve muy frecuentemente dentro de las iglesias. Estamos tan enfocados en ser educados que perdemos de vista el hablar desde nuestro corazón. Permíteme dar un ejemplo. Steve se apresura a una reunión. Va con cinco minutos de demora y es crucial estar a tiempo. Mientras camina por la calle llena de gente ve a Jim, un hermano de la iglesia a quien no ha visto en varias semanas, caminando en dirección opuesta por el otro lado de la calle. Él piensa: *Oh, no, espero que Jim no me vea. No tengo tiempo de hablar, y tampoco es uno de mis amigos favoritos.*

De repente, Jim y Steve tienen contacto visual, y Jim de inmediato empieza a cruzar la calle para saludar a su hermano en Cristo. Steve ahora se da cuenta de que tiene que reconocer a Jim, o quedará como un maleducado. Así que Steve se dirige hacia su hermano cristiano que está cruzando la calle para saludarlo. Steve habla primero porque tiene prisa y necesita que la interacción sea corta: "Jim, gloria a Dios, me alegro de verte".

Jim devuelve el saludo y le pregunta a Steve cómo está.

Steve dice: "Estoy bien, pero sabes, llego tarde a una reunión, así que ¿por qué no te llamo y quedamos para comer un día?". Los dos siguen sus caminos.

Repasemos la breve conversación de Steve con Jim. En primer lugar, dice: "Gloria a Dios, me alegro de verte". Steve ni siquiera estaba pensando en Dios en ese momento; es solo una rutina que ha incorporado a su forma de hablar para *mostrar* emoción y su fe cuando ve a otro cristiano. En segundo lugar, no se alegró de ver a Jim; le habría gustado que Jim no lo hubiera visto. Así que tan solo en la primera frase está cediendo al engaño y mintiendo, sin una pizca de convicción.

Después, la frase de despedida de Steve es: "¿Por qué no te llamo y quedamos para comer un día?". Él no tiene intención de llamar a Jim y quedar a comer con él. Es solo su manera de salir de la incómoda situación en la que se encontraba. Otra mentira.

¿Mentiría Steve a propósito? Probablemente no lo haría. Entonces ¿por qué no siente convicción alguna? Porque ha aprendido a amar con fingimiento debido a la falta del temor del Señor en su vida. Esto le lleva a un estilo de vida enseñado, en el que demuestra amor y honor cuando en realidad es tan solo una forma de amor hueca.

El temor del Señor nos mantiene conscientes del hecho de que Dios conoce en detalle cada pensamiento e intención, junto con cada palabra que decimos. Incluso por las palabras ociosas que hayamos dicho tendremos que dar cuentas de ellas en el día del juicio (ver Mateo 12:36). Leemos: "Venid, hijos, oídme; el temor de Jehová os enseñaré… Guarda tu lengua del mal, y tus labios de hablar engaño. Apártate del mal, y haz el bien" (Salmos 34:11, 13-14).

Qué falta nos hace amar de verdad, y solo podremos hacerlo deseando y andando apasionadamente en el temor del Señor. Qué terrible es caer en el engaño, vivir fingiendo; solo el temor de Dios puede impedir que caigamos en esta trampa.

ESTIMANDO A LOS DEMÁS COMO SUPERIORES

En Romanos, Pablo continúa diciendo: "Amaos los unos a los otros con amor fraternal; en cuanto a honra, prefiriéndoos los unos a los otros" (12:10). La honra da preferencia a otros porque los valora y los estima. Pablo vuelve a decir esto en otra de sus cartas:

"Por tanto, si hay alguna consolación en Cristo, si algún consuelo de amor, si alguna comunión del Espíritu, si algún afecto entrañable, si alguna misericordia, completad mi gozo, sintiendo lo mismo, teniendo el mismo amor, unánimes, sintiendo una misma cosa. Nada hagáis por contienda o por vanagloria; antes bien con humildad, estimando cada uno a los demás como superiores a él mismo; no mirando cada uno por lo suyo propio, sino cada cual también por lo de los otros. Haya, pues, en vosotros este sentir que hubo también en Cristo Jesús".

—Filipenses 2:1-5

Estimar a otros más que a ti mismo es honrarlos. Deberíamos meditar, reflexionar y considerar en oración estas palabras en todas las actividades y los asuntos de nuestra vida. Si aprendiéramos esto, y lo arraigáramos profundamente en nuestro ser, caminaríamos en una mayor bendición, ya que eso es la verdadera honra.

Observemos que Pablo dice: "Haya, pues, en vosotros este sentir que hubo también en Cristo Jesús". Nunca olvidaré las palabras que el Señor me dijo cuando era un cristiano muy joven. Iba conduciendo en mi automóvil y le oí decir: "John, ¿sabes que te estimo más que a mí mismo?".

Alarmado por oír esas palabras, me quedé impactado, pensando que tenía que ser el enemigo intentando sembrar algún pensamiento blasfemo u orgulloso en mi ser. ¿Cómo podía ser que Aquel que hizo el universo y todo lo que existe en él, me dijera a mí, un pequeño peón como persona, que me consideraba más valioso que Él mismo? Casi dije: "Apártate de mí, Satanás, me eres tropiezo". Pero de algún modo, en lo profundo de mi espíritu sabía que era la voz de Jesús. Aun así, tuve que asegurarme, porque sabía desde una temprana edad espiritual que la

Palabra de Dios nos dice que debemos "probad los espíritus" (1 Juan 4:1).

Ordené mis pensamientos y respondí: "Señor, no me puedo creer esto a menos que me des tres testigos del Nuevo Testamento". Estaba temblando al decir estas palabras, pero sabía que era lo correcto que debía hacer.

Sentí en mi corazón que el Señor no tenía problemas con mi petición; de hecho, sentí su agrado cuando pregunté. Le oí decir casi de inmediato: "¿Qué dice Filipenses 2:3?".

Me lo sabía de memoria, así que se lo recité en voz alta: "Nada hagáis por contienda o por vanagloria; antes bien con humildad, estimando cada uno a los demás como superiores a él mismo".

El Señor respondió: "Este es tu primer testigo".

Yo dije rápidamente: "No, Señor, no era eso lo que Pablo estaba diciendo. Él les estaba diciendo a los creyentes filipenses que se estimaran unos a otros más que a ellos mismos; no estaba escribiendo sobre cómo tú me tratas y me estimas".

El Señor de inmediato me dijo: "¡Yo no digo a mis hijos que hagan algo que yo mismo no hago!".

Me dejó sin argumentos.

Después me dijo: "Ese es el problema de muchas familias. Los padres les dicen a sus hijos que hagan cosas que ellos mismos no hacen, o les dicen que no hagan cosas que ellos hacen. Muchos padres les dicen a sus hijos que no se peleen, y ellos mismos se pelean delante de ellos continuamente. Después los padres se preguntan porqué sus hijos se pelean. Yo no actúo así".

Todavía estaba un poco receloso, así que dije: "Eso es solo un versículo. Aún necesito dos más".

Entonces oí: "¿Quién murió en la cruz, tú o yo?".

Me quedé pasmado.

Después oí: "Yo fui a esa cruz cargando tus pecados, enfermedades, pobreza y juicio, porque te estimé más que a mí mismo". (El versículo de referencia que me dio fue 1 Pedro 2:24).

En ese momento me di cuenta de que verdaderamente había oído la voz del Señor. Él me honró (estimó) más que a sí mismo, o de lo contrario no hubiera tomado sobre sí mi juicio ni hubiera muerto en mi lugar. Sabía que habría un tercer versículo de camino, y sin tener que preguntarlo oí en mi corazón: "El tercer testigo es: 'Amaos los unos a los otros con amor fraternal; en cuanto a honra, prefiriéndoos los unos a los otros'" (Romanos 12:10). Después habló a mi corazón: "Yo soy el primogénito entre muchos hermanos (Romanos 8:29), y en honor estimo a mis hermanos y hermanas más que a mí mismo".

Por supuesto que esto es válido para cada hijo de Dios, no solo para mí. Él literalmente nos estima a cada uno en honor más que a sí mismo. Esto es casi demasiado maravilloso de comprender. Es el verdadero amor de Dios.

Quizá digas: "Pero John, se trata de Jesucristo. Nosotros nunca podríamos amar así". Bueno, esto es lo asombroso: realmente podemos. Se nos dice que el Espíritu Santo ha derramado el amor de Dios en nuestro corazón (ver Romanos 5:5). La evidencia se encuentra en las propias palabras de Pablo. Escucha lo que dijo con respecto a sus compatriotas:

"Con Cristo de testigo hablo con toda veracidad. Mi conciencia y el Espíritu Santo lo confirman. Tengo el corazón lleno de amarga tristeza e infinito dolor por mi pueblo, mis hermanos judíos. Yo estaría dispuesto a vivir

bajo maldición para siempre —¡separado de Cristo!—
si eso pudiera salvarlos".   —Romanos 9:1-3 (NTV)

Todavía me estremezco con estas palabras de Pablo. Está
diciendo, y no está escrito en absoluto en forma pretenciosa,
que él estaría dispuesto a ser separado de Cristo, de la salvación,
para toda la eternidad si con ello pudiera obtener la salvación de
sus compatriotas, hombres y mujeres. ¿Cómo es posible que un
mero hombre actúe con este tipo de amor y honor? Es imposible hacerlo mediante el amor humano; solo el amor de Dios, el
cual motivó a Jesús, podría honrar de esta forma. Pablo desarrolló ese amor y esa honra con tanta fuerza en su corazón que
resultó en este clamor. Y permíteme decir además lo siguiente:
el Espíritu Santo nunca le hubiera permitido escribir estas palabras a menos que las dijera en serio. Uno no puede mentir, escribir falsedad, cuando está redactando la Escritura.

¿Ves el potencial en todos los que hemos nacido de nuevo?
Romanos 5:5 dice de manera enfática: "Pues el amor de Dios
ha sido derramado en nuestros corazones por el Espíritu Santo
que nos ha sido dado" (AMPC, traducción libre). Por eso Jesús
nos dice: "Un mandamiento nuevo os doy: Que os améis unos a
otros; como yo os he amado, que también os améis unos a otros"
(Juan 13:34). Fue un mandamiento nuevo porque las personas no
podían caminar en ese tipo de amor en el Antiguo Testamento.
El amor de Dios aún no había sido derramado en sus corazones.
Observemos las palabras "como yo os he amado". Él se dio a sí
mismo por nosotros completamente. Él fue separado del Padre,
y clamó: "Dios mío, Dios mío, ¿por qué me has desamparado?"
(Mateo 27:46). Él escogió voluntariamente hacerse pobre, ser
separado de Dios, para que nosotros pudiéramos tener vida
eterna. Él nos honró al nivel más alto, y Pablo fue capaz de decir

con toda honestidad las mismas palabras con respecto a sus compatriotas. ¡Oh, Padre, ayúdanos a mostrar este tipo de amor! Tú nos has dado el potencial; ahora tenemos que desarrollarlo en cooperación con el Espíritu Santo.

Eso, mis queridos hermanos y hermanas, es el verdadero honor: estimar a los demás creyentes, y a los que necesitan a Jesús, como valiosos, importantes y preciosos. Esto nos motivará a dar a la obra del reino de todas las formas posibles, ya sea servicio, oración o finanzas. Nos motivará a hacer lo que hicieron los macedonios. Su honor fue como el de Cristo, y Pablo usó su amor para motivar a los creyentes corintios:

> "Amigos míos, queremos que sepan que las iglesias en Macedonia han mostrado a otros lo bueno que es Dios. Aunque estaban pasando por tiempos difíciles y eran muy pobres, dieron con alegría de forma muy generosa. Dieron todo lo que podían y más, simplemente porque quisieron hacerlo. Incluso nos pidieron y suplicaron que les permitiéramos experimentar el gozo de dar de su dinero para el pueblo de Dios. Y dieron más de lo que esperábamos. Se dieron primeramente ellos mismos al Señor y después a nosotros, tal como Dios quería que hicieran.
>
> Tito fue el que hizo que ustedes empezaran a hacer esta buena obra, así que le rogamos que les dejara terminar lo que habían comenzado. Ustedes hacen todo mejor que nadie. Tiene una fe más fuerte, hablan mejor y saben más, tienen el anhelo de dar, y nos aman mejor. Ahora deben dar con más generosidad que los demás.

No les estoy ordenando que lo hagan. Simplemente estoy probando la autenticidad de su amor comparándolo con la preocupación que otros han mostrado. Ustedes saben que nuestro Señor Jesucristo fue bueno como para abandonar todas sus riquezas y hacerse pobre, para que ustedes pudieran ser ricos.

Hace un año ustedes fueron los primeros en dar, y dieron porque así lo quisieron. Así que escuchen mi consejo. Creo que deberían terminar lo que comenzaron. Si dan según lo que tienen, demostrarán que están tan deseosos de dar como pensaban que lo estaban. No importa cuánto tengan. Lo que importa es cuánto estén dispuestos a dar en base a lo que tienen.

No estoy tratando de hacer que la vida sea más fácil para otros haciendo que la vida sea más dura para ustedes, pero es justo que ustedes compartan con ellos cuando tienen tanto, y ellos tan poco".

—2 Corintios 8:1-14 (CEV, traducción libre)

Pablo estaba usando el honor que los macedonios habían mostrado a los necesitados para urgir a los creyentes de Corinto a dar con base en el amor que Dios ha puesto en todos los creyentes. Está ahí, el amor de Dios está en nuestros corazones. Debemos cooperar con el Espíritu Santo para desarrollarlo. No digas: "Bueno, esa no es mi responsabilidad o como yo soy". Eso solo impedirá que puedas caminar de una manera que produzca una verdadera satisfacción en tu corazón, gozo a quienes influencias, y un gran galardón, no solo en esta vida sino especialmente en la venidera. No te contengas; honra a otros creyentes. Te alegrarás de haberlo hecho por toda la eternidad.

13

HONRAR A QUIENES NOS SON CONFIADOS

"El que les honra a ustedes me honra a mí, y el que me honra a mí honra al que me envió. El que honra a un profeta por cuanto es profeta, recompensa de profeta recibirá, y el que honra a un hombre justo por cuanto es justo, recompensa de justo recibirá. Y cualquiera que honra a uno de estos pequeños dándole tan solo un vaso de agua fría por cuanto es un discípulo, en verdad les digo que ciertamente no se quedará sin su recompensa".

—Mateo 10:40-42 (paráfrasis del autor)

Ahora pasamos a ver aquellos que nos son confiados, personas bajo nuestra autoridad. Este grupo está definido en palabras de

Jesús como: "Y cualquiera que *honra* a uno de estos pequeños dándole tan solo un vaso de agua fría por cuanto es un discípulo, en verdad les digo que ciertamente no se quedará sin su recompensa".

PEQUEÑOS

En la Escritura, los "pequeños" son identificados como niños pequeños o aquellos que han sido confiados bajo nuestra autoridad delegada. Nos enfocaremos en estos últimos, los cuales en un entorno familiar serían nuestros hijos. Muchos pequeños han sido maltratados e incluso abusados a manos de los que son su autoridad. Esto hace enojar el corazón de Dios, porque Jesús advierte lo siguiente de forma muy clara:

> "Será algo terrible para los que hacen que uno de mis pequeños seguidores peque. ¡Sería mejor que esas personas se arrojaran a lo más profundo del océano con una pesada piedra atada al cuello! El mundo siempre tiene problemas por la forma en que hace que la gente peque. Siempre habrá algo para hacer pecar a la gente, pero cualquiera que lo haga estará en problemas. ¡No sean crueles con ninguno de estos pequeños! Les prometo que sus ángeles están siempre con mi Padre en el cielo".
> —Mateo 18:6-7, 11 (CEV, traducción libre)

Esta es una seria advertencia. Cuando Jesús dice que algo es *terrible*, será mejor que creamos que sin duda alguna será *terrible*. ¿Por qué es tan firme? Dios es quien delega la autoridad; Él es amor, y libera su autoridad con el propósito de amar y proteger. Si en lugar de eso se usa para abusar, aprovecharse o dañar a los pequeños, se convierte en una afrenta directa hacia Él. Quizá pienses: *No es una afrenta directa a Él, sino más bien a su pueblo*. Eso no es así, porque Jesús dice: "De cierto os digo que en cuanto lo hicisteis a uno de estos mis hermanos *más pequeños*, a mí lo hicisteis" (Mateo 25:40, énfasis del autor). Cómo tratamos a quienes están bajo nuestra autoridad refleja cómo tratamos a Jesús. Piensa esto en la manera en que tratas a tus hijos, tu cónyuge, tus empleados, alumnos, y demás.

Aquellos a quienes ha sido otorgada alguna autoridad tienen la responsabilidad de corregir y disciplinar. Algunos líderes hacen que los pequeños tropiecen al no corregirlos cuando es necesario hacerlo. Si a un niño se le deja sin corrección, terminará siendo corrupto en lugar de piadoso. Pablo muestra la importancia de la buena disciplina en su carta a los corintios: "Quizá piensan que sobreestimo la autoridad que Él me dio, pero no me retracto. Cada trocito de mi compromiso tiene el propósito de edificarlos a ustedes, y no de aplastarlos" (2 Corintios 10:8 MSG, traducción libre). Al leer estas dos cartas escritas a los corintios, no es difícil detectar la firmeza de la disciplina de Pablo con ellos. Él valoraba a estos pequeños al darles corrección y entrenamiento. Sin embargo, claramente dice que la autoridad se da con el propósito de edificar, lo que incluye servir y proteger. Tú como líder debes preguntarte: ¿Es esta mi motivación? Si honras a los pequeños, será tu motivación; por lo tanto, los corregirás cuando sea necesario.

En el otro lado del abanico, otros hacen lo contrario. Hablo de los que hacen que los pequeños tropiecen al usar su autoridad con fines egoístas. Su corrección es dañina. No han desarrollado amor en su corazón, a través de la oración y la meditación, por los que están bajo su cuidado. Nuestro corazón debería arder por ver prosperar a aquellos que nos han sido encomendados. ¿Cometerán errores? Por supuesto. Tan solo recuerda cuando eras joven e inmaduro, ¿o ya se te ha olvidado? A mí me desafiaron los que estaban por encima mío. Cometí errores estúpidos y pequé. Era impulsivo, actuaba sin pensar bien las cosas, y hacía declaraciones ignorantes y ridículas, especialmente en el momento más inoportuno. Estoy muy agradecido de que mis líderes no se rindieran conmigo.

Recuerdo hace años atrás cuando mi esposa y yo estábamos formando nuestro equipo ministerial. Teníamos algunos empleados (en el momento de escribir estas palabras tenemos más de cincuenta), y nos molestaban sus errores. Recuerdo hacerle un comentario a Lisa que creo que fue una palabra profética que trajo corrección y entendimiento para los dos. Le dije: "Lisa, si las personas que Dios pone bajo nuestra autoridad no necesitan nada de nosotros, ¿por qué los pone Dios bajo nuestra autoridad?". Ambos asentimos en afirmación.

LIDERAZGO DE LA IGLESIA

Al viajar a miles de iglesias a lo largo de los años, he sido expuesto a una gran variedad de liderazgos. Me emocionan particularmente los líderes que piensan de forma creativa. Están edificando la casa de Dios de formas poco convencionales. Nuestros métodos son cada vez más amistosos hacia quienes no son salvos. Se crean atmósferas para hacer que se sientan más que bienvenidos, en lugar de los antiguos entornos tradicionales que son extraños para los que no asisten a la iglesia. Nos estamos deshaciendo del atuendo formal, los cantos de hace veinte años y la jerga eclesial, y usamos la multimedia para reemplazar lo que solía ser la forma mundana de comunicar anuncios o eventos, solo por nombrar unas cuantas cosas. Personalmente creo que esta es la sabiduría de Dios.

Como nota al margen, recuerda siempre que Dios está a favor de los métodos amistosos. El apóstol Pablo declara en 1 Corintios 10:33: "como también yo en todas las cosas agrado a todos, no procurando mi propio beneficio, sino el de muchos, para que sean salvos. Sed imitadores de mí, así como yo de Cristo". Pablo está hablando de métodos cuando dice "en todas las cosas". Él imitaba lo que Jesús hacía para alcanzar a los perdidos. Sin embargo, Dios está en contra de los mensajes amistosos. Con respecto a los mensajes amistosos, el mismo hombre, Pablo, dice claramente: "¿O trato de agradar a los hombres? Pues si todavía agradara a los hombres, no sería siervo de Cristo" (Gálatas 1:10). Nunca deberíamos comunicar un evangelio relajado para alcanzar a más personas. Si lo hacemos, estaremos edificando una congregación de discípulos falsos que estarán en peligro de oír las palabras de Jesús en ese gran día: "Nunca os conocí; apartaos de mí" (Mateo 7:20-23). Su sangre estará en nuestras manos. Pablo informó a un grupo de líderes: "Estoy limpio de la sangre de todos; porque no he rehuido anunciaros todo el consejo de Dios" (Hechos 20:26-27). No podemos limitarnos a proclamar segmentos positivos escogidos de la Escritura; debemos también advertir y corregir (ver Colosenses 1:28).

Jesús nos dice claramente que el Espíritu Santo "convencerá al mundo de pecado" (Juan 16:8). Una congregación que no trae convicción a los que viven en pecado debido a sus mensajes amistosos no es diferente de la iglesia de Laodicea que encontramos en el libro de Apocalipsis. Esta asamblea estaba al límite de ser vomitada de la boca de Jesús, porque no permitían que Él produjera una purificación piadosa mediante la presencia de su Espíritu Santo. Por consiguiente, le rogó a la iglesia: "He aquí, yo estoy a la puerta y llamo" (Apocalipsis 3:20). Esto muestra el peligro extremo de los mensajes amistosos hacia quienes buscan.

Sin embargo, con respecto a los métodos amistosos, veamos otra declaración del apóstol Pablo:

> "Aunque estoy libre de las demandas y expectativas de todos, voluntariamente me he hecho siervo de todos para alcanzar a un rango mayor de personas: religiosos, no religiosos, moralistas meticulosos, los que viven inmoralmente, los derrotados, los desmoralizados, a todos. No adopto sus estilos de vida, sino que sigo mi conducta en Cristo, pero entré en su mundo e intenté experimentar las cosas desde su punto de vista.
>
> Me he convertido en todos los tipos de siervos que hay con el intento de llevar a todos a los que me encuentro a la salvación de Dios".
>
> —1 Corintios 9:19-22 (MSG, traducción libre)

Escucha sus palabras: "Entré en su mundo e intenté experimentar las cosas desde su punto de vista". Hablando recientemente a cientos de pastores, les rogaba que entraran en sus propias reuniones como si fueran visitantes y las vivieran desde el punto de vista de una persona que no va a la iglesia. Después dije: "Si son honestos y abiertos, muchos de ustedes harían numerosos cambios".

En el cuerpo de Cristo deberíamos estar a la última en comunicación y tecnología. Deberíamos inspirar al mundo con nuestra creatividad e innovación. ¿Por qué las arenas seculares poseen excelencia y el reino de Dios va a estar representado por operaciones de segunda clase? No, así como Daniel y los demás hebreos eran más sabios que los hijos del mayor reino del mundo, Babilonia, a nosotros también deberían buscarnos por nuestras ideas innovadoras.

Proclamemos y enseñemos la Palabra de Dios en el poder del Espíritu Santo sin comprometerla, pero envolvámosla de tal forma que quienes no van a la iglesia la puedan asimilar. Nuestro mensaje debe producir una fuerte convicción en el corazón del desobediente e incrédulo. Debemos pedir una sumisión total a Jesucristo, lo que significa arrepentimiento de pecado, impiedad y deseos mundanos, acompañado de dar el 100 por ciento de nuestra vida para seguirlo a Él. Podemos hacer esto con gozo en nuestra vida y nuestros mensajes acompañado de ideas innovadoras. Ser cristiano no significa perder el entusiasmo y la creatividad. No, más bien, en Cristo encontramos estas cualidades en abundancia. Si honramos a los pequeños, pasaremos tiempo pensando de forma creativa por ellos. Esto agrada el corazón de Dios.

MEJORAR O DRENAR LA VIDA

Ahora escuchemos lo que dice Pedro a los líderes de la iglesia:

> "Advierto y aconsejo a los ancianos entre ustedes (los pastores y guías espirituales de la iglesia) como anciano igual que ustedes… Cuiden (alimenten, guarden, guíen y atiendan) al rebaño de Dios, pues es su responsabilidad, no por coacción o restricción, sino voluntariamente; no motivados de forma deshonrosa por las ventajas y beneficios [que van con el oficio], sino con entusiasmo y alegría; no siendo dominantes [como personas arrogantes, dictatoriales y autoritarias] con los que tienen a su cargo, sino siendo ejemplos [patrones y modelos de la

vida cristiana] para el rebaño [la congregación]".
—1 Pedro 5:1-3 (AMPC, traducción libre)

Se pueden usar muchos términos distintos para describir la variedad de estilos de liderazgo que se encuentran en la iglesia del siglo XXI: tradicional, progresista, legalista, de equipo, dictatorial, que empodera, de microgestión, y la lista continúa. Sin embargo, podemos reducir esta lista extensa a dos categorías principales: los que mejoran la vida y los que la drenan. La diferencia se encuentra en el corazón del líder.

Algunos líderes pueden hacer mucho en lo externo, pero dejan tras ellos seguidores maltratados, heridos e incluso muertos. Por el contrario, otros también consiguen hacer mucho, pero durante el proceso edifican a aquellos a quienes lideran. Gran parte de esto se reduce a la honra o la deshonra en el corazón del líder.

Los hombres y las mujeres que son visionarios pueden abordar la edificación del ministerio de una de dos formas. El líder deshonroso, que hace que los pequeños tropiecen, ve a las personas como vehículos para servir a su visión. El verdadero líder, que edifica vidas, ve su visión como un vehículo para servir a la gente. Este líder honra a los que tiene a su cuidado. Es asombroso cómo esta motivación del corazón producirá resultados muy distintos en las personas. Jesús dice: "Pero la sabiduría demuestra estar en lo cierto por medio de sus resultados" (Mateo 11:19, NTV). He visto a personas emocionalmente apaleadas en congregaciones (me alegra decir que es raro), mientras que en otras iglesias he podido ver individuos y familias saludables. Todo tiene que ver con el honor.

El líder que honra fomentará el desarrollo de las personas. Su mayor gozo será ver a los que están bajo su cuidado caminar en intimidad con Dios y prosperar en el llamado de sus vidas. La combinación de estos dos importantes aspectos de la vida cristiana conforma el caminar en la verdad. Leamos las palabras de Juan con respecto a las personas que tenía bajo su cuidado: "Pues mucho me regocijé cuando vinieron los hermanos y dieron testimonio de tu verdad, de cómo andas en la verdad. No tengo yo mayor gozo que este, el oír que mis hijos andan en la verdad" (3 Juan 1:3-4).

Caminar en la verdad es a la vez conocer y servir a Dios. Jesús dice que en el día del juicio habrá personas que hicieron grandes obras en su nombre, pero Él declarará: "Apartaos de mí, nunca os conocí". Les faltó el aspecto más importante de la salvación, es decir, conocer íntimamente a Dios. Los buenos líderes subrayarán la relación con Dios.

Después habrá otros que, aunque conocían a Dios, lo desagradaron en gran manera. Se les confiaron dones para cumplir con su función a la hora de edificar la casa de Dios, pero no asumieron su responsabilidad. En ese día, el Señor dirá a los que enterraron sus talentos: "¡Siervo perverso y perezoso!" (Mateo 25:26, NTV).

Cada creyente tiene un llamado para edificar la casa de Dios. Efesios 2:10 dice claramente que "somos hechura suya, creados en Cristo Jesús para buenas obras, las cuales Dios preparó de antemano para que anduviésemos en ellas". Fuimos creados no solo para ser alguien sino también para hacer algo. Es trágico cuando las personas se desbalancean en su enseñanza. He oído a predicadores declarar cosas como: "No se trata de lo que hacemos, sino de lo que somos; no somos hacedores humanos, sino seres humanos". Es un bonito juego de palabras, pero un retrato desbalanceado de la vida cristiana. Cesamos de nuestras propias obras cuando nos hacemos creyentes; sin embargo, la Escritura nos muestra que, una vez salvos, entramos en su obra. Tenemos que dar fruto, y esto demuestra que nuestra fe es genuina (ver Santiago 2).

La enseñanza que enfatiza quiénes somos y descuida lo que estamos llamados a hacer, anima a las personas simplemente a asistir a la iglesia, pero a no plantarse en ella y estar activos en la casa de Dios. Cuando las personas son plantadas en la iglesia florecen en su llamado, lo que llevará a mayores recompensas eternas en el tribunal de Cristo. Fuimos creados en Cristo Jesús para llevar a cabo tareas específicas; estas obras fueron planeadas desde antes de que fuéramos creados en el vientre de nuestra madre; daremos cuentas de nuestra responsabilidad que fue preparada de antemano (ver Salmos 139:16).

La meta del líder que honra es ver a los pequeñitos caminar en la verdad, y avanzar. Los verdaderos padres y madres desean que sus hijos superen sus propios éxitos. Jesús declaró cuál era su deseo para nosotros: hacer obras mayores que las que Él hizo. Deberíamos tener esa misma actitud con los que nos siguen. Los líderes deberían desear ver eso en aquellos que están bajo su cuidado, como dijo Juan en su carta. Debería ser uno de nuestros mayores gozos.

PIENSA EN ESTAS COSAS

Los líderes sabios y de largo plazo son los que continuamente dan el mérito de su éxito a quienes los sirven. (Por supuesto, todo el mérito, honor, agradecimiento y gloria son para Dios, pero debemos recordar que Dios usa a personas). El líder muestra su honor hacia los miembros del equipo elogiando sus esfuerzos. Esto es algo que no se hace de manera superficial, sino de corazón. Como líder, yo intento siempre pensar bien de los que me ayudan a conseguir nuestra misión; ellos son regalos del cielo. Me guardo de los pensamientos negativos hacia nuestros empleados y, al hacerlo, mantengo el honor por ellos en mi corazón. Pablo nos dice:

> "Hermanos, todo lo que es verdadero, todo lo que es digno de reverencia y es honorable y decente, todo lo que es justo, todo lo que es puro, todo lo que es amable y amoroso, todo lo que es bueno y encantador y misericordioso, si hay alguna virtud y excelencia, si hay algo digno de alabanza, piensen, y mediten, y tengan en cuenta estas cosas [fijen su mente en ellas]..."
> —Filipenses 4:8 (AMPC, traducción libre)

Recuerdo una vez en nuestro matrimonio que estaba desilusionado con Lisa. Para ser franco, no estaba para nada contento con ella. Mi mala actitud había estado ahí por meses, y no mejoraba, más bien empeoraba cada vez más. En un punto durante un desacuerdo, salí de casa y me fui a un campo. No quería estar cerca de ella. Me fui quejándome de Lisa conmigo mismo y con el Señor todo el camino hasta el campo. Cuando llegué allí, oí claramente en mi corazón: "Hijo, quiero que pienses en las cosas que Lisa hace bien, y me des gracias por ellas".

Por supuesto, en ese momento no era en absoluto nada positivo; sin embargo, pude pensar en un aspecto: era una buena madre. Pero, en mi frustración, no pensaba que había muchos más atributos que nombrar. Cuando le di las gracias a Dios porque ella era una buena madre, vino otro aspecto a mi mente;

cuando le di gracias a Dios por esa área de su vida, me vino otro a la mente. Esto continuó durante un buen rato, y finalmente me encontré abrumado por la esposa tan asombrosa que tenía. Sucedió algo interesante: comencé a ver nuestra situación desde una perspectiva muy diferente; eso me hizo darme cuenta de que había sido un esposo muy pobre todo el tiempo que me había desilusionado con ella. Había entrado verdaderamente en razón y ahora veía las cosas con precisión. Era como Dios lo veía.

Regresé a nuestra casa y comencé a decirle todos los atributos que apreciaba de ella, y seguí haciéndolo. Fui nombrándolos todos; era algo que fluía de mi corazón. Cuando me fui al campo, ella parecía tan enojada que hubiéramos necesitado mucho tiempo para restaurar nuestra relación. Sin embargo, como la estaba honrando de corazón, y seguían saliendo cosas de mí, esto produjo una reconciliación inmediata. A partir de ese día, vimos sanidad y restauración en nuestro matrimonio, y nunca regresamos a donde estábamos en ese entonces.

Lo mismo ocurrirá con nuestros hijos, empleados, alumnos, y miembros de la iglesia si hacemos lo que Filipenses 4:8 nos dice que hagamos. Pensemos en lo que es bonito, bueno y agradable en cuanto a los que están a nuestro cuidado. Pensemos en lo valiosos que son para nuestro Padre; ellos son sus hijos e hijas. Si no son salvos, enfoquémonos en el hecho de que Cristo estuvo dispuesto a morir por ellos. Si hacemos esto, guardaremos nuestro corazón de deshonrarlos, y seremos bendecidos.

De nuevo, esto no significa que no ejerzamos corrección cuando sea necesario. Sin embargo, cuando se trata de la corrección, lo hacemos de forma concisa y eficaz. Nuestros hijos y empleados saben que no guardamos resentimiento. Han dicho de nosotros que somos firmes, pero cuando terminamos la corrección nos reímos o bromeamos con ellos poco después. He aprendido esta lección de Dios mismo. Cuando Dios nos disciplina y respondemos a ello, nuestro Padre es rápido para perdonar y olvidar. Él no guarda rencor. Él no deja un rastro de vergüenza que nos acompañe; solo el enemigo hace eso, pero Él entierra nuestros errores en el mar del olvido. Lo único que Él nos pide es que aprendamos de su corrección para que no cometamos otra vez el mismo error. Los pensamientos de amor, honor y esperanza de nuestro Padre hacia nosotros son tan numerosos que superan los granos de arena que hay en la tierra (ver Salmos 139).

Cuando el líder honra a los pequeños, esto a cambio libera el don de Dios en su vida. A medida que florece el don de ellos, el líder a cambio se beneficia cuando su visión se lleva a cabo mediante todos los dones de la gente combinados en la organización. Me asombran algunos pastores con los que me he cruzado que hablan mal a su equipo. Hablan con dureza, demandando un tono y hablando con su equipo como si fueran estúpidos. Después he oído a estos mismos líderes decir: "No soy capaz de encontrar personas competentes. Necesito mejores empleados". No me extraña. No valoran a su gente, y por lo tanto no reciben recompensa alguna por su deshonra.

ECONÓMICAMENTE

Así como honramos a los líderes con nuestras finanzas, también honramos a los pequeños del mismo modo. Hace unos años atrás, estaba ayudando a la asistente de Lisa con sus finanzas personales. Estábamos preparando su presupuesto mensual. En ese momento pagábamos a nuestros empleados el sueldo estándar establecido por los ministerios en Colorado Springs. Yo sumé todos sus gastos y observé que las cosas estaban muy apretadas. Y dije: "No puedes vivir decentemente con este salario". Mi esposa, que estaba por ahí cerca, estuvo de acuerdo.

Inmediatamente tomé el teléfono para hablar con nuestro director de finanzas, y le dije: "Acabo de ayudar a la asistente de Lisa con su presupuesto. Veo que no le pagamos lo suficiente. Nadie de nuestro equipo debería vivir con un salario así de escaso. Quiero que todos nuestros empleados lleguen a este nivel (le di una cantidad) de ingresos anuales. No me importa si están enviando paquetes o respondiendo llamadas de teléfono".

El teléfono se quedó mudo unos instantes, y después nuestro director de finanzas dijo: "Si haces esto, serás uno de los ministerios más buscados de nuestra ciudad para trabajar".

Yo respondí: "Esa no es la razón por la que lo hago. Los miembros de nuestro equipo dan sus vidas para servir a Dios con nosotros, así que necesitan que se les compense bien".

Un buen número de empleados recibieron grandes aumentos salariales ese día. Fue una sorpresa total, y se mostraron muy agradecidos al oír la noticia. Una jovencita estaba planeando entregar su renuncia esa misma semana. Pensaba volver con su familia en otro estado; su situación financiera se había complicado mucho. Ese día recibió un aumento salarial anual de cinco mil dólares. Así que no renunció.

Se quedó con nosotros durante años después de este incidente, y poco después fue ascendida a supervisora de departamento. Se convirtió en una de nuestras empleadas más productivas y valoradas. Ella creció velozmente en los años restantes que estuvo con nosotros. Me estremezco al pensar en el beneficio que tanto ella como *Messenger* se hubieran perdido si ella se hubiera ido por problemas en su economía.

Nuestra recompensa no solo se manifestó con esta joven; lo vimos en todo el ministerio. Parecía que la productividad del equipo en general aumentó a partir de ese momento. Entramos en un nuevo nivel de eficacia. Honramos a nuestros empleados, y eso dio como resultado una recompensa de mayor productividad.

Una nota de precaución aquí. Como ya he dicho antes, es contrario al corazón de Dios exigir el honor. Deberíamos desear el honor por dos razones: primero, para entregárselo a Dios en nuestro corazón, y segundo, por causa de aquel que lo da, sabiendo que tal persona recibirá una recompensa. En mis primeros tiempos de ministerio, trabajaba para una gran iglesia como pastor asociado, y nos pagaban un salario mínimo. Nuestros ingresos totales al mes equivalían a nuestros gastos para vivir, así que no nos quedaba nada extra para ropa o muebles. Accedimos a ese salario; es lo que nos ofrecieron. No queríamos ser mercenarios exigentes.

Tras el primer año, no nos ofrecieron aumento alguno. Tras dos años, seguía sin haber aumento. Ahora teníamos dos hijos en vez de uno. El costo de vida había aumentado, y aún teníamos el mismo nivel que el día que empezamos.

Uno de los otros pastores asociados, amigo mío, había venido a mi oficina varias veces durante el transcurso de esos dos años y me pidió que me uniera a algunos otros pastores asistentes y fuéramos a hablar con el administrador y el pastor principal para pedirle una subida de salario.

Mi respuesta fue que no quería formar parte de eso, y le recomendé que él tampoco lo hiciera. "No me corresponde a mí decirles cómo tienen que honrarme", le dije.

Mi amigo replicó: "John, mi esposa y yo tenemos que pedir apoyo a la familia para poder vivir. Mis padres nos envían dinero para que podamos llegar a fin de mes".

Le dije que sentía mucho lo que le sucedía, pero que yo seguiría confiando en Dios. Intenté ministrarle fe explicándole que Dios era nuestra fuente, y no el salario mensual. Parece que no lo conseguí.

No puedo decir que mi familia no estaba bajo presión económica, porque no era así, pero tuvimos paz y nunca nos faltó nada en esos años. Teníamos muy pocos muebles en nuestra casa: una cama, sin el cabecero, dos sofás pequeños, algunas mesitas y lámparas, y una mesa de cocina y sillas era todo lo que teníamos en la planta de abajo. Sin embargo, en solo un año vimos a Dios llenar milagrosamente nuestra casa con muebles, y muchos de ellos eran piezas bonitas de diseño hechas a medida. Estábamos asombrados con la provisión de Dios.

Un poco más de dos años después, nuestro pastor nos lanzó al ministerio itinerante. Ya no recibiríamos un sueldo. Teníamos trescientos dólares ahorrados y aún teníamos una casa y un automóvil que pagar que sumaban mil dólares al mes. Para hacer las cosas aún más interesantes, el Señor me dijo en oración que no llamara ni escribiera a pastores para pedirles un lugar para ministrar. Me dijo que confiara en Él.

A finales de noviembre de 1989, solo tenía dos lugares programados para ministrar. El primero era una pequeña iglesia de unas cien personas que se reunía en una funeraria en Carolina del Sur. Eso estaba programado para la primera semana de enero. La otra estaba programada para finales de febrero en una pequeña iglesia de doscientos miembros en Tennessee, y tendríamos que sostenernos con la nómina de la última semana de diciembre. Teníamos que creer a Dios.

Si no hubiera aprendido a confiar en Dios en nuestra economía mientras seguía siendo pastor asociado, no habría sido capaz de manejar la presión cuando nos lanzaron. Habría sido un obstáculo demasiado grande. Habría buscado la provisión del hombre, en lugar de la provisión de Dios. Es muy probable que me hubiera puesto a pedir o trazar estrategias para conseguir el dinero que necesitábamos, y eso habría consumido mis esfuerzos en lugar de buscar a Dios para recibir los mensajes que Él deseaba que yo diera a su pueblo.

El bajo salario que recibía de mi iglesia terminó siendo una tremenda bendición. Si hubiera escuchado a mi amigo que quería que le dijera al pastor principal cómo pagarnos (honrarnos), no sé si estaríamos donde estamos hoy. En el primer año de funcionamiento de nuestro ministerio tuvimos que creer en que Dios nos daría mil dólares a la semana. Cuando escribo estas palabras, tenemos que creer que Dios nos dará más de ciento veinticinco mil dólares a la semana para sostener el ministerio. Esta es la asombrosa noticia. No he perdido ni treinta segundos de sueño por las finanzas en los treinta años que llevo dirigiendo este ministerio.

Si trabajas para otra persona, trabaja con todo tu corazón con base en el salario acordado. Si honras a tu jefe haciendo un buen trabajo, poniendo el cien por cien de tus esfuerzos, Dios te recompensará a cambio. Llegará o bien a través de tu jefe o de otras vías que Dios escoja. El resumen es que serás recompensado. Cuando nuestra iglesia nos pagaba un salario muy bajo, Dios nos honró mucho; nuestra casa se llenó de muebles, teníamos un automóvil, y había comida en la mesa. Vivíamos muy por encima de lo que deberíamos según el salario que recibíamos. El versículo que dice: "Mejor es lo poco del justo, que las riquezas de muchos pecadores" (Salmos 37:16) cobró mucha vida para nosotros. Dios nos estaba honrando.

¿Cuál es la conclusión? Si eres un empleado, establece esto en tu corazón: si honras a Dios dando el cien por ciento a tu jefe, recibirás una recompensa. En el otro lado del espectro, si eres jefe, has de saber que te beneficiarás de que los dones de tus empleados florezcan si los honras. Jefes y pastores, ustedes tienen una gran recompensa de Dios escondida en su gente; extráiganla. Hónrenlos de todas las formas posibles.

14

HONOR EN EL HOGAR: HIJOS

Tras siete años sirviendo en una iglesia local, y cerca de treinta años de ministerio itinerante, he observado que la mayor necesidad de honor no está en la iglesia o en el lugar de trabajo, sino en nuestros hogares. La verdad es que los ámbitos social, civil y de la iglesia se beneficiarían mucho si los padres y las madres ejemplificaran el honor en sus hogares, porque eso salpicaría inevitablemente a los que nos rodean.

EL PODER DE LA PALABRA DE UN PADRE O UNA MADRE

En un capítulo anterior hablamos sobre la importancia de que los hijos honren a sus padres. Lo contrario también es cierto. Honrar es valorar. Si valoramos a nuestros hijos, los trataremos y les hablaremos de tal forma que les haga florecer en la vida.

Con regularidad, oigo a padres dirigirse a sus hijos de formas tan humillantes que me dan escalofríos. Quizá es un padre que habla con dureza a su tierna hija, u otro que critica las habilidades de su hijo en el terreno de juego. Quizá puede ser una madre que actúa como si se avergonzara de sus hijos y por eso los humilla en público, y la lista continúa.

Cuando mi esposa era adolescente, sucedió algo que se podía haber evitado fácilmente. Lisa era una adolescente activa y nunca estuvo demasiado obsesionada con su peso. Se pesaba en el campamento de verano y en los reconocimientos médicos. Cualquier aumento de peso era una función del crecimiento normal.

Lisa nadaba casi todo el año en dos equipos, y eso le permitía comer prácticamente lo que quisiera y cuando quisiera. Pero tuvo una lesión que le hizo tener que dejar de nadar durante su primer año de secundaria. Su nivel de actividad disminuyó, pero ella siguió comiendo la misma cantidad de alimentos que comía cuando entrenaba.

Un día, cuando llegó a casa tras salir de la escuela, su papá le llamó para que se acercara a verlo. Miró a Lisa de arriba a abajo con desaprobación, y después le dijo que se diera la vuelta. Una vez que terminó su evaluación, dijo: "¡Vaya, esos tejanos te aprietan mucho! ¿Cuánto pesas?". Ella le dio el peso del campamento de verano.

Él respondió: "¡No es posible que peses eso! ¡Tú pesas por lo menos 135 libras (60 kilos)! ¡Ve a pesarte!".

Sintiendo una sensación abrumadora de vergüenza y confusión, procedió a ir a la báscula familiar que había en el baño de sus padres. Lisa se sorprendió al descubrir que pesaba casi 65 kilos.

Lisa le dijo a su padre cuánto había pesado. Su padre le dejó muy claro que él sentía que era demasiado peso para ella. No era atractiva, y los chicos no le pedirían salir con ese peso. Cuando terminó el sermón, Lisa se fue a su cuarto, se desvistió y miró detalladamente su cuerpo. Por primera vez, empezó a odiarlo.

A partir de ese momento, su peso se convirtió en una fuerza impulsora en su vida. Se volvió extremadamente consciente de su tamaño y pensaba constantemente en su peso. Corría y reducía sus raciones de comida, y sus esfuerzos comenzaron a dar fruto. Los chicos comenzaron a fijarse en ella, y a ella le encantaba la atención. Así que finalmente se desarrolló un paralelismo en su mente: *Si estoy delgada, soy poderosa y digna de amor y atención; si estoy gorda, no lo soy.*

Esa mentalidad le metió en una espiral descendente hasta que poco a poco fue degenerando hasta un estado de anorexia y bulimia. Lisa tenía una relación de amor y odio con la comida. Le encantaba comer, pero odiaba estar gorda. Acudía a los laxantes y los diuréticos para purgar su cuerpo, y cuando terminó ese año en el instituto, su cuerpo se había hecho adicto a ellos. Finalmente, la llevaron al hospital porque no se le habían movido los intestinos en un mes. A los veintidós años, Dios sanó a Lisa en todos los niveles, y su poderoso testimonio de esto se encuentra en su libro *You Are Not What You Weigh* (Tú no eres lo que pesas).

Pero uno se pregunta: ¿no se podía haber evitado mucho de eso si su padre hubiera manejado la situación de Lisa de otra manera? ¿Qué habría pasado si le hubiera dicho palabras de afirmación y aceptación en lugar de degradar su aspecto? ¿Y si hubiera escogido una forma más constructiva de tratar el hecho de mantener un peso saludable y la ingesta de alimentos? ¿Habría sido distinta la imagen que Lisa tenía de sí misma?

He visto evidencias de cómo funciona esto en nuestro matrimonio. Cuando me casé con Lisa, ella pesaba 116 libras (52 kilos). Me propuse decirle constantemente que era bonita y que estaba guapísima con sus modelitos. No dejé de alabar y afirmar a mi esposa después de nuestro primer año de matrimonio o cuando estaba embarazada o en periodo de lactancia.

Continué diciéndole: "Estás preciosa". "Si me hubieran dicho cuando tenía veinte años que mi esposa estaría así de guapa después de tantos años de matrimonio, ¡habría hecho una fiesta!". "Vaya, estás más atractiva hoy que el día que me casé contigo". Todo esto lo digo sintiéndolo, porque así es como la veo. Creo que esa es mi perspectiva porque busco continuamente formas de edificar a Lisa. Como su esposo, esta es una de las responsabilidades que Dios me ha dado.

Pablo construye sobre esto: "Así también los maridos deben amar a sus mujeres como a sus mismos cuerpos. El que ama a su mujer, a sí mismo se ama. Porque nadie aborreció jamás a su propia carne, sino que la *sustenta* y la cuida, como también Cristo a la iglesia" (Efesios 5:28-29, énfasis del autor). Fíjate en la palabra *sustenta*; significa dar lo necesario para el crecimiento. Yo busco constantemente maneras de sustentar a mi esposa con mis palabras. Esto es algo de lo que hablaré con más profundidad en el capítulo siguiente, porque todo esto forma parte del honor.

Mientras estaba sustentando a mi esposa, Lisa seguía creyendo en la sabiduría y en las promesas que Dios le dio cuando fue sanada. Dios seguiría perfeccionando esas cosas que le preocupaban. Al apoyarla, creé una atmósfera en la que mi esposa pudo creer a Dios sin obstáculo alguno. Después de treinta y siete años de matrimonio y cuatro hijos, sigue pesando lo que pesaba cuando nos casamos. No tiene el hábito de hacer ejercicio, así que algunos dirían que tiene una genética bendecida. Pero sé que no es así porque recuerdo a la chica asustada e insegura que batallaba con su peso cuando era veinteañera.

LOS HIJOS SON RECOMPENSAS

Los padres deshonran a sus hijos no solo mediante palabras duras o negativas que les dicen, sino también descuidando comunicarles elogios o aceptación en el momento apropiado. Los hijos necesitan frecuentemente ánimo, dirección y afirmación. Necesitan que se les diga y que se les demuestre que son amados y valorados. Si no, es probable que lo busquen en los lugares equivocados. Los hijos y las hijas necesitan aprobación; pero si los padres se enfocan en sus rasgos inmaduros o en sus defectos, enviarán el mensaje erróneo y cosecharán lo contrario a lo que se necesita para que los niños crezcan y maduren.

Se puede producir un gran daño cuando con solo unas pocas palabras de afirmación se podría haber hecho el ajuste, y el dolor se habría evitado. La ironía de todo esto es que estos padres no ven cuál es su función en el resultado. Frustrados, se quejan con amigos sobre lo difíciles que son sus hijos, pero la mayoría de las veces, los mismos rasgos que critican se podían haber corregido fácilmente mediante el honor.

Las palabras de un padre y de una madre pesan mucho en la vida de un hijo o de una hija. Cuando se pronuncia derrota, fracaso o debilidad, los efectos secundarios en la vida del niño pueden oscilar entre un obstáculo, hasta problemas graves. A menudo, los padres cada vez se desaniman más con la conducta de sus hijos porque parece que se deteriora, y comienza un círculo vicioso. Si no se pone atención, este trato reactivo distanciará a los padres de la recompensa que Dios concede a través de nuestros hijos. Leemos:

> "He aquí, herencia de Jehová son los hijos; cosa de estima el fruto del vientre".   —Salmos 127:3

Vemos en este versículo una referencia directa a la recompensa prometida a través de nuestros hijos. ¿Por qué no se alegran más padres en esta promesa de la relación padre-hijo? Más bien, parece que es justamente lo contrario. A menudo oigo a padres quejarse de sus jóvenes adultos: "Oh, si pudiera encerrar a mi adolescente hasta que tuviera veinte años". "¿Por qué no nos podemos saltar los años de la adolescencia?". Recuerdo oír frases así cuando nuestros cuatro hijos aún eran muy pequeños. Comenzó a preocuparme, y pensé para mí: *¿Se irán a convertir mis hijos en una especie de monstruos cuando sean adolescentes?*

Sin embargo, se me otorgaron otras perspectivas que otros padres a menudo no experimentan; así que permíteme compartirlas para tu propio beneficio. Yo servía como pastor de jóvenes cuando nuestros dos hijos mayores eran niños. En este puesto tuve la posibilidad de poder ver los hogares de muchas familias al participar en consejería pastoral, y no pasó mucho tiempo hasta darme cuenta de un patrón que detecté. Descubrí que los padres que concentraban sus energías en criticar la conducta negativa de sus hijos solo conseguían que sus hijos empeoraran. Sin embargo, cuando los padres declaraban las promesas de Dios sobre sus hijos, estos niños finalmente crecían hasta llegar a lo que les habían dicho. A la luz de la segunda carta de Pablo a los corintios, esto tiene todo el sentido: "No mirando nosotros las cosas que se ven, sino las que no se ven; pues las cosas que se ven son temporales, pero las que no se ven son eternas" (4:18).

Las promesas de Dios se encuentran en el ámbito de las verdades invisibles bosquejadas en su Palabra inmutable, algo que debería ser nuestro enfoque. Lisa y yo regularmente declaramos las promesas de Dios sobre nuestros hijos. Antes de que pudieran hablar los llamábamos "discípulos [enseñados por el Señor y obedientes a su voluntad], y grande será su paz y su tranquilidad" (Isaías 54:13 AMPC, traducción libre). Y que eran nuestras saetas (Salmos 127:4), nacidos para señales y prodigios (Isaías 8:18), y otras promesas maravillosas que se encuentran en la Palabra de Dios.

Escogimos cuidadosamente sus nombres, investigando primero el significado de la raíz y después orando por la guía de Dios. Queríamos declarar sobre ellos en qué se convertirían. El nombre de nuestro primogénito, Addison David, significa "amado y digno de confianza". El nombre de nuestro segundo hijo, Austin Michael, significa "alguien regio que es como Dios". Nuestro tercer hijo, Joshua Alexander, tiene el significado de que "Dios salva y defiende a la humanidad". Nuestro cuarto hijo se llama Arden Christopher, que significa "ardiente y feroz que es como Cristo".

Cada vez que decimos sus nombres, somos conscientes de lo que les estamos diciendo. Como sus padres, tenemos el privilegio y la autoridad dados por Dios de liberar bendición sobre sus vidas. Cada hijo se está volviendo según la característica de su nombre, no porque meramente lo confesamos, sino porque creemos lo que les declaramos.

¿Tuvimos oportunidades para creer que serían lo opuesto de lo que declaramos? Serías un ingenuo si pensaras que no. Hubo veces en las que se comportaban de formas totalmente opuestas a sus nombres. Tuvimos que darles corrección y disciplina, pero tratamos sus conductas y protegimos lo que declaramos sobre su carácter. (Como nota al margen, el conflicto sano es bueno, pero cuando atacamos el carácter, en vez de tratar la conducta, nuestros esfuerzos se vuelven dañinos).

UNA TRAGEDIA FAMILIAR

Observé otra lección de vida siendo pastor de jóvenes: la tragedia de no aplicar la disciplina necesaria. Antes de hablar de lo que observé personalmente, permíteme primero ejemplificar esto con la Escritura.

El rey David tuvo muchos hijos de distintas esposas. Nos enfocaremos en dos de sus hijos: el mayor, Amnón, y su tercer hijo, Absalón. Amnón hizo algo muy malvado a su hermanastra Tamar, hermana de Absalón. Fingió estar enfermo y le pidió a su padre que le enviara a Tamar para que le llevara comida. Cuando ella llegó, él dijo a los sirvientes que se fueran y la violó. Después no quiso ni verla, y la echó de su cuarto. Había desgraciado a una virgen princesa real, y había devastado su vida con vergüenza.

Su hermano Absalón estaba furioso por la maldad de Amnón. Odiaba a su hermanastro por haber deshonrado a su hermana. Esperó calladamente; seguro de que el rey David ejecutara la disciplina y la justicia necesarias sobre Amnón.

El tiempo pasó y el rey no hizo nada; aunque no le agradó, no hizo nada al respecto. Absalón estaba devastado. Llevó a su hermana Tamar a su casa y se ocupó de ella.

Ella antes vestía las túnicas reales reservadas para las hijas vírgenes del rey; ahora estaba vestida de vergüenza. Una hermosa jovencita, antes muy estimada por su pueblo, vivía una vida de aislamiento. ¿Quién querría casarse con ella cuando ya no era virgen? Era muy injusto. Su vida estaba acabada, mientras que el hombre que cometió esa atrocidad vivía su vida como si no hubiera ocurrido nada. Ella cargaba el peso de todo lo ocurrido mientras vagaba por la vida arrastrando los pies.

Día tras día, Absalón veía a su hermana afligida. El sueño de una princesa ahora era una pesadilla. Absalón esperó un año y su padre aún no había hecho nada. Además del odio hacia Amnón, el resentimiento hacia su padre se arraigó también en el corazón de Absalón.

Pasaron dos años, y su odio hacia Amnón se convirtió en pensamientos de asesinato a medida que Absalón tramaba cuidadosamente cómo vengar a su hermana. ¿Por qué no iba a hacerlo cuando los que tenían la autoridad debida decidieron no hacer nada? Absalón organizó un banquete para todos los hijos de David, y cuando Amnón menos lo esperaba, Absalón lo mató y huyó a Gesur. Su venganza contra Amnón quedó satisfecha. Sin embargo, la oscura ofensa que albergaba contra su padre por no pasar a la acción ardía más fuerte en el exilio. Para añadir más leña al fuego, meditaba sobre esta cuestión: *¿Por qué mi padre no ha enviado a buscarme?* Esta ofensa finalmente se convirtió en odio.

A medida que los pensamientos de Absalón se envenenaban más y más con amargura, se convirtió en un experto en conocer las debilidades de David. Una capa de crítica cubría su vida; sin embargo, aún esperaba que su padre lo llamara. David no lo hizo, y eso causó que su odio aumentara.

Imagínate sus pensamientos: *Mi padre recibe muchos elogios del pueblo, pero están ciegos a su verdadera naturaleza. Es un hombre egoísta que meramente usa a Dios como una cobertura. ¡Es peor que su antecesor, Saúl! Él perdió su trono por rehusar matar al rey de los amalecitas y perdonar unas cuantas de las mejores ovejas y bueyes. Mi padre cometió adulterio con la esposa de uno de sus hombres más leales, y después encubrió su pecado matando al hombre que le fue leal. Es un asesino; es un adúltero, ¡por eso no ha castigado a Amnón!*

Absalón pasó tres años en Gesur. David superó la muerte de su hijo Amnón, y Joab convenció al rey para que llevara de regreso a Jerusalén a Absalón.

Pasó el tiempo. El odio de Absalón aumentó y comenzó a atraer hacia él a los que también estaban descontentos con su padre. Lo logró poniéndose a disposición de todo Israel. Escuchaba sus quejas, y mientras tanto lamentaba el hecho de que si él fuera el rey podría ayudarles, pero no lo era. Juzgaba los casos para los que el rey no tenía tiempo. Quizá Absalón juzgaba esos casos porque no había conseguido justicia en su propia vida. Daba la apariencia de preocuparse genuinamente por la gente. La Biblia dice que Absalón le robaba a su padre David los corazones de los israelitas. Pero ¿realmente se preocupaba por ellos o estaba buscando una manera de derrocar a su padre, a quien ahora odiaba?

Absalón atrajo a Israel hacia sí mismo y se levantó contra su padre. El conflicto se volvió tan intenso, que el rey David tuvo que huir para salvar su vida. Por un tiempo, parecía como si Absalón se hubiera establecido como el nuevo rey, pero todo cambió cuando fue asesinado persiguiendo a David. Este juicio sucedió, aunque David había ordenado que no tocaran a su hijo.

Absalón fue consumido por su propio odio y amargura. Era el que más potencial tenía, un heredero al trono que murió en la plenitud de su vida. ¿Se podría haber evitado todo esto si su padre hubiera corregido a Amnón? Es muy posible. ¿Y qué hay de Tamar? Ella probablemente terminó amargada y sola. ¿Habría sido distinta su vida si su padre hubiera castigado a Amnón? Ciertamente. Creo que todas estas tragedias se podían haber evitado si David hubiera honrado a sus hijos aplicándoles una disciplina piadosa. David deshonró a todos sus hijos al rehusar corregir a uno de ellos.

DESHONRAR POR NO DISCIPLINAR

Regresemos a lo que observé siendo pastor de jóvenes. Muchos padres que se sentaban en mi oficina porque estaban teniendo problemas con sus hijos no creían en la disciplina. Como el rey David, simplemente rehusaban castigar a sus hijos. Creían en "amar" a sus hijos e hijas en su conducta desobediente, pero su enfoque no les estaba funcionando. Sus hijos estaban muy mal, eran rebeldes e irrespetuosos, y sus actitudes salpicaban a todas las áreas que tuvieran que ver con figuras de autoridad: escuela, trabajo, grupo de jóvenes y otras.

Lo interesante era que la respuesta de estos jóvenes que eran "amados" en lugar de ser disciplinados era de desprecio a sus padres. Era a la vez irónico y trágico. Irónico, porque lo que los padres estaban intentando hacer, ganarse el amor de sus hijos, se perdía al producirse la respuesta opuesta. Trágico, porque estos hijos tomaban decisiones dañinas que les serían muy costosas a sus familias en los años venideros.

Recuerdo corregir rápidamente a una joven por cómo les habló a sus padres mientras estaban todos reunidos en mi oficina. Pensé: *¿Por qué estoy haciendo esto yo? ¿Por qué no le ha corregido su padre o su madre?* Estaban comprometidos con su idea de intentar "amar" a sus hijos aun si su conducta fuera mala, cuando en realidad la Palabra de Dios nos dice lo contrario.

Afirma que los padres que no disciplinan a sus hijos en verdad los aborrecen:

> "El que detiene el castigo, a su hijo aborrece; mas el que lo ama, desde temprano lo corrige". —Proverbios 13:24

Vi a esos jóvenes crecer con vidas caóticas. Se metieron en muchos líos y problemas, algo que se podía haber evitado si hubieran recibido el entrenamiento debido en su infancia. ¿Por qué? Porque "la vara y la corrección dan sabiduría; mas el muchacho consentido avergonzará a su madre" (Proverbios 29:15). ¿Por qué estos padres no escucharon el consejo de la Palabra de Dios? Ellos pensaron que eran más sabios y, básicamente, deshonraron tanto a Dios como a sus hijos.

El patrón era sistemático: cuando los padres no corregían a sus hijos, sus hijos terminaban despreciándolos. Por otro lado, cuando los padres eran muy duros y deshonraban a sus hijos, sus hijos tenían resentimiento hacia sus padres. A menudo tenían el alma herida, lo que les hacía tener disfunciones en la personalidad. Muchos luchaban con problemas de temor.

Cuando nuestros hijos no se portaban bien, veíamos que la disciplina era más eficaz cuando era rápida y concisa. Después, se terminó. No es sano albergar rencor o resentimiento. En poco tiempo, volvía a haber risas y abrazos. Cuando se les perdona, es como si no hubiera ocurrido. Cuando Dios nos perdona, ya no se acuerda de nuestros pecados. La disciplina es asegurarse de que aprenderán de sus errores, pero que no cargarán culpa.

Lisa particularmente honraba a nuestros hijos con educación, amor y afecto. Yo era el mayor defensor de una disciplina coherente y piadosa. Aprendimos a apoyarnos en la fortaleza del otro. A través del ejemplo de Lisa, aprendí a ser más afectivo verbal y físicamente; y con mi ejemplo, Lisa aprendió el valor de la disciplina. Como resultado de unir las fortalezas que Dios nos había dado a cada uno, hemos visto su bendición rodeando las vidas de nuestros hijos.

UNA RECOMPENSA RECIBIDA ANTES DE LO ESPERADO

Nuestro hijo mayor, Addison, se graduó con honores de la secundaria, y fue aceptado en una de las diez mejores universidades de negocios de toda la nación. Tenía programado empezar las clases en septiembre de 2005.

Como empleo de verano, Addison había trabajado para nuestro ministerio en años anteriores, y estaba haciendo lo mismo antes de comenzar la universidad. A principios de julio, recibí una llamada suya. Su voz sonaba un tanto nerviosa mientras me preguntaba, "Papá, ¿puedo habar contigo de algo?".

De inmediato pude sentir que se trataba de algo serio y me preparé. Respondí: "Claro, ¿de qué quieres hablar?".

Él dijo: "Papá, no quiero ir a la universidad este septiembre. Quiero seguir trabajando en el ministerio. Quiero ayudarte a ti y a mamá para que salgan esos mensajes".

No tardé mucho en responder. Sabía que él tenía una relación seria con Dios y no me habría hablado de eso a menos que antes hubiera orado por ello. En mi corazón me parecía bien, y estaba emocionado y honrado. Respondí: "Eso sería genial; nos encantaría tenerte como miembro del equipo a tiempo completo".

Ahora bien, permíteme contarte lo que ocurrió durante el año y medio siguiente. Tras solo unos meses después de que Addison estuvo trabajando con nosotros, se acercó a mí nuestro director de personal para recomendarme a Addison para el puesto de supervisor de relaciones con las iglesias. Este departamento ha existido durante varios años y trabaja con las iglesias y los pastores para suplirles los temarios y libros de trabajo que acompañan a muchos de nuestros libros. Cuando escribo estas palabras, hay aproximadamente veinticinco mil iglesias en los Estados Unidos y más de mil iglesias en Australia que los usan.

La recomendación del ascenso no llegó porque Addison era nuestro hijo. Yo había pedido específicamente que nuestros hijos no recibieran ningún trato especial. De hecho, creo que a menudo suele ser más duro para ellos porque tienen que navegar por las dinámicas familiares y también como empleados. Mi supervisor de equipo respaldó esa petición, así que supe cuando me pidió eso que estaba basado solamente en el desempeño de trabajo de mi hijo y sus habilidades de liderazgo.

Yo estuve de acuerdo con su recomendación, y aún estoy asombrado de los resultados. Durante el año siguiente, el departamento de relaciones con las iglesias triplicó su crecimiento. En todos los lugares donde yo viajaba, me recibían con historias de cómo los pastores habían desarrollado relaciones con el gran grupo de trabajadores del departamento de Addison. Addison tiene un don para motivar y hacer equipo, y su entusiasmo es contagioso. Se estaba orando por los pastores, se estaban respondiendo preguntas y supliendo peticiones puntualmente a través de su liderazgo.

Al honrar a mi hijo descubrí que Dios no solo me recompensaba a mí, sino también a toda nuestra organización a través de él. Jesús nos dijo que, si honramos a estos pequeños, no perderíamos nuestra recompensa. Mi hijo mayor nos quitó un peso y expandió nuestras relaciones de formas que nunca podría haber imaginado. De hecho, ha sido la fuente de algunas conexiones asombrosas en el reino. ¿Quién hubiera pensado que un joven de veinte años tenía tanto que dar? No solo eso, sino que muchas iglesias a las que quizá nunca pueda visitar han recibido la Palabra de Dios a través de los recursos de los temarios. A la postre, esto significa ¡que más vidas han sido impactadas para la eternidad!

Llegó el día en que nuestro director de personal se jubiló. Todo nuestro liderazgo sintió claramente que Addison era la mejor opción para convertirse en jefe de operaciones. Él aceptó el puesto, y en cuestión de pocos años vimos una unidad y eficacia en todo nuestro equipo que casi era asombroso. Habíamos logrado mucho más como organización de lo que nunca pensé que fuera posible. Nos convertimos en una organización eficiente, y nuestra atmósfera está marcada por la diversión, el gozo y una tremenda eficacia.

Nuestro segundo hijo, Austin, un año después de graduarse de la universidad y unirse a nuestro equipo, se convirtió en nuestro gerente de mercadotecnia. Desde el comienzo, innovó formas frescas de dar a conocer nuestros mensajes. Desarrolló un equipo que puso el libro de mi esposa, *Sin rival* en la lista de libros éxitos de venta del *New York Times*, y uno de mis libros, *Matar la kriptonita*, para llegar a varias listas nacionales e internacionales, incluyendo *USA Today*. Cuando Lisa publicó su siguiente libro, la editorial incluso ofreció contratar al equipo de Austin para que hicieran el *marketing*.

Nuestro tercer hijo, Alec, se unió a nuestro equipo después de aventurarse en la ingeniería. Tiene habilidad para ver el mundo de una forma distinta, lo que le ha permitido desarrollar cortos cinematográficos que desarman a la gente y tratan verdades muy crudas. Estos videos son poderosos y tienen millones de visualizaciones en YouTube y Facebook, impactan vidas de una manera profunda. Y mientras escribo estas palabras, él dirige nuestra empresa de producción: *Messenger Studios*.

Nuestro cuarto hijo, Arden, también se unió a nuestro equipo después de trabajar en iglesias locales en Virginia y Australia. Desde que se unió al equipo, ha lanzado una rama de *Messenger International* llamada *Sons & Daughters*, que se encarga de llevar nuestros mensajes a las generaciones milenial y *Gen Z* a nivel de iguales. Oigo sobre este brazo de *Messenger* dondequiera que voy, y me deleito al ver a hombres y mujeres jóvenes entusiasmados y listos para conquistar el mundo para Jesús con un énfasis en la pureza y la unidad.

Me quedo asombrado de nuestros hijos. Durante años he orado: "Padre, estos chicos no son mis chicos, son tus chicos; yo solo soy un administrador de aquellos que te pertenecen a ti. Señor, haz lo que desees con ellos. Si tú quieres que ellos estén en el otro lado del planeta, que se haga tu voluntad. Yo solo pido que cumplan tu voluntad para sus vidas".

Realmente he hecho estas oraciones en serio. Sé que es probable que la distancia un día pueda separarnos mientras persiguen sus propias aventuras; sin embargo, hasta ahora, Dios nos ha concedido el privilegio de trabajar cerca de nuestros hijos, y a todos nos encanta impactar vidas juntos con los distintos dones que Dios nos ha dado.

Al acercarnos a cumplir sesenta años, Lisa y yo comenzamos a perseguir un legado, y actualmente estamos disfrutando de ver a la siguiente generación florecer de maneras que nunca habíamos soñado que serían posibles. Dos de nuestros hijos han firmado grandes contratos literarios con editoriales, y estamos asombrados de lo que Dios les está dando para su pueblo.

Veo este mismo patrón en otros padres que honran a sus hijos e hijas. Si se valora a los hijos, florecerán, y en la prosperidad de ellos Dios tiene ciertas recompensas que dar a los que les han honrado. Esas recompensas nos hacen ser más productivos al tocar vidas eternamente. Es su Palabra, es su plan, es su ley espiritual proclamada por boca de Jesús mismo. Cuando los padres disciplinan bien, aman bien, y por lo tanto honran a sus hijos bien en obediencia a Dios, se nos promete una buena recompensa. Habrá gozo en nuestros últimos años en lugar de luto. Fuerza y apoyo rodearán nuestros años dorados con promesa.

15

HONOR EN EL HOGAR: ESPOSA

No son solo los hijos en el hogar los que están bajo autoridad, sino también la esposa. Hablamos en un capítulo anterior de la importancia de que la esposa honre a su esposo. De nuevo, como con los hijos, también existe la otra cara de la moneda.

HONRA A TU ESPOSA

Pedro dice:

> "Vosotros, maridos, igualmente, vivid con ellas sabiamente, dando honor a la mujer como a vaso más frágil".
> —1 Pedro 3:7

Pedro dice específicamente que las esposas deben recibir honor. Algunos hombres interpretan este versículo como queriendo decir que la esposa está por debajo de su esposo en las cosas espirituales. No, "vaso más frágil" no significa que tu esposa esté por debajo de ti; ¡solo significa que no puede levantar el mismo peso que tú en el gimnasio! La fuerza física de la mujer promedio es menor que la del hombre promedio. La *Amplified Bible* expresa así este versículo: "Honrando a la mujer como [físicamente] más débil". Escuchemos las palabras de Pedro en la *Nueva Traducción Viviente*: "De la misma manera, ustedes maridos, tienen que honrar a sus esposas. Cada uno viva con su esposa y trátela con entendimiento. Ella podrá ser más débil, pero participa por igual del regalo de la nueva vida que Dios les ha dado. Trátenla como es debido, *para que nada estorbe las oraciones de ustedes*" (énfasis del autor).

Somos compañeros iguales, coherederos de la herencia de gracia. Sin embargo, en la parte final de este versículo vemos una frase sorprendente y destacable que tiene que ver con la oración respondida: si un esposo deshonra a su esposa, sus oraciones se verán estorbadas. Vaya, ¡eso es algo serio! Sería una vida miserable para cualquiera.

Tan solo piénsalo; el trono de Dios no escuchará tus oraciones, tus palabras ni siquiera llegarán a oídos de Dios si deshonras a tu esposa. Eso es suficiente para captar toda mi atención, y demanda que como esposos meditemos en ello considerablemente. La buena noticia es que lo contrario también es cierto; si honras a tu esposa, tendrás confianza en oración delante de Dios.

Permíteme que dedique un momento para hablar directamente a los esposos. ¿Tratas a tu esposa como alguien valiosa? ¿Escuchas sus palabras o la evades, pensando en tus adentros: *Oh, ella es solo una mujer muy emocional?* Yo he aprendido mi lección de una forma dura. Menospreciaba el consejo de mi esposa al principio de casarnos; sin embargo, con el tiempo noté repetidamente que ella decía cosas que finalmente demostraban ser la sabiduría de Dios. Me veía a mí mismo como el más espiritual; pero qué equivocado estaba.

Tras ver que Lisa estaba en lo cierto en varias ocasiones con respecto a varios temas, puse este asunto en oración. Protesté: "Dios, a veces oro dos horas al día, y ella quizá ora diez o veinte minutos, y muchas veces esas oraciones las hace mientras se baña". (Yo estaba equivocado también con respecto a esto; mi esposa vive una vida de oración, comunicándose de forma regular cada día con Dios, algo que aprendí a hacer después).

Continué: "¿Por qué ella está en lo cierto tantas veces en asuntos importantes y yo no?".

La respuesta del Señor fue inmediata. "Hijo, dibuja un círculo en una hoja de papel".

Lo hice.

"Ahora pon varias X dentro de ese círculo".

También lo hice.

Él continuó: "Ahora dibuja una línea que atraviese el círculo por la mitad (creando así dos mitades). Notarás que aproximadamente el 50 por ciento de las X están en una mitad del círculo, y el resto está en la otra mitad".

Así lo reconocí.

El Señor después dijo: "Las X representan mi sabiduría y consejo; la información que necesitas para tomar decisiones sabias. El círculo es uno, pero está dividido en dos mitades. Tú eres una mitad, y Lisa es la otra. Son una carne, representando el círculo completo, aunque siguen siendo individuos representados por cada mitad del círculo. Pero el círculo no está completo si solo miras tu mitad".

Él continuó. "Notarás que la mitad de la sabiduría y el consejo está localizada en el lado de Lisa y la otra mitad está en tu lado. Tú has estado tomando todas las decisiones de tu familia con base en la mitad de la información que necesitabas de mí, solo la de tu lado. No has extraído mi información que hay en su lado. Yo te daré a ti información necesaria, y a ella información necesaria, pero como líder sabio debes aprender a considerar lo que yo le muestro a Lisa, y discutir los asuntos juntos antes de tomar la decisión final como líder del hogar".

Ese encuentro con Dios cambió totalmente mi vida matrimonial. Entonces me di cuenta de que, cuando estaba soltero, yo era un círculo completo; pero ahora que estaba casado, al ser una carne con mi esposa, ya no podía vivir como lo hacía cuando estaba soltero.

EL VASO MÁS FRÁGIL

Leamos de nuevo las palabras de Pedro: "De la misma manera, ustedes maridos, tienen que honrar a sus esposas. Cada uno viva con su esposa y trátela con entendimiento. Ella podrá ser más débil, pero participa por igual del regalo de la nueva vida que Dios les ha dado. Trátenla como es debido, para que nada estorbe las oraciones de ustedes". Tenemos que habitar con nuestras esposas con entendimiento. La Palabra de Dios para mí en oración, la cual acabo de compartir, me dio el entendimiento necesario para vivir exitosamente con mi esposa.

Hay mucho más entendimiento que obtener de la Palabra de Dios sobre cómo vivir exitosamente en el matrimonio con tu esposa. Muchos divorcios se podrían evitar si tan solo los hombres se tomaran el tiempo de buscar la sabiduría en cómo las mujeres difieren de los hombres. Tomamos lo masculino y lo femenino, juntamos las dos partes, y encontramos el reflejo completo de la imagen de Dios. Oh sí, no podemos ver la naturaleza de Dios solo en el varón, o solo en la mujer. ¿Cómo sabemos esto? La Escritura nos dice: "Y creó Dios al hombre [*humanidad o seres humanos*] a su imagen, a imagen de Dios lo creó; varón y hembra los creó" (Génesis 1:27, palabras del autor entre corchetes).

Dios "lo" creó a su propia imagen, pero "él" se deletrea "varón y hembra". La Escritura menciona específicamente que es necesario tanto el varón como la hembra para darnos la representación de la humanidad, y la humanidad está creada a imagen de Dios. Por esta razón, Pablo dice: "Pero en el Señor, ni el varón es sin la mujer, ni la mujer sin el varón" (1 Corintios 11:11).

Volviendo a las palabras de Pedro, le oímos decir que el hombre tiene que honrar a su esposa de dos formas: primero como vaso más frágil, y segundo como coheredera de la gracia de vida. Discutamos brevemente la primera. Tenemos que honrar a nuestras esposas como vasos más frágiles. Esto significa que las tratamos como señoritas. Los hombres son fuertes, y tenemos que usar nuestra fortaleza para proteger a nuestras esposas. Esta instrucción sería aplicable también a las cosas sencillas, como abrirle la puerta, retirarle la silla en un restaurante para que se siente, protegerla de personas rudas, y cosas parecidas.

Como el esposo es el cabeza del hogar, deberíamos preferir a nuestras esposas. Esto significa que, si solo tienes dinero para comprar un atuendo de ropa nuevo para una ocasión especial, muéstrale que le valoras insistiendo en comprarle a ella el atuendo, en vez de comprarlo para ti. Cuando hay que escoger un lugar de vacaciones, si ella quiere ir a un lugar y tú a otro, acepta su elección. Liderar en el reino es servir, no dominar. Como esposo, la única vez que tus decisiones deberían anteponerse al deseo de tu esposa es cuando estás seguro de que es la mejor opción para ella, para la familia, o para el reino de Dios. De lo contrario, prefiere siempre sus deseos antes que los tuyos. Esta es una razón por la que eres líder sobre ella, para poner tu vida por ella. Eso es honrar a tu esposa. Serás bendecido y recompensado, y tus oraciones no serán obstaculizadas.

COHEREDERA

Según Pedro, la otra razón específica por la que debemos honrar a nuestra esposa es que ella es coheredera en la gracia de vida. Esto significa que es igual en su estatus ante Dios. Tú no tienes ventaja con Dios porque seas un varón. Algunos creen esta mentira de la superioridad del varón en lo profundo de su corazón, y es absurdo. Esta falsedad la concibieron hombres machistas que un día estarán delante del trono de Dios y darán cuentas. Para mí se ha convertido en algo obvio en casi veinte años de ministerio itinerante, junto al estudio de la Escritura, que el favor de Dios no alcanza a las familias o iglesias que ven a las mujeres como seres espiritualmente inferiores a los varones. De hecho, encontrarás opresión espiritual, pesadez y atadura en esos lugares.

Tenemos que hacernos algunas preguntas. En algunas iglesias, ¿por qué no se incluye a las mujeres en los equipos de liderazgo? ¿Por qué a las mujeres no se les permite ministrar los domingos en la mañana? ¿Por qué las mujeres no están incluidas en los equipos pastorales de ciertas iglesias? ¿Por qué en el liderazgo solo tenemos las voces de los padres, en lugar de tener las voces de las madres? Una iglesia sin la voz de una madre no es diferente de una familia sin una madre, con un padre solo que críe a sus hijos. Se puede hacer, pero se pierde una influencia importante, y los hijos sufren. En familias donde las madres han muerto de forma trágica o posiblemente se han ido, Dios da gracia al hombre para criar hijos saludables. Sin embargo, cuando las iglesias evitan las voces de las madres, falta la gracia de Dios, porque la iglesia ha evitado la sabiduría de Dios.

Quizá protestes: "Pero la Biblia dice que un líder debe ser marido de una sola esposa". Tratemos lo que dice Pablo: "Un líder de la iglesia debe ser sin tacha; debe tener una sola esposa" (1 Timoteo 3:2, GNT, traducción libre).

Esta frase es sin duda de género específico, no de género neutro; un líder debe tener una sola esposa. Sin embargo, debemos pensar lo que dice a la luz de toda la Escritura. Pablo escribe a personas que estaban acostumbradas a leer el Antiguo Testamento. En el Antiguo Testamento encontraremos muchos casos de hombres que tenían más de una esposa: Abraham, el rey David, Salomón, Jacob, Elcana (el esposo de Ana y Penina), por mencionar solo algunos.

Sin embargo, no encontraremos una sola ocasión en el Antiguo Testamento de una mujer que tenga más de un esposo. No era la costumbre, ni siquiera se permitía, porque era contrario a la ley. Con lo cual, ¿por qué iba a escribir Pablo que una mujer debe tener solo un esposo para poder ser líder de iglesia? No sería necesario. Quizá pienses que lo estoy llevando muy lejos; sin embargo, si tenemos que adherirnos estrictamente a la letra de sus palabras, entonces tendríamos que eliminar a los hombres solteros de posiciones de liderazgo en la iglesia, porque tampoco son esposo de una sola mujer. Si ese fuera el caso, Pablo mismo estaría eliminado para ser líder de iglesia, lo cual es ridículo. Algunos hemos sido muy estrechos de mente en esta área.

No se trata del género; se trata del llamado y del don de Dios en la vida de una persona. Los hombres que han desanimado a sus esposas, o a las mujeres en su iglesia, para que ministren con base en sus llamados, en gran medida han cerrado la ventana del cielo sobre sus hogares y ministerios. Sí, puede que haya áreas de bendición, pero faltará la bendición completa del cielo.

El cuerpo de Cristo ha estado lisiado debido a la deshonra mostrada hacia las mujeres. Sin embargo, la buena noticia es esta: no se quedará así. Porque el profeta Joel y el apóstol Pedro anunciaron por el Espíritu de Dios la plena restauración de las mujeres en el ministerio en los últimos días de la iglesia.

Estos hombres dijeron: "Esto es lo que haré en los últimos días, dice Dios: derramaré de mi Espíritu sobre todos. Sus hijos e hijas proclamarán mi mensaje; los jóvenes verán visiones, y los ancianos tendrán sueños. Sí, incluso sobre mis siervos, tanto varones como mujeres, derramaré mi Espíritu en aquellos días, y proclamarán mi mensaje" (Hechos 2:17-18 GNT, traducción libre). Observemos que tanto los hombres como las mujeres proclamarán la Palabra de Dios.

Esto también lo profetizó el salmista: "El Señor daba palabra; había grande multitud de las que llevaban buenas nuevas" (Salmos 68:11). ¿Quiénes son específicamente los que proclaman la Palabra de Dios? Tenemos que ir a otras traducciones para encontrar la respuesta: "El Señor da la palabra [de poder]; las mujeres que llevan y publican [las noticias] son un gran ejército" (Salmos 68:11 AMPC, traducción libre).

No es en los varones y las mujeres en lo que se enfoca el salmista, sino específicamente en las mujeres. Permíteme compartir contigo otras traducciones: "El Señor dio la orden, y muchas mujeres llevaron las noticias" (GNT, traducción libre); y de nuevo: "El Señor da la palabra; las mujeres que anuncian las buenas nuevas son gran multitud" (NTV). Las mujeres han de proclamar la Palabra de Dios, y no solo a otras mujeres sino también a los varones. Vemos esta verdad confirmada con Jesús. ¿No es interesante que la primera evangelista fue María Magdalena? Jesús mismo fue quien la comisionó. Leemos: "Jesús le dijo: No me toques, porque aún no he subido a mi Padre; mas ve a mis hermanos, y diles: Subo a mi Padre y a vuestro Padre, a mi Dios y a vuestro Dios. Fue entonces María Magdalena para dar a los discípulos las nuevas de que había visto al Señor, y que él le había dicho estas cosas" (Juan 20:17-18).

Llevemos esto un paso más adelante. Si vamos al Evangelio de Lucas, veremos que María era la oradora principal. Jesús la envió no solo a ella sino también a un grupo de mujeres a proclamar la resurrección del Señor a los apóstoles. Leemos: "Eran María Magdalena, y Juana, y María madre de Jacobo, y las demás con ellas, quienes dijeron estas cosas a los apóstoles" (24:10). Así que las mujeres proclamaron la Palabra de Dios a los varones, ¡y Jesús fue quien las envió!

¿No es interesante que la primera persona en hablar a otros, tanto varones como mujeres, en el templo de la llegada del Mesías fue Ana la profetisa? Simeón fue el primero en hablar a José y María; sin embargo, la primera en hablar a las multitudes en el templo fue Ana. Leemos: "Esta, presentándose en la misma hora, daba gracias a Dios, y hablaba del niño a todos los que esperaban la redención en Jerusalén" (Lucas 2:38).

¿No es interesante que Felipe tuviera cuatro hijas que declaraban la Palabra del Señor? Leemos: "Él tenía cuatro hijas solteras que proclamaban el mensaje de Dios" (Hechos 21:9 GNT, traducción libre). Ellas proclamaban bajo inspiración divina la Palabra del Señor. ¿Cómo podemos cumplir la Gran Comisión si más de la mitad del cuerpo de Cristo no está siendo honrado para cumplir su llamado? Cuando los varones promueven el llamado de Dios en la vida de sus esposas, reciben una gran recompensa. Lo he visto en mi propia vida.

(Nota: hay un par de versículos en el Nuevo Testamento que a primera vista parecerían contradecir lo que he escrito. De nuevo, estos versículos hay que estudiarlos para conocer la intención con la que se escribieron, y el propósito de este libro no es ahondar en este tema. Sin embargo, hay disponibles recursos excelentes escritos por líderes respetados que han estudiado profundamente estos versículos, y uno de ellos es *¿Por qué no la mujer?* de Loren Cunningham y David Joel Hamilton).

MI ESPOSA

A Lisa le extirparon un ojo cuando tenía cinco años. Tuvo una enfermedad llamada blastoma retinal, que dicho de forma sencilla, es cáncer de retina. Desde todos sus años en la escuela, y hasta el día de hoy, lleva una prótesis en su ojo derecho. Como probablemente te imaginarás, se burlaban de ella y la ridiculizaban en la escuela. Algunos de los nombres que le ponían sus compañeros de clase inmaduros eran Cíclope y Un ojo. Había veces en las que se iba corriendo a casa a mitad del día, llorando. Su mamá sabiamente la animaba a mantenerse fuerte y a ignorar a los burlones, pero aun así dolía.

En la secundaria, Lisa descubrió que había dos materias obligatorias para graduarse que la aterraban y le suponían mucho más que a todos los demás alumnos. Una era oratoria; la otra era mecanografía. Tras intentar ambas sin éxito, se reunió con su consejera guía, rogándole no cursar esas materias obligatorias. ¿Cómo iba a ponerse delante de personas y comunicar de manera eficaz? Escribir a máquina era casi imposible porque perdió todo el sentido de la conciencia espacial. La consejera misericordiosamente accedió y dejó que Lisa cursara otras dos materias distintas en lugar de esas dos.

Como dije en un capítulo anterior, Lisa conoció a Jesucristo al final de sus años de universidad. Poco después de eso nos casamos y nos mudamos a Dallas, Texas, y asistimos a una gran iglesia. En ese entonces era más reservada y nada extrovertida. Las mujeres de la iglesia percibían sus maneras como altivas y presumidas, pero la realidad era muy distinta a las señales que ella enviaba. Aún cargaba con ella muchos de los temores desarrollados por haber tenido que extirparle un ojo, y el ridículo que sufrió durante todos sus años académicos.

Al principio de nuestro matrimonio necesitábamos dos ingresos, así que Lisa empezó a trabajar para una firma de venta directa de maquillajes y cremas para el cuidado de la piel. Yo asistí a algunas de sus clases y descubrí que mi esposa tenía un don en esta área, y conocía muy bien los productos. Pero Lisa se sentía intimidada. Tenía miedo a hablar a los demás de los productos, así que yo tenía que iniciar los contactos y las presentaciones para ella.

Un año después, mientras caminábamos por una gran tienda exclusiva en Dallas, comenté: "Lisa, tienes que entregar una solicitud de empleo en cosméticos. Eres mejor que todas estas mujeres que venden y ponen maquillaje".

Ella argumentó que estaba equivocado, pero estaba programado que trabajara en el centro comercial esa misma semana en otra tienda, y cada vez que pasaba por la puerta, recordaba mis palabras. Así que sin decirme nada entró y dejó su solicitud de empleo, y para su sorpresa, ¡terminó consiguiendo el puesto!

La contrataron como representante de Elizabeth Arden. La mujer que había vendido anteriormente esa línea tenía dificultades. Lisa entró y vendió casi todo el *stock* en pocas semanas. Un día, ella se giró al escuchar el sonido de un maletín golpear contra su mostrador; era un ejecutivo de la empresa. Le dijo: "Vamos a almorzar, Lisa. ¡No vas a seguir trabajando aquí!".

Le pidió hacerle una entrevista, y la ascendieron a coordinadora contable, lo que significaba que supervisaría dieciséis tiendas en la zona de Dallas y Fort Worth, una en Nuevo México y otra en Oklahoma. En menos de dos años la ascendieron de nuevo a representante promocional de la compañía y le dieron un territorio de ocho estados. Recibió un gran aumento de salario además de otros beneficios, entre los cuales estaba un automóvil nuevo de la empresa, un Ford Thunderbird. ¿Adivina quien iba con ella en el auto, y a veces lo manejaba? ¿Y quién se benefició también de su aumento de sueldo? Yo. ¡Se llama recompensa del honor!

Un par de años después nos mudamos a Florida, donde yo acepté un puesto como pastor de jóvenes en una iglesia muy grande. Tras varios meses, les dije a nuestros jóvenes que Lisa les iba a ministrar en mi lugar a la semana siguiente. Pude ver que el Señor había puesto mucho en Lisa, y ella podía comunicar y enseñar bien en casa. Yo sabía que podía hacer lo mismo delante de un grupo de gente.

No es necesario que diga que mi anuncio encontró una resistencia considerable, no por parte de los jóvenes, sino de Lisa. Ella protestó toda la semana: "¡No puedes hacerme esto!

No puedo hablar a los jóvenes. No tengo nada que decir". Yo tan solo le aseguré que sí tenía mucho que decir y que Dios le ayudaría a hacerlo. Vi el don en ella y no quería que se quedara dormido ahí.

Ella habló una semana después e hizo un gran trabajo. Los jóvenes se animaron mucho oyendo a Lisa. Hice eso mismo algunas veces más en los meses siguientes. En cada ocasión me encontraba con la misma resistencia, y cada vez ella argumentaba: "Ya les he predicado todo lo que sé".

Yo me reí y dije: "Yo lo hago cada semana, y tengo que depender de Dios en cada nueva semana". No pareció consolarla mucho. Sin embargo, cada vez que hablaba, lo hacía mejor y mejor. A los jóvenes les encantaba.

Cuando nuestro pastor me liberó del equipo y me lanzó al ministerio que tenemos ahora, comencé a hacer lo mismo. Cuando estaba en comunidades hablando en pequeñas conferencias, anunciaba de vez en cuando, sin consultar a Lisa, que ella daría la siguiente sesión. La primera vez que hice eso, Lisa se enojó tanto que me estuvo despertando casi toda la noche. "No me puedo creer que me hayas anunciado para dar tu sesión. Esto no es el grupo de jóvenes, sino una conferencia fuera de la ciudad. No lo voy a hacer; lo harás tú".

Después me preguntó qué había compartido en mi sesión porque ella se había quedado en la habitación acostando a los niños. Cuando se lo dije, se aterró. "¿Has predicado el único mensaje que tengo en tu reunión de anoche? ¿Y ahora de qué hablo yo mañana en la mañana?".

Yo simplemente dije: "Cariño, hay mucho que Dios te ha enseñado, y estas personas tienen que oírlo".

Ella siguió quejándose hasta las tres de la mañana. Finalmente, yo solo empecé a reírme y dije: "Cariño, tu exposición es a las nueve de la mañana. Quedan solo seis horas para eso, así que será mejor que duermas un poco". En efecto, a la mañana siguiente Lisa hizo un trabajo estupendo. Su mensaje fue asombroso y la gente lo recibió muy bien. Seguí haciendo eso en varias ciudades, y ella seguía ministrando con más poder.

Ahora bien, permíteme decirte algo. Esto no significa que fue fácil para ella. La primera vez que habló a una audiencia mixta de personas en edad universitaria, un pequeño porcentaje de varones que había presentes se pusieron de pie haciendo ruido y se fueron, rehusando oír enseñar a una mujer. Entiende que, en ese momento, Lisa quería irse con ellos. Ella nunca había buscado ponerse delante de otros. Lo hizo solo por obediencia a Dios.

LO MISMO CON LA ESCRITURA

Hice lo mismo con la escritura. Yo había escrito tres libros y Lisa me había ayudado con el proceso de edición. Yo me di cuenta de que era una buena escritora, y mi tercer libro, *La trampa de Satanás*, se convirtió en un éxito de ventas nacional. Me acerqué a la editorial y le comenté: "Mi esposa tiene un mensaje sobre cómo Dios le ha librado del temor y el control en ciertas áreas de su vida. Deberían hablar con Lisa para que escriba un libro, pero no lo hagan a través de mí, sino vayan directamente con ella".

Pocas semanas después, la editorial vino a nuestra casa. Pero sin que Lisa lo supiera, esa persona no había venido a verme a mí, sino a ella. Ella me miró, como diciendo: "¿Qué está pasando aquí?".

Él concertó una entrevista para que su equipo pudiera escuchar a Lisa compartir lo que había en su corazón. Tras un tiempo, dijo: "Su esposo cree que usted tiene un mensaje muy importante que se debe escribir. Ahora, después de escucharla a usted, yo también siento lo mismo".

Hasta la fecha, Lisa ha escrito varios libros, incluyendo varios éxitos de ventas además de su éxito de ventas del *New York Times*. A través de la influencia de sus libros ha impactado vidas en todo el mundo. Ahora se pone delante de decenas de miles de personas cada año.

Piénsalo, aquí hay una mujer que cambió los cursos de oratoria y mecanografía. ¿Qué hace ahora de forma regular? Habla a miles de personas desde una plataforma, a través de la televisión y de otros medios, ¡y escribe libros! ¿Y cómo lo hace? Enfrentó su temor con el poder de la gracia de Dios. Gracias a la incitación de su esposo, quien reconoció y honró el don de Dios en su hija, muchas vidas han sido bendecidas. ¿Qué pasaría entonces si todos los esposos en la iglesia comenzaran a honrar a sus esposas?

¿Cuál ha sido mi recompensa por honrar a mi esposa? Han sido tantas que sería imposible escribirlas todas. La vida de Lisa ha prosperado en todos los niveles, y no solo en el ministerio. Cuando alguien es libre, es verdaderamente libre. Así como la gracia de Dios sobre mi vida abrió puertas para Lisa, ahora su don ha hecho lo mismo conmigo. Muchas puertas importantes se me han abierto en todo el mundo gracias a Lisa. Me han invitado a varios lugares donde los líderes dijeron: "Su esposa tocó tan profundamente las vidas de nuestras mujeres, que quisimos invitarlo a usted también".

Otra recompensa es el hecho de que vivo con una mujer realizada y satisfecha. Cuando alguien no está viviendo en el llamado de Dios para su vida, tiene pesadez en el corazón porque no está expresando aquello para lo cual Dios lo creó, y se siente agobiado. Sin embargo, cuando estás en la voluntad de Dios, Jesús dice que su carga es ligera (ver Mateo 11:28-30). Hay gozo al trabajar para Él; aunque los ataques sean más fuertes y frecuentes, es más fácil en el plan de Dios. Mi esposa ha sido mucho más feliz y entusiasta como hija de Dios, esposa, madre y ministra del evangelio. Si faltara uno de estos elementos, las otras áreas sufrirían también. Ella ha tenido cuidado de mantener sus prioridades en orden; nuestra familia va antes que el trabajo del ministerio, y ha habido una gracia increíble sobre la familia para liberarla para que pueda viajar y cumplir su llamado. Nuestro matrimonio nunca ha sido tan pleno, ni nuestro amor tan fuerte, como lo es al obedecer el llamado de Dios en nuestras vidas.

Otra recompensa, que creo que es la más grande, es que cientos de miles de vidas han sido impactadas para la eternidad como resultado de que Lisa ministre la Palabra de Dios. Un día tendremos el privilegio de ver la magnitud de los grandes efectos de su trabajo ante el trono de Dios. Un día, pregunté a mis hijos: "Chicos, ¿ven el hecho de que su papá y su mamá viajen frecuentemente para ministrar como algo negativo? ¿Lo ven como que nos está robando de estar con ustedes, o lo ven como algo positivo, como su parte en el ministerio, sembrando a su mamá y a su papá en las vidas de personas necesitadas en todo el mundo?".

Mi hijo mayor fue el primero en hablar: "Papá, lo vemos como nuestra parte en el ministerio. Es nuestra forma de impactar las vidas de las personas para el reino". Los otros tres chicos estuvieron plenamente de acuerdo.

En ese momento, Lisa y yo nos miramos el uno al otro con mucho gozo. Nos dimos cuenta de lo grande que es la gracia de Dios sobre sus siervos para simplemente obedecerle. Nuestros hijos recibirán una gran recompensa, no solo en esta vida sino también en el tribunal de Cristo. Qué asombroso es ver la recompensa del honor. No lo veíamos al principio, pero nos ha rebasado como la Palabra de Dios promete: "Acontecerá que si oyeres atentamente la voz de Jehová tu Dios, para guardar y poner por obra todos sus mandamientos que yo te prescribo hoy... vendrán sobre ti todas estas bendiciones, y te alcanzarán, si oyeres la voz de Jehová tu Dios" (Deuteronomio 28:1-2).

No honramos para conseguir una recompensa; honramos porque es el corazón de Dios, y es nuestro deleite. Sin embargo, la recompensa es más segura que el hecho de que la semilla dé su fruto. Las recompensas siguen a todo el verdadero honor. Así que, esposos, no se demoren. Honren a sus esposas como una forma de vida; la recompensa que Dios tiene para darles a través de ella es más de lo que imaginan.

16

HONRAR A TODOS

Hablemos brevemente sobre honrar a los que están fuera del hogar, de la iglesia o de la oficina. En pocas palabras, son aquellos con quienes entramos en contacto en la vida cotidiana. Pedro dice simplemente:

"Honrad a todos". —1 Pedro 2:17

No podría estar más claro. Veamos algunas otras traducciones: "Muestren respeto a todos los hombres [trátenlos de manera honorable]" (AMPC, traducción libre), y "Traten a todos los que se encuentren con dignidad" (MSG, traducción libre), y de nuevo: "Respeten a todos" (NTV). Estos son a los que Jesús llama afectivamente nuestro "prójimo". Probablemente has oído la famosa historia; leámosla en *The Message* (traducción libre):

"Había un hombre que viajaba de Jerusalén a Jericó. Por el camino, unos ladrones lo asaltaron. Lo despojaron de su ropa, le golpearon y se fueron dejándolo medio muerto. Por suerte, pasaba por ese mismo camino un sacerdote, pero cuando lo vio, miró para otro lado. Después apareció un levita, un hombre religioso, pero él también esquivó al hombre herido.

Un samaritano que viajaba por ese camino se acercó a él. Cuando vio la condición del hombre, su corazón se compadeció de él. Le dio los primeros auxilios, desinfectándolo y vendándole las heridas. Después lo subió a su burro, lo llevó a una posada, y lo acomodó allí. Por la mañana sacó dos monedas de plata y se las dio al posadero, diciendo: 'Cuide bien de él. Si cuesta más, póngalo en mi cuenta, y yo se lo pagaré cuando venga de regreso'.

¿Qué piensan? ¿Cuál de los tres fue el prójimo del hombre al que atacaron los ladrones?".

"El que lo trató con amabilidad", respondieron los eruditos religiosos.

Jesús dijo: "Vayan y hagan ustedes lo mismo".

—Lucas 10:30-38

El sacerdote y el levita no vieron al hombre que estaba a punto de morir como alguien valioso. El samaritano, que era extranjero, sí. La Escritura dice específicamente: "Su corazón se compadeció de él"; de nuevo, el verdadero honor se origina en el corazón. Él se tomó el tiempo de darle al hombre herido lo necesario para vivir, incluso le dio más de lo necesario y lo dejó en una posada. De hecho, dio el salario de dos días para cuidar de alguien a quien nunca antes había visto. No tuvo que escuchar una palabra de Dios, ni tuvo que orar por ello. De un corazón de amor, compasión y respeto por otras personas, hizo lo que era necesario. Este es un clásico ejemplo de honrar a todos los hombres.

EJEMPLOS ACTUALES

Una de las grandes historias de nuestros días que ejemplifica esto ocurrió con mi amigo Bill Wilson. La mamá de Bill lo dejó sentado en una alcantarilla cuando era un niño de once años. Le dijo que se quedara allí quieto hasta que ella regresara. Nunca regresó. Un hombre cristiano lo encontró y le pagó a Bill la asistencia a un campamento de verano. Ese acto desinteresado de aquel hombre puso algo en acción.

Años después, Bill Wilson fundó, y hoy dirige, *Metro Ministries*, que alcanza a más de veinte mil niños en la ciudad de Nueva York cada semana. Sigue conduciendo un autobús y, junto a su equipo y voluntarios, va a los barrios necesitados para enseñar el evangelio, tanto de palabra como de hecho. Es un ministerio asombroso; han salvado miles de vidas no solo en la ciudad de Nueva York sino también en otros lugares. Bill ha inspirado a personas nacional e internacionalmente para que valoren a los niños desamparados, y ha establecido numerosos *Metro Ministries* en todo el mundo.

Hay muchos como Bill que alcanzan a los menos favorecidos o a las personas desamparadas. Podemos ayudarles. ¿Cómo? Una de las mejores maneras es apoyando sus esfuerzos en oración o con dinero. ¿Te imaginas lo que ocurriría si cada persona que profesa ser cristiana diera algo cada mes a un ministerio parecido? ¿Te imaginas cuántos entrarían al reino? Imagínate al hombre herido de la parábola de Jesús como si él fuera el pecador y el samaritano un verdadero creyente. Tras haber sido cuidado, escucharía con atención el evangelio que le predicara el samaritano. Sin embargo, si el levita o el sacerdote hubieran sido el cristiano, el hombre herido no querría tener nada que ver con su evangelio. Cuando el amor de Dios arde en nuestro corazón, valoramos a todos los hombres y nos unimos económicamente a ministerios como estos que ayudan a los que están desesperadamente necesitados de ayuda, además de proclamarles las buenas nuevas del evangelio.

Otra forma de ayudar es uniéndonos a sus equipos. No tienes que mudarte al Brooklyn de Nueva York o a otra ciudad lejana donde tienen su base ministerios como el de Bill; participa en alguna de las iniciativas de este tipo de tu iglesia local. Aunque sea un día al mes, estarás tocando vidas a un nivel organizado para alcanzar a los necesitados. Juntos, podemos hacer mucho más que solos, aunque esto no significa que deba desaparecer la responsabilidad personal que ejemplificó el samaritano. Sin embargo, la Escritura enfatiza cuánto más podemos lograr si cooperamos con otros: "Cinco perseguirán a cien, y cien harán huir a diez mil" (Levítico 26:8, AMPC, traducción libre).

Nuestra eficacia aumenta cuando nos unimos. Debemos recordar que Dios ha ordenado la iglesia de tal forma que nos necesitamos unos a otros para ser eficaces. Pablo afirma que el cuerpo de Cristo crecerá cuando todos los miembros trabajen juntos (Efesios 4:16). Esta es otra razón importante para estar plantado en la iglesia local. En resumen, si cada creyente hiciera su parte, tanto en lo individual como a través de ministerios estructurados, ¿cuántas historias más como la de Bill Wilson tendríamos?

Aunque el esfuerzo de Bill es muy importante, no nos podemos detener aquí. Hay también innumerables multitudes que no son pobres, que poseen todo lo necesario e incluso los lujos de la vida, pero que están dolidos, aun desamparados, en su alma. Algunos están en barrios ricos, no solo en los "barrios bajos". En resumen, están por todas partes. Te los encuentras en el supermercado, en el centro comercial, en el trabajo. Son una humanidad solitaria o herida y necesitan que se les valore. Ellos son también nuestro prójimo.

Nos cruzamos con estas personas todos los días. A veces, debido a que estamos enfocados en nuestros propios asuntos, no somos capaces de discernir sus necesidades. Mientras más años cumplo, más me doy cuenta de lo fácil que es alcanzar a estas personas. Todo comienza simplemente recibiendo en nuestro corazón el mandato de honrar a todos. Si hacemos esto, nos volvemos sensibles y somos guiados, muchas veces de forma inconsciente, por el Espíritu de Dios, y la vida cotidiana se convierte en un ministerio continuo.

Cuando honras a la gente, no ignoras o hablas con aspereza a quienes Dios pone en tu camino; más bien, caminas en un fluir divino que lleva el agua viva del cielo al sediento de corazón. Un versículo que me encanta y he usado durante años en relación con estas personas es este: "Jehová el Señor me dio lengua de sabios, para saber hablar palabras al cansado; despertará mañana tras mañana, despertará mi oído para que oiga como los sabios" (Isaías 50:4).

Puedes creer esta promesa de Dios. Muchos no hablan a otros por miedo a decir algo estúpido. Si tan solo crees la Palabra de Dios en este versículo, puedes saber confiadamente que tus palabras aportarán vida, sanidad y fortaleza a los que están cansados y desamparados en su alma.

Pero aún no hemos terminado, porque llega un poco más lejos. El término "todos" va más allá de los desamparados. Todos aquellos que nos encontramos prosperarán si los honramos. Cada palabra amable dicha desde nuestro corazón ministrará vida a los oyentes. Esencialmente, incluye a las miles de personas con las que interactuamos a diario, a muchas de las cuales veremos una sola vez. Podría ser la persona con la que coincidimos en el elevador, o la azafata de vuelo, o el operador con el que hablamos por teléfono. Podemos honrarlos con un saludo amable o mediante una sonrisa sincera.

Un incidente que me viene a la mente es cuando caminaba por un parque en Londres, y una mujer mayor del Medio Oriente caminaba hacia mí con su cabeza agachada. Sentí compasión hacia ella. Me imaginaba que no estaría acostumbrada a que la trataran como alguien valiosa, especialmente por parte de un varón. Mi corazón se fijó en ella, así que a propósito le di unos buenos días alegres y sentidos. Alzó sus ojos para mirarme casi sin creérselo. Casi pude oír sus pensamientos: ¿Por qué un varón occidental habla con esa amabilidad a alguien que no conoce, y además una mujer?

Pero antes de que pudiera darles vueltas a esos pensamientos, su deseo de ser valorada prevaleció, y la expresión de su rostro cambió; tímidamente me devolvió el saludo. Probablemente no la volveré a ver más en esta vida, pero creo que el amor de Dios que salió de mi corazón sembró una semilla eterna en ella que un día producirá fruto. Podemos tener fe para esto; vivamos en el Espíritu y creamos que no solo existimos, sino que somos embajadores que viven en el poder sobrenatural de Dios para llevar vida a la gente.

¿Es difícil sonreír a las personas? ¿Es difícil decir palabras amables a los desconocidos? ¿Es demasiado duro creer que nuestras palabras ministrarán vida? Lo es si te falta la fe en el poder de Dios y te falta honor hacia todas las personas en tu corazón. Pero si oras y le pides a Dios que ponga una honra genuina en tu corazón por aquellos por los que Él murió, Él lo hará, porque ese es su deseo.

UN ESTILO DE VIDA

Cuando le hayas pedido a Dios que ponga honra en tu corazón por todas las personas, toda tu vida cambiará. Tratarás al camarero o la camarera de forma muy distinta. No solo mirarás el menú y le dirás lo que quieres, sino que le mirarás a los ojos y le saludarás cuando se acerque a tu mesa. Le preguntarás al camarero cómo se llama antes de pedirle la comida. Cada vez que te dirijas a él, lo llamarás por su nombre, y lo más importante, le darás las gracias de forma verbal y económica por servirte esa comida. No dejas una propina del 15 por ciento; si lo valoras, le dejarás una propina de más del 20 por ciento.

Haz siempre más de lo estándar. No te conformes con el promedio. Pregúntate cuán valioso es el camarero. La respuesta ya deberías saberla bien: lo suficientemente precioso como para que Jesús muriera por él.

Me entristece decir que ha habido algunas ocasiones en las que algún ministro me llevó a comer, y tuve que observar la mísera propina que dejó a quien nos sirvió. En una de esas ocasiones, la propina fue tan mezquina que tuve que hacer algo. El pastor y yo salíamos hacia el estacionamiento, y simplemente dije: "Adelántate y ve por tu automóvil, yo tengo que regresar un momento al restaurante". Mientras él sacaba su vehículo, regresé para dejar una propina más grande en la mesa. ¿Cómo se puede tratar a alguien que te sirve de una manera tan insignificante, especialmente cuando el camarero sabía que acabábamos de salir de una reunión en la iglesia?

Recuerdo una vez que Lisa y yo dejamos una propina del 50 por ciento a una camarera que nos sirvió una comida. Ella sabía que estábamos en el ministerio por nuestras conversaciones. Fuimos el eslabón de Dios para ella, y ella necesitaba saber que Dios la valoraba. Nos fuimos antes de que supiera cuánto le habíamos dado, pero estoy seguro de que fue impactada, y que se quedó impregnado en ella un buen aroma del Salvador. Pablo dice: "Porque para Dios somos grato olor de Cristo en los que se salvan, y en los que se pierden" (2 Corintios 2:15). Su visión del ministerio es muy probable que ahora sea positiva, y eso la mantendrá abierta a recibir de alguien más en el futuro.

Cuando honras a los que te sirven, muchas veces recibirás un trato favorable, mayores raciones, comida extra, un mejor servicio, u otras sorpresas. Los creyentes no deberían honrar por esta razón, pero no deja de ser una bendición. Lisa y yo muchas veces usamos el boleto del estacionamiento del aeropuerto. Como viajamos tanto, ya reconocen nuestro automóvil. Si hay varias personas trabajando, se acercan casi corriendo a nuestro vehículo para ser los primeros en servirnos. ¿Por qué? Porque les damos buenas propinas. También hablamos con ellos y les preguntamos cómo están, tanto ellos como sus familiares. En nuestro aeropuerto hay un estacionamiento cubierto, protegido de las inclemencias del tiempo, y otros espacios que están descubiertos que son vulnerables al clima. Mi automóvil siempre está bajo cubierto. Se llama la recompensa del honor.

En nuestro supermercado local sucede lo mismo. Ha habido invitados de otras ciudades que han ido a la tienda con Lisa y conmigo, y han comentado: "¿Quién no los conoce en esta tienda?". No es porque seamos autores o ministros reconocidos; de hecho, la mayoría no saben eso de nosotros. Es porque hablamos con ellos y les preguntamos por sus asuntos. Algunos que sí saben lo que hacemos nos han pedido oración en momentos de necesidad. Se animan cuando entramos, y muchas veces nos dan porciones extra o tratos que otros no reciben. De nuevo, ¿los honramos por esas cosas extra? No, y mil veces no. Lo hacemos porque Dios nos encargó que honremos a todos.

EJEMPLOS PRÁCTICOS

Permíteme darte algunos ejemplos prácticos de honrar a todos. Cuando estás con una persona, mírale a los ojos, trátale con amabilidad, déjale saber que es importante para ti. No solo busques cumplir tu agenda, como la petición, la compra, etc. En cambio, detente un momento y pregúntale por sus cosas. Si el tiempo lo permite, no hagas solo una pregunta sino indaga más para ver qué es importante para él o ella. Cuando una persona reconoce que te interesas por ella, la puerta se abre para que le ofrezcas el mayor regalo: el evangelio de Jesucristo. Sin embargo, si no demuestras que los valoras e intentas llevarles el evangelio, a menudo sentirán que están siendo usados: otro posible prosélito para que añadas a tu colección.

Piensa en las cosas que puedes hacer por la gente más allá de lo "esperado": dales un pequeño detalle, una propina cuando no sea necesario, o ayuda con una tarea. Ofrécele un refresco al que recoge la basura con el camión, o algo de comida a alguien que esté trabajando en tu residencia. Quita la nieve de la puerta de tu vecino; córtale el césped por sorpresa. Es divertido honrar a las personas, especialmente cuando no lo esperan en absoluto. Estas pequeñas cosas son las que te distinguirán y les darán el deseo de oír el mensaje de Jesucristo.

De nuevo, lo más importante es que le pidas a Dios que ponga en tu corazón un verdadero deseo de honrar a todas las personas. Si intentas honrarlos sin que esté en tu corazón, se verá que es falso, o como mucho se verá hueco, y realmente tendrá el efecto contrario a lo que esperas. La falta de sinceridad no es algo difícil de detectar; la mayoría de las personas lo pueden sentir. Al final del último capítulo, oraremos juntos y le pediremos a Dios que ponga un verdadero honor en nuestro corazón. La Palabra de Dios en este libro ha estado edificando tu fe y poniendo en ti hambre de ello, así que lo único que tenemos que hacer todos es pedirlo. Antes de hacerlo, hay un último punto importante que cubrir.

17

HONRAR A DIOS

Por último, pero no menos importante, y en realidad lo primero en importancia, es que la única manera de vivir con verdadero honor es, ante todo y por encima de todo, honrar siempre a Dios. El honor duradero lo hallamos solo cuando lo valoramos a Él por encima de todo lo demás. Proverbios 3:9 nos ordena: "Honra a Jehová".

Tenemos que valorar, estimar, respetar y reverenciar a Dios por encima de cualquier otra cosa o persona. Deshonramos a Dios si valoramos algo o alguien por encima de Él. Él es el gran Rey; Él es digno de recibir todo nuestro respeto, no solo una parte. Solamente para Dios nuestro honor trasciende a ser adoración.

Recordemos que la meta final es honrar a Dios. Nuestro honor hacia las autoridades, los que están a nuestro nivel, y los "pequeños", pasa a Jesús y finalmente al Padre. Por lo tanto, cuando honrar a las personas supera el honrar y obedecer a

Dios, entra en la categoría de honor deteriorado o idolatría, en lugar de ser honor perdurable.

HONOR DETERIORADO

Elí era el principal sacerdote. Él era quien estaba a cargo del tabernáculo durante los días de la infancia de Samuel. Sus hijos eran unos sinvergüenzas que no sentían respeto alguno por el Señor, por su pueblo, ni por sus tareas como sacerdotes. Se quedaban con lo mejor de las ofrendas para ellos, y si los adoradores se quejaban, se lo quitaban por la fuerza.

Elí tenía conocimiento de la mala conducta de sus hijos con respecto a las ofrendas, además de que seducían a las jóvenes que servían a la entrada del tabernáculo. Finalmente los corrigió, diciendo: "He oído lo que la gente dice acerca de las cosas perversas que ustedes hacen. ¿Por qué siguen pecando? ¡Basta, hijos míos! Los comentarios que escucho del pueblo del Señor no son buenos" (1 Samuel 2:23-24, NTV).

Aunque los confrontó, seguía permitiendo que sus hijos sirvieran como sacerdotes. Elí obtenía un beneficio de ello; sus hábitos de glotonería se satisfacían por la conducta de sus hijos. Si realmente hubiera honrado a Dios, los habría expulsado del sacerdocio y los habría reemplazado por hombres justos que sirvieran bien a Dios y al pueblo con corazones sinceros. Leamos la Palabra del Señor que vino a Elí mediante un profeta:

"Cierto día un hombre de Dios vino a Elí y le dio el siguiente mensaje del Señor: Yo me revelé a tus antepasados cuando eran esclavos del faraón en Egipto. Elegí a tu antepasado Aarón de entre todas las tribus de Israel para que fuera mi sacerdote, ofreciera sacrificios sobre

mi altar, quemara incienso y vistiera el chaleco sacer-
dotal, cuando me servía. Y les asigné las ofrendas de los
sacrificios a ustedes, los sacerdotes. Entonces, ¿por qué
menosprecian mis sacrificios y ofrendas? ¿Por qué les
das más *honor* a tus hijos que a mí? ¡Pues tú y ellos han
engordado con lo mejor de las ofrendas de mi pueblo
Israel!"   —1 Samuel 2:27-29 (NTV, énfasis del autor)

El profeta supo ver bien la motivación de Elí; él prefería el
beneficio que obtenía de las mejores ofrendas tomadas mediante
la manipulación y la fuerza, que la integridad. Dios, por medio
del profeta, dijo que Elí *honraba* a sus hijos más que a Dios.
Haciendo eso, no solo no recibiría recompensa alguna, sino más
bien lo contrario, sufriría una gran pérdida. Porque veamos lo
que Dios sigue diciendo a través del profeta:

"Por lo tanto, el Señor, Dios de Israel, dice: prometí que
los de tu rama de la tribu de Leví me servirían siempre como sacerdotes. Sin embargo, honraré a los que
me honran y despreciaré a los que me menosprecian.
Llegará el tiempo cuando pondré fin a tu familia para
que ya no me sirva en el sacerdocio. Todos los miembros
de tu familia morirán antes de tiempo; ninguno llegará a
viejo. Con envidia mirarás cuando derrame prosperidad
sobre el pueblo de Israel, pero ningún miembro de tu
familia jamás cumplirá sus días. Los pocos que no sean
excluidos de servir en mi altar sobrevivirán, pero solamente para que sus ojos queden ciegos y se les rompa el
corazón, y sus hijos morirán de muerte violenta. Y para
comprobar que lo que dije se hará realidad, ¡haré que tus
dos hijos, Ofni y Finees, mueran el mismo día! Entonces

levantaré a un sacerdote fiel, quien me servirá y hará lo que yo deseo. Estableceré para él una descendencia duradera, y ellos serán por siempre sacerdotes para mis reyes ungidos. Así pues, todos los que sobrevivan de tu familia se inclinarán ante él, mendigando dinero y comida. Dirán: "Le rogamos que nos dé trabajo entre los sacerdotes para que tengamos suficiente para comer".

—1 Samuel 2:30-36 (NTV)

Dios dijo que levantaría un sacerdote fiel que obedecería a Dios antes que agradarse a sí mismo o a las personas. Esto es el verdadero honor. La recompensa para este sacerdote que reemplazó a Elí fue que él y sus descendientes nunca perderían su lugar, y tendrían abundancia de bendiciones.

EL HONOR DE ABRAHAM

Abraham honró a Dios de esta manera. Nadie era más importante para él que Isaac. Había esperado por su hijo prometido unos veinticinco años, y lo amaba más que a cualquier otra cosa o persona. Sin embargo, una noche Dios vino a él y le pidió a Abraham que lo honrara con su hijo. Dios le pidió que diera muerte a Isaac. ¿Te imaginas la agitación en el alma de Abraham? No le podía haber pedido que renunciara a otra cosa más difícil. Hubiera sido más fácil deshacerse de todas sus posesiones que entregar al único del cual vendría su posteridad. Sin embargo, vemos justo lo contrario en Abraham de lo que vimos en Elí. Leemos: "A la mañana siguiente, Abraham se levantó temprano" (Génesis 22:3, NTV). Él no dudó; se puso de camino por la mañana temprano para hacer lo que Dios le había pedido hacer.

Abraham honró a Dios más que a cualquier otra cosa. Por esta razón, justo antes de dar muerte a Isaac, el ángel le gritó:

"No le hagas ningún daño, porque ahora sé que de verdad temes a Dios. No me has negado ni siquiera a tu hijo, tu único hijo" (v. 12, NTV). Para reiterar, todo el verdadero honor es un subproducto del temor santo. Ahora escuchemos la recompensa que recibió Abraham por este acto de honor supremo:

> "Luego el ángel del Señor volvió a llamar a Abraham desde el cielo. —El Señor dice: Ya que me has obedecido y no me has negado ni siquiera a tu hijo, tu único hijo, juro por mi nombre que ciertamente te bendeciré. Multiplicaré tu descendencia hasta que sea incontable, como las estrellas del cielo y la arena a la orilla del mar. Tus descendientes conquistarán las ciudades de sus enemigos; y mediante tu descendencia, todas las naciones de la tierra serán bendecidas. Todo eso, porque me has obedecido". —Génesis 22:15-18 (NTV)

Recuerda: el honor siempre trae consigo una recompensa, ya sea que honremos a Dios directa o indirectamente al honrar a sus siervos.

LA MALA DECISIÓN DE MOISÉS

Moisés fue otra persona que estuvo a punto de perderlo todo por honrar a otro antes que a Dios. Su error fue grave; Dios se enojó bastante; de hecho, se enojó tanto, que la vida de Moisés estuvo a punto de ser apagada. Leemos: "Rumbo a Egipto, en un lugar donde Moisés se detuvo con su familia para pasar la noche, el Señor enfrentó a Moisés y estuvo a punto de matarlo" (Éxodo 4:24, NTV).

Antes de hablar de esto, permíteme primero aclarar lo que está ocurriendo. El Señor se le había aparecido en la zarza ardiente. Dios anunció que había escogido a Moisés para liberar a todo Israel de Egipto. Moisés descendió del monte, tomó a su esposa y a sus hijos, y emprendió su viaje a Egipto para cumplir lo que se le había pedido hacer. La primera noche que acamparon, Dios llegó para matar a Moisés. ¿Qué? ¿Matar a quien acaba de escoger para liberar a su pueblo? ¿Acaso Dios es esquizofrénico? ¡No, y mil veces no! ¿Qué está ocurriendo aquí?

Cuando Moisés descendió del monte después del encuentro en la zarza ardiente, su esposa fue una de las primeras en encontrarse con él. Ella pudo ver que Moisés había experimentado algo profundo y le preguntó al respecto. Puedo ver que su conversación se desarrolló más o menos sobre estas líneas: "¡Cariño!", exclama Moisés. "Dios se me apareció y me dijo que regrese a Egipto y libere a mi pueblo de la esclavitud del Faraón. Así que, básicamente, soy el libertador del que hemos estado hablando tanto tiempo". Su esposa, Séfora, responde: "Increíble, voy contigo, cariño. ¿Cuándo salimos?".

Moisés responde: "De inmediato, pero primero tenemos que hacer una cosa. En el monte, Dios repasó conmigo el pacto que hizo con Abraham. Me dijo que tenemos que circuncidar a nuestros dos hijos".

Ella responde: "Está bien, comencemos con Gersón, el mayor".

Séfora entonces ve cómo Moisés lleva a cabo la circuncisión.

Ahora, hagamos una pausa aquí, y permíteme que diga esto. Yo fui testigo de la circuncisión de nuestro tercer hijo. El doctor nos avisó que nos preparáramos antes de la cirugía. Dijo que nunca veríamos a Alec pasar tanto dolor. Cuando el doctor lo preparó todo e hizo el corte, vi gritar cada fibra del cuerpo de Alec. Yo estaba muy angustiado viéndolo pasar tanto dolor.

Apliquemos esto a Séfora. Ella ve cómo su hijo mayor grita, llora y se retuerce de dolor. Probablemente le horrorizó. ¿Cómo puede su esposo hacer eso a su amado hijo? Se pregunta con qué clase de hombre se ha casado. ¿Qué le sucedió en el monte? ¿El Dios con el que se había encontrado podía ser tan sangriento y cruel?

Así que mamá interviene. Se pone entre Moisés y su hijo menor, Eliezer; con las manos en la cintura, los pies bien plantados, y con una postura valiente como protesta. Ella le está comunicando sin ningún tipo de dudas: *No te acerques ni un paso más.* Y protesta: "No vas a volver a hacer eso. Este es mi bebé; ya está bien que haya tenido que ver cómo le haces esta tortura cruel e injusta a Gersón. ¡¿Qué tipo de esposo eres tú?!".

Me imagino el tremendo pleito matrimonial que se produjo. Ella argumenta, después grita, y posiblemente incluso amenaza a Moisés. La pelea continúa todo el día, hasta la noche, y hasta el día siguiente. No se hace ninguna comida, y las amenazas son cada vez peores con el paso de las horas. Para Moisés se le está haciendo interminable, y le está desgastando.

Finalmente, Moisés se harta de la resistencia de su esposa, así que piensa: *Estoy cansado de pelear, tengo un trabajo que hacer, tengo un llamado en mi vida para liberar a toda una nación, y tengo que comenzar ya.* Así que cede y dice: "Está bien, continuemos".

De camino a Egipto, el Señor desciende a su campamento para matar a Moisés, porque honró a su esposa antes que a Dios. Dios no se lo permitirá a su líder escogido. Matará a Moisés y encontrará a otro. Sin embargo, cuando la esposa de Moisés ve lo que está a punto de sucederle a su esposo, recibe sabiduría y circuncida a su hijo. Leemos: "[Ahora, aparentemente él no había circuncidado a uno de sus hijos, ya que su esposa se había opuesto a ello; pero viendo que su vida corría tal peligro] Séfora tomó un cuchillo afilado y cortó el prepucio de su hijo y se lo echó a sus pies [de Moisés], y dijo: ¡Sin duda eres un esposo de sangre para mí!" (Éxodo 4:25 AMPC, traducción libre).

Cuando ella hizo eso, "el Señor lo dejó en paz" (v. 26, NTV). Un día en oración, Dios me preguntó: "¿Fui yo a matar a Moisés, o a matar a su esposa?".

Yo respondí seriamente: "A Moisés".

Entonces Dios me dijo: "Sí, porque le dije a Moisés que circuncidase a sus hijos. Él era el cabeza del hogar, y escogió honrar las demandas de su esposa antes que las mías. Él era el responsable". Eso me mostró la importancia de no comprometer la verdad para agradar a los que están bajo nuestra autoridad.

Moisés actuó para *mantener* la paz, no como un *pacificador*. Jesús nunca dijo: "Bienaventurados los que *mantienen* la paz" (Mateo 5:9), sino "Bienaventurados los *pacificadores*". Alguien que *mantiene* la paz es alguien que compromete la verdad para mantener una falsa sensación de paz. Los líderes pueden caer fácilmente en esta trampa. Esto, en esencia, es honrar al que vemos antes de honrar a Aquel a quien no vemos. Dios detesta esta conducta.

Un *pacificador*, por el contrario, es alguien que confronta, si es necesario, para tener una verdadera paz. Por esta razón, Jesús dice: "Y desde los días de Juan el Bautista hasta el tiempo actual, el reino del cielo ha soportado un asalto violento, y los violentos lo arrebatan por la fuerza [como un precioso premio, algo en el reino celestial que se busca con el mayor de los celos y con un esfuerzo intenso]" (Mateo 11:12, AMPC, traducción libre). El reino de Dios es *paz* (Romanos 14:17), y para tener paz verdadera, a veces tenemos que confrontar.

Los intereses egoístas por lo general son lo que motiva a los que *mantienen* la paz. No quieren que la vida se vuelva incómoda para ellos, o les gusta el beneficio que reciben de aquellos a los que deberían confrontar, como le pasó a Elí con sus hijos.

Es muy probable que Moisés aprendiera de este incidente, y nunca volvió a comprometer la verdad honrando la petición de otra persona. Por lo tanto, en esencia, este fallo al comienzo de su ministerio se convirtió en un marcador para él, un punto de aprendizaje, el lugar donde se estableció una firme convicción en su corazón que le haría ser un gran líder para el resto de su vida.

Elí era diferente. Él no era tan nuevo ni estaba tan fresco en el liderazgo como Moisés, sino más bien era un veterano experimentado. Sabía exactamente lo que estaba haciendo. Moisés, por el contrario, probablemente tan solo intentaba ser un buen esposo. Fue sincero, pero estaba sinceramente equivocado.

DESAFÍO EN EL HOGAR

Si examinas todos los incidentes que he ilustrado en este capítulo, notarás que cada ejemplo se produce dentro de la familia. Elí y Abraham con sus hijos, Moisés con su esposa. En este punto, las palabras de Jesús con respecto a los hogares son muy claras:

"No penséis que he venido para traer paz a la tierra; no he venido para traer paz, sino espada. Porque he venido para poner en disensión al hombre contra su padre, a la hija contra su madre, y a la nuera contra su suegra; y los enemigos del hombre serán los de su casa. El que ama [honra] a padre o madre más que a mí, no es digno de mí; el que ama [honra] a hijo o hija más que a mí, no es digno de mí".

—Mateo 10:34-37 (palabras del autor entre corchetes)

Cuando comprometemos la voluntad de Dios revelada en su Palabra para honrar a otra persona, aunque sea dentro de nuestra propia familia, en esencia pecamos contra Dios. Espero que puedas ver la gravedad de esto; las palabras de Jesús son directas y firmes. Podemos ver por qué según nuestros ejemplos anteriores. En el caso de Elí, no se escapó del juicio pronunciado sobre su familia. Honrar a sus hijos más que a Dios tuvo un costo muy elevado.

En esto reside el balance adecuado del honor. En todo este libro nos hemos enfocado en la importancia de honrar; sin embargo, la honra que se da por encima de Dios entra en la categoría de deshonra o idolatría contra Él, y la mayoría de las veces conlleva graves consecuencias. Nada, ni nadie, debe ser honrado por encima de Él. Él es Dios, Rey, y nuestro Salvador. Debemos tener siempre esto muy en cuenta en todo lo que hagamos.

EL HONOR SE DEMUESTRA MEDIANTE LA OBEDIENCIA

Hay muchos otros incidentes a lo largo de la Escritura en los que hombres y mujeres honraron a personas antes que Dios. Ninguno de los resultados fue favorable. Se nos muestran las consecuencias de honrar a los que están bajo nuestra autoridad, y con respecto a los que están a nuestro nivel, o por encima nuestro, ocurre lo mismo.

Uno que me sobrecoge profundamente tiene que ver con un profeta joven y otro anciano en el libro de Reyes. El profeta joven de Judá recibió el mandato de Dios de ir a Betel y clamar contra los altares idólatras, sobre los que el rey Jeroboam hacía sacrificios. Él lo hizo, y Dios quebró el altar; la ceniza se derramó exactamente como había dicho el joven profeta.

El rey Jeroboam se maravilló de lo rápido que se cumplió la palabra de Dios que dio el hombre y del poder de Dios que sanó su mano. Por lo tanto, el rey invitó al profeta a su palacio para que descansara y para darle una recompensa. A lo cual, el profeta respondió: "Aunque me dieras la mitad de tu casa, no iría contigo, ni comería pan ni bebería agua en este lugar. Porque así me está ordenado por palabra de Jehová, diciendo: No comas pan, ni bebas agua, ni regreses por el camino que fueres" (1 Reyes 13:8-9).

Así que se fue por otro camino y emprendió su viaje de regreso a Judá. Sin embargo, un anciano profeta lo alcanzó por el camino y lo invitó a su casa a comer. El joven profeta le dijo otra vez al profeta más anciano lo que Dios le había hablado, que no podía comer o beber, ni regresar por el mismo camino, y que no podía ir con él. Sin embargo, el profeta anciano entonces dijo: "Yo también soy profeta, como tú. Y un ángel me dio este mandato de parte del Señor: 'Llévalo a tu casa para que coma y beba algo'. Pero el anciano le estaba mintiendo" (v. 18, NTV).

El joven profeta honró las palabras del profeta más anciano y fue a su casa con él. Cuando estaban en la casa, mientras comían, vino palabra del Señor al profeta joven diciendo que, por haber desobedecido, no descendería a la tumba de sus antepasados.

Después se marchó rumbo a Judá, y le salió un león al encuentro por el camino y lo mató. Sin embargo, el león no se comió su cadáver, ni devoró ni comió el burro en el que viajaba el profeta. Cuando el profeta anciano descubrió el suceso del joven profeta, dijo con certeza: "Jehová le ha entregado al león, que le ha quebrantado y matado, conforme a la palabra de Jehová que él le dijo" (v. 26).

El joven profeta respetó al anciano profeta. Es muy probable que desarrollara este respeto por los ancianos en su infancia. Era una fuerte convicción en su ser el honrar a hombres que habían estado al servicio de Dios más tiempo que él; y esta es una buena virtud. Sin embargo, se debe mantener un balance adecuado. El grave error del joven profeta fue honrar las palabras del profeta anciano por encima de la palabra del Señor. Le costó muy caro.

Un ejemplo del Nuevo Testamento se encuentra en la vida de Pedro. El apóstol Pablo escribe:

> "Cuando Pedro llegó a Antioquía, tuve que confrontarlo cara a cara porque estaba claramente equivocado. Esto es lo que pasó. Antes de que ciertas personas llegaran de parte de Jacobo, Pedro comía regularmente con los no judíos, pero cuando vino ese grupo conservador de Jerusalén, él se retiró cautelosamente y puso toda la distancia que pudo entre él y sus amigos no judíos. Así de temeroso estaba por la camarilla de judíos conservadores que había estado impulsando el antiguo sistema de la circuncisión. Por desgracia, el resto de los judíos en la iglesia de Antioquía se unieron a esta hipocresía hasta el punto de que Bernabé fue arrastrado por la farsa".
>
> —Gálatas 2:11-13 (msg, traducción libre)

¿Por qué Pedro, Bernabé y los demás creyentes judíos se retiraron de los creyentes no judíos cuando antes comían libremente con ellos? La respuesta es simple: honraron a sus amigos antes que a la verdad, y esto dio como resultado una conducta de temor e hipocresía. Pedro conocía la verdad; le había sido revelada en un éxtasis mientras estaba en Jope. La palabra exacta del Señor para él fue: "No consideres inmundo nada de lo que Dios ha declarado limpio" (Hechos 10:15, GNT, traducción libre).

De nuevo, soy consciente de que a veces es más fácil honrar a la persona que vemos antes que a Aquel a quien no podemos ver; sin embargo, eso no debe ser así. Debemos poner límites de convicciones en nuestras vidas para regular nuestras respuestas. Por lo tanto, si alguien a quien respetamos o amamos nos pide, nos seduce, o intenta persuadirnos para que vayamos en contra de lo que sabemos que es Palabra de Dios, no podemos honrar sus deseos antes que los de Dios.

RETENER EL HONOR

Hay momentos para retener el honor. Aunque no es común, debemos tratarlo para no caer en pecado. Leemos:

> "Como la nieve en verano y como la lluvia en la cosecha, así el honor no es apropiado para un necio [seguro de sí mismo]".   —Proverbios 26:1 (AMPC, traducción libre)

> "Honrar a un necio es tan absurdo como atar la piedra a la honda".   —Proverbios 26:8 (NTV)

Atar una piedra a la honda dará como resultado que nadie resulte herido excepto tú. ¿Cómo se aplica esto a la vida cotidiana? Primero, ¿quién es el necio? El que dice en su corazón que no hay Dios (ver Salmos 53:1); el que esparce calumnias (ver Proverbios 10:18); el que da un mal reporte (ver Proverbios 10:23); el que siempre tiene la razón a su parecer y no busca el consejo divino (ver Proverbios 12:15); el que dice palabras pomposas y orgullosas (ver Proverbios 14:3); el que confía en sí mismo y menosprecia la sabiduría, el conocimiento y la corrección (ver Proverbios 15:5; 18:2), solo por nombrar algunos de los rasgos que la Escritura le asigna a un necio. En pocas palabras, el Nuevo Testamento se refiere a menudo a una persona así como un anticristo, porque vive de forma totalmente contraria a los caminos y las enseñanzas de Jesucristo.

Cuando honramos a una persona así por su necedad, nos hacemos daño a nosotros mismos; la piedra de nuestra honda nos golpea a nosotros. El apóstol Juan deja esto bastante claro en su segunda epístola:

> "Si alguien viene a ustedes y no trae esta doctrina [siendo desleal a lo que enseñó Jesucristo], no lo reciban [no lo acepten, no le den la bienvenida o lo admitan] en su casa ni le declaren prosperidad ni le animen.
>
> Porque el que le desea éxito [el que lo anima, deseándole buena suerte] participa de sus malas acciones".
> —2 Juan 1:10-11 (AMPC, traducción libre)

No es sabio honrar una conducta deshonrosa o creencias contrarias a la doctrina de Cristo. Si lo hacemos, nos convertimos en participantes de su pecado.

OBTENER HONOR

Finalmente, como dije antes, es contrario al corazón de Dios demandar honor. Si un esposo oye un mensaje sobre el honor, pero regresa a casa y se lo demanda a su esposa y sus hijos, pierde el punto del mensaje. Sería lo mismo para cualquier otra persona que está en un puesto de autoridad. Por otro lado, la

Escritura enseña lo que podemos hacer para atraer el honor a nuestra vida:

"Adquiere sabiduría, adquiere inteligencia;

No te olvides ni te apartes de las razones de mi boca;

no la dejes, y ella te guardará; ámala, y te conservará.

Sabiduría ante todo; adquiere sabiduría;

y sobre todas tus posesiones adquiere inteligencia.

Engrandécela, y ella te engrandecerá; ella te *honrará*, cuando tú la hayas abrazado".

—Proverbios 4:5-8 (énfasis del autor)

Abrazar la sabiduría te dará honor. El lugar de inicio de la sabiduría es el temor del Señor. Cuando tememos al Señor, creemos y obedecemos la Palabra de Dios en todas las áreas de nuestra vida. Deseamos obedecer siempre todos sus mandatos y preceptos. Veo que hay personas que intentan hacer que la Escritura encaje con su estilo de vida o con sus creencias. Por lo tanto, cuando leen la Biblia, terminan *leyendo lo que creen*, en lugar de *creer lo que leen*. Lo primero es engaño; lo segundo es el temor del Señor, que conduce a la sabiduría.

Las personas que se esfuerzan por vivir de manera justa, que aman la misericordia y caminan en humildad ante Dios son los que rápidamente se arrepienten y creen. Son los que aceptan la corrección cuando es necesaria. Se nos dice: "Pobreza y vergüenza tendrá el que menosprecia el consejo; mas el que guarda la corrección recibirá honra" (Proverbios 13:18). Lo contrario a la vergüenza es el honor. Resiste la corrección y estarás invitando a la deshonra; pero amar la verdad más que la comodidad personal o el placer atraerá honor.

Simplemente se reduce a esto: "Riquezas, honra y vida son la remuneración de la humildad y del temor de Jehová" (Proverbios 22:4). Dios promete honor si persigues la piedad. Quizá no llegue de inmediato, pero siempre llegará. Ahora que llevo ya décadas en el ministerio, he observado a los que caminan en las bendiciones duraderas de Dios. Para algunos, por un tiempo parecía que su fidelidad no estaba siendo recompensada, pero a través de una paciencia firme finalmente vieron un gran honor y bendición.

CONSERVAR EL HONOR

Para conservar el honor, debemos mantenernos siempre humildes de espíritu. Por muy abundantemente que Dios nos bendiga, debemos recordar siempre que no hay nada que tengamos que no nos haya sido dado. Cuando Lisa y yo comenzamos en el ministerio itinerante no teníamos mucho, ni nos buscaban. Nos propusimos dar todo lo que había en nosotros a cualquier puerta que Dios nos abriera.

Tras años de ver nuestras necesidades suplidas muchas veces en la hora undécima, Dios me habló en oración: "Hijo, voy a empezar a bendecirte a ti, a tu familia y a tu ministerio de una forma mayor de lo que nunca has soñado. Tendrás provisión abundante, y la influencia de tu ministerio será mucho mayor. Sin embargo, también será una prueba para ti. En los tiempos de sequía, has confiado en mí para todo; en lo que tenías que hablar, en cómo debías gastar el dinero, en dónde debías ir, y demás. Cuando te bendiga abundantemente, ¿comenzarás a dar tus opiniones, o seguirás buscándome para saber qué decir; gastarás dinero en cualquier lugar, o buscarás mi consejo; dejarás de buscarme para saber dónde ir y qué hacer; te olvidarás de dónde has venido?".

Después me dijo: "Hijo, la mayoría de los que han caído, cayeron en tiempos de abundancia, no en tiempos de sequía".

Recuerdo un día regresar a casa caminando (había estado en un lugar remoto cerca de nuestra casa) y decirle a mi esposa lo que Dios me habló en oración. Ella seriamente me miró y dijo: "John, si me hubieras dicho solo la primera parte, que Dios iba a bendecirnos abundantemente, estaría bailando ahora mismo; pero al oír el aviso, el temor santo me ha abrumado".

Yo asentí a sus palabras.

Pablo, durante toda su vida, se refirió a sí mismo como "el menor de los apóstoles", "el más pequeño de todos los santos" y "el principal entre los pecadores". Nunca olvidó de dónde venía y esta verdad eterna: que lo que tenía, Dios se lo dio. Por esta razón escribió: "Porque ¿quién te distingue? ¿o qué tienes que no hayas recibido?" (1 Corintios 4:7). Cuando vivimos humildemente delante de Dios de esta forma no perderemos aquello por lo que hemos trabajado. Recuerda el versículo de la Escritura con el que comenzamos el libro: "Mirad por vosotros mismos, para que no perdáis el fruto de vuestro trabajo, sino que recibáis galardón completo" (2 Juan 1:8). Para impedir que perdamos el fruto de nuestro trabajo, se nos exhorta:

"La soberbia del hombre le abate; pero al humilde de espíritu sustenta la *honra*".
—Proverbios 29:23 (énfasis del autor)

Observemos la palabra *sustenta*. Conservaremos, y también creceremos en el honor, si vivimos en el temor del Señor y caminamos en verdadera humildad. Nunca olvides lo grande que era la muerte de la que Jesús te libró. También recuerda su amor y que el valor de cada individuo que te encuentres es igual de grande. Por lo tanto, hónralos como Él los ha honrado al dar su vida por ellos, y obtendrás honor, recibirás recompensas, y conservarás lo que has recibido.

CONCLUSIÓN

Hemos enfatizado repetidamente que el verdadero honor se origina en el corazón. Una de las formas más eficaces para cambiar nuestro corazón es mediante la oración genuina. Te animo a orar diariamente para que el amor de Dios, el temor santo y el honor abunden en tu corazón. Por lo tanto, para terminar este libro, pero no el mensaje en tu corazón, porque continuará dando fruto en tu vida, quiero orar contigo para que Dios derrame en tu ser un honor genuino hacia lo que Él ponga en tu vida. Por si has descuidado honrar a algunos, comenzaré esta oración con arrepentimiento. Oremos juntos:

Padre celestial, gracias por hablarme a través de este libro. Vengo delante de ti y en primer lugar te pido perdón. Por favor, perdóname por descuidar honrar a los que tú has enviado a mi vida, por no respetar y someterme a los que has puesto sobre mí en autoridad, así como por no honrar a los que están a mi nivel y por no valorar a los que están bajo la autoridad que me has confiado; y finalmente, por no honrar a todos los hombres y las mujeres con los que he interactuado de alguna manera. Te pido que me limpies con la sangre de Jesús, porque me arrepiento de mi insensibilidad hacia ciertas personas.

Te pido que sumerjas mi corazón y mi alma en el verdadero honor.

Deseo que el temor del Señor y el amor divino cubran todo mi corazón. Te pido con esto que hagas que mi corazón arda, como anhela tu corazón, por ver a hombres y mujeres ser valorados, amados, respetados y honrados. Te pido esto en fe y lo recibo en este momento; y oro en el nombre de Jesús. Amén.

De nuevo, ora con esos términos todos los días, camina en obediencia a la Palabra de Dios, y observa cómo eres transformado en un embajador mucho mayor del reino de Dios. Tu recompensa será grande, y experimentarás gozo y satisfacción de corazón. Gracias por tu amor y servicio a nuestro Rey.

Y a aquel que es poderoso para guardaros sin caída, y presentaros sin mancha delante de su gloria con gran alegría, al único y sabio Dios, nuestro Salvador, sea gloria y majestad, imperio y potencia, ahora y por todos los siglos. Amén.   —Judas 1:24-25

APÉNDICE: LA SALVACIÓN, A DISPOSICIÓN DE TODOS

"Si declaras abiertamente que Jesús es el Señor y crees en tu corazón que Dios lo levantó de los muertos, serás salvo. Pues es por creer en tu corazón que eres hecho justo a los ojos de Dios y es por declarar abiertamente tu fe que eres salvo". —Romanos 10:9-10, NTV

Dios quiere que experimentes la vida en su plenitud. Está apasionado por ti y por el plan que tiene para tu vida; pero hay una única manera de comenzar el viaje hacia tu destino: recibiendo la salvación mediante el Hijo de Dios, Jesucristo.

Mediante la muerte y resurrección de Jesús, Dios abrió un camino para que entres en su reino como una hija o un hijo amado. El sacrificio de Jesús en la cruz hizo que la vida eterna y abundante esté a tu disposición. La salvación es el regalo de Dios para ti; no puedes hacer nada para ganarlo o merecerlo.

Para recibir este precioso regalo, primero reconoce tu pecado de vivir independientemente de tu Creador, porque esta es la raíz de todos los pecados que has cometido. Este arrepentimiento es una parte vital de recibir la salvación. Pedro lo dejó claro el día en que cinco mil personas fueron salvas en el libro de Hechos: "Así que, arrepentíos y convertíos, para que sean borrados vuestros pecados" (Hechos 3:19). La Escritura declara que cada uno de nosotros nace siendo esclavo del pecado. Esta esclavitud está arraigada en el pecado de Adán, quien comenzó el patrón de desobediencia deliberada. El arrepentimiento es una decisión de alejarte de la obediencia a ti mismo y a Satanás, el padre de mentiras, y volverte en obediencia a tu nuevo Maestro: Jesucristo, Aquel que dio su vida por ti.

Debes entregar a Jesús el señorío de tu vida. Hacer a Jesús "Señor" significa que le das la posesión de tu vida (espíritu, alma y cuerpo); todo lo que eres y lo que tienes. Su autoridad sobre tu vida se vuelve absoluta. En el momento en que lo haces, Dios te libera de la oscuridad y te transfiere a la luz y la gloria de su reino. Sencillamente pasas de muerte a vida; ¡te conviertes en su hijo!

Si quieres recibir la salvación por medio de Jesús, ora estas palabras:

Dios del cielo, reconozco que soy un pecador y no he estado a la altura de tu norma de rectitud. Merezco ser juzgado por la eternidad por mi pecado. Gracias por no dejarme en este estado, porque creo que enviaste a Jesucristo, tu Hijo